活刷 那波列翁傳初編

Joannes van der Linden 著
小関三英 訳
田原 松岡氏清風館活字板
現代訳・解説 冨安廣次

活刷
那波列翁傳初編 一
那波列翁傳初編 二上
那波列翁傳初編 二下
那波列翁傳初編 三

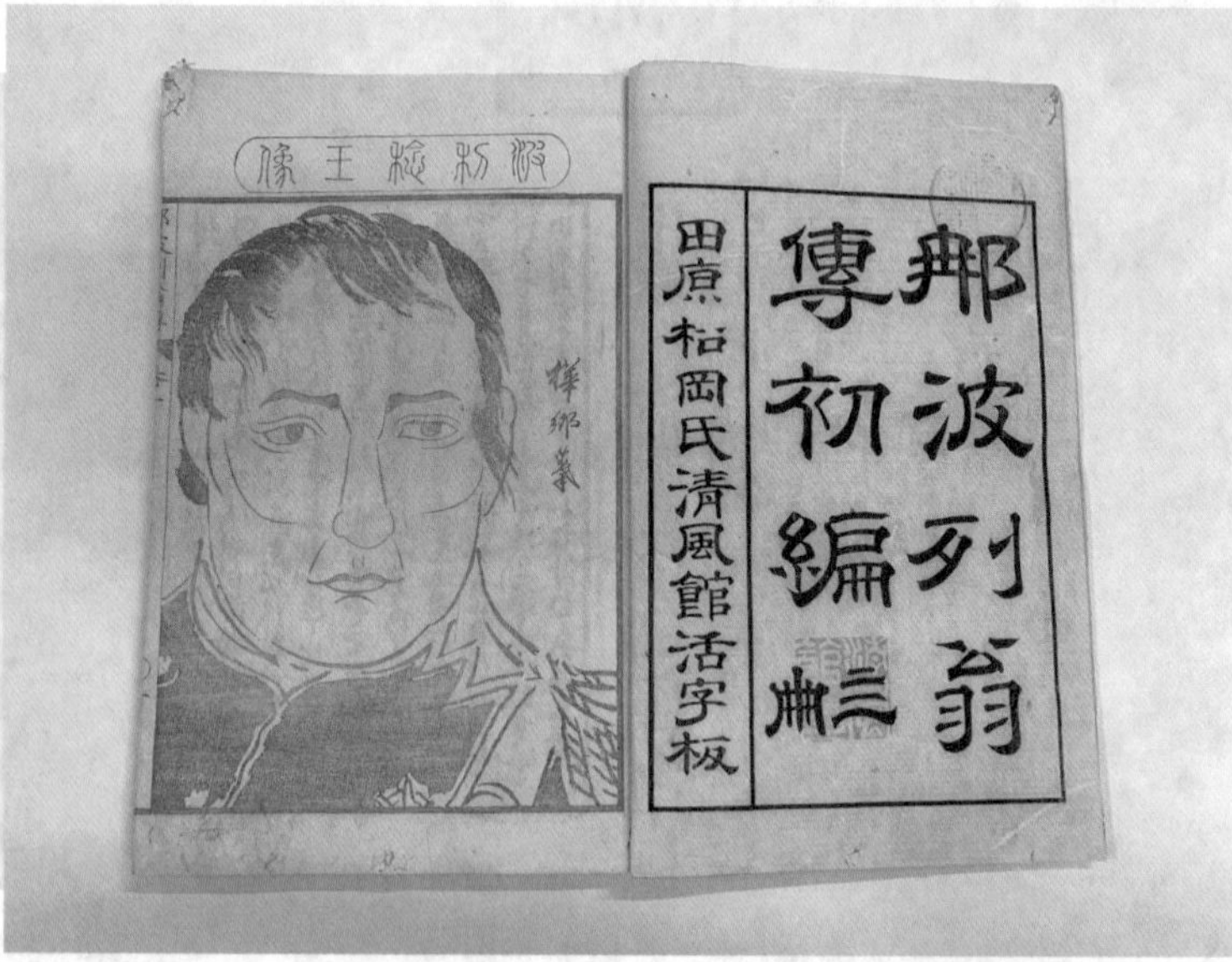
那波列翁傳初編
三冊

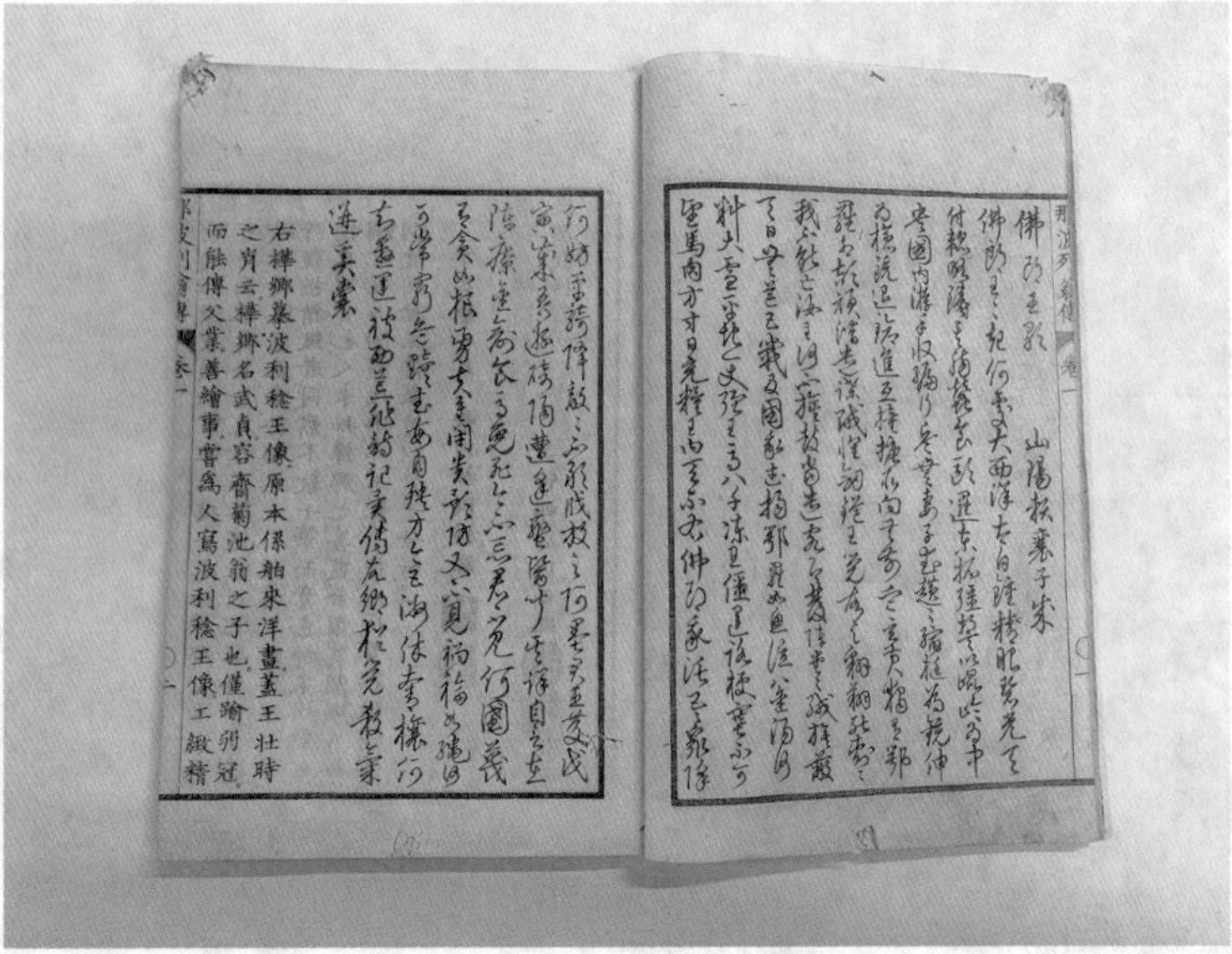

那波列翁傳　卷一

佛朗王歌　山陽頼襄子成

右樺鄉𦾔波利稔王像原本係舶來洋畫蓋王壯時之肖云樺鄉名武貞容齋菊池翁之子也僅踰弱冠而能傳父業善繪事嘗爲人寫波利稔王像工緻精

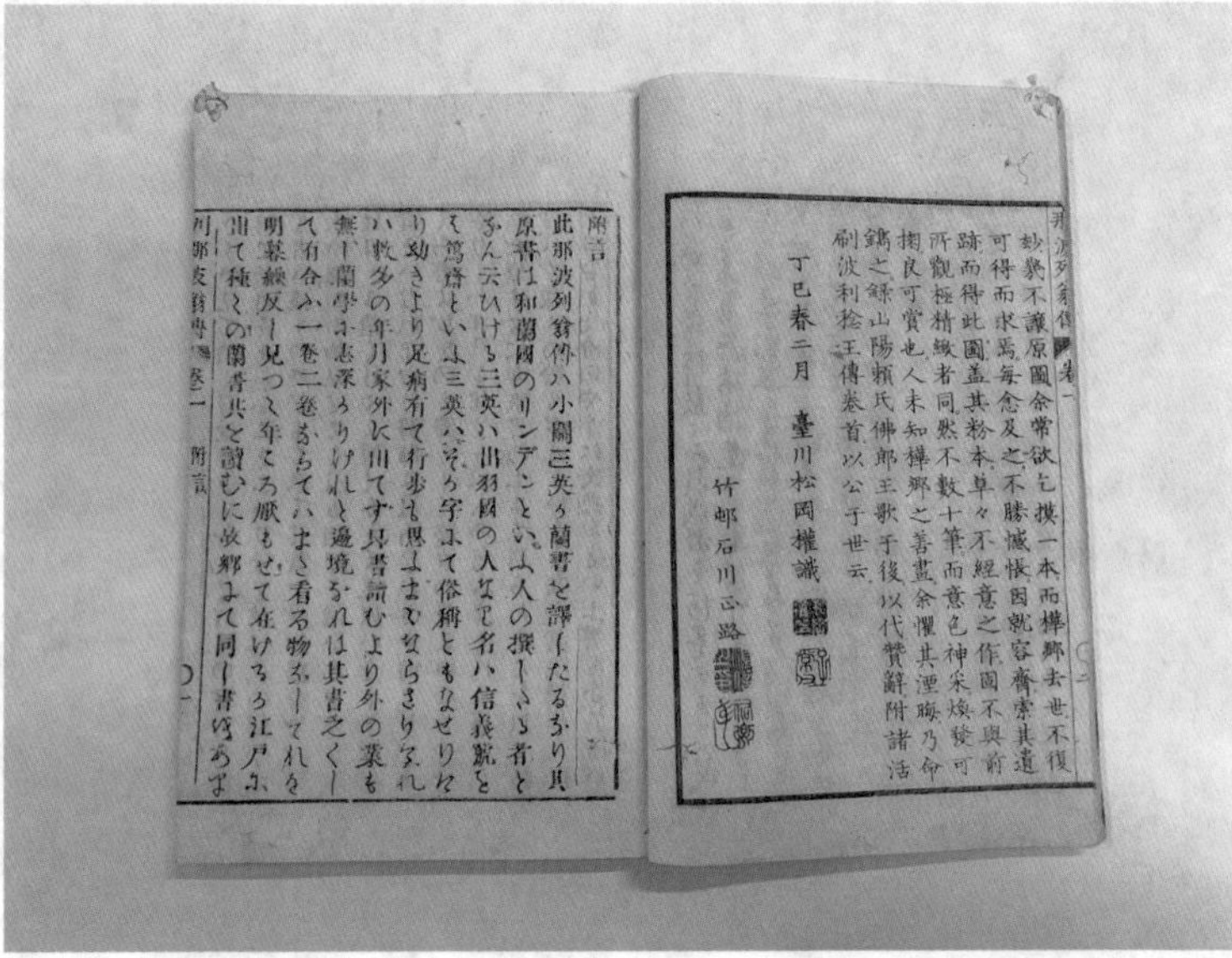

那波列翁傳　卷一

妙𥳑不讓原圖余常欲乞摸一本而樺鄉去世不復可得而求焉每念及之不勝憾悵因就容齋索其遺跡而得此圖蓋其粉本草々不經意之作固不與前所觀極精緻者同然不數十筆而意色神采煥發可掬良可賞也人未知樺鄉之善畫余懼其湮晦乃命鐫之録山陽頼氏佛郎王歌于後以代贊辭附諸活刷波利稔王傳卷首以公于世云

丁巳春二月　臺川松園𢹂識

竹邨石川正路

附言

此那波列翁傳ハ小關三英ヵ蘭書を譯したるなり其原書は和蘭國のリンデンといふ人の撰しふる者となん云ひける三英ハ出羽國の人なり名ハ信義號を篤齋といふ三英ハその字ふて俗稱ともなせりたり幼きより足病有て行歩も思ふまゝならざりけれハ數多の年月家外に出てず只書読むより外の業も無し蘭學ふ志深うりけれと邊境なれは其書乏くして有合ふ一卷二卷なちてハまさ看る物なしてれを明暮繰反し見つゝ年ころ厭もせて在けるう江戸ふ出て種々の蘭書共を讀むに故郷ふて同し書ながら

那波列翁傳　卷一　附言　一

ウクライナ
ルーマニア
モルドバ
ブルガリア
トルコ
シリア
イラク
ヨルダン
イスラエル
レバノン
ジョージア
アルメニア
ギリシャ
イスタンブール
アレクサンドリア
カイロ
ヴォルゴグラード
ドニエプロペトロフスク
ルハンシク
ドネツク
ザポリージャ
クリヴィー・リフ
マリウポリ
ロストフ・ナ・ドヌー
ムィコラーイウ
オデッサ
キシナウ
ヤシ
クルジュ=ナポカ
ブカレスト
セバストポリ
クラスノダール
バルナ
ソフィア
プロブディフ
テッサロニキ
ブルサ
アンカラ
エスキシェヒル
イズミル
アテネ
コンヤ
アンタルヤ
アダナ
メルスィン
ガズィアンテプ
ティビリシ
アルビール
バグダッド
ベイルート
キプロス
黒海

ヨーロッパ・エジプト地図

（GoogleMapより）

はじめに

江戸時代後期にナポレオンのことについては高橋景保の「丙戌異聞」、「別埒阿利安設戦記」や頼山陽の「佛郎王歌」、小関三英の「活刷　那波列翁傳初編」、箕作阮甫の「那波列温傳畧」、杉田成卿の「西洋戦記」、佐久間象山の漢詩「題那波列翁像」等の数種類により知らされ、渡辺崋山、吉田松陰、福沢諭吉等が強い影響を受けた事は周知のとおりである。崋山、松陰、諭吉のように時代を先駆した人だけでなく、明治という時代に向けて生き抜いた地方の藩士達にも多くの影響を与えた。その意味で田原藩士松岡台川が出版した『活刷　那波列翁傳　初編　田原松岡氏　清風館　活字板』リンデン著・小関三英訳については、その内容からして、幕末期の日本人が「ケベーネベスト」(共和制)、「フレーヘッド」(自由)、「欧州総州革命」(フランス革命)をどのように考え、それが明治以降の日本の近代化にどんな影響を与えたのかを考えるのには貴重な本である。

現代の世界情勢を考えるに、覇権主義による国際連合における常任理事国内の対立、少し前はソ連とアメリカ及び同盟国との冷戦時代、今は中国とアメリカ及びその同盟国がある。そして、それを取り巻くイスラム圏・アジアの国々の対立があり、その解決策として軍事的制裁・経済的制裁がある。ナポレオンの時代もイギリス・オーストリアを中心とする君主制とフランス・アメリカを中心とする共和制の国の対立であった。重商主義と重農主義の対立でもあった。それはイギリスを中心とした対仏包囲同盟とフランスによる大陸封鎖令であった。この対立と試行錯誤の結果、ヨーロッパ諸国は自由・平等・博愛の精神で近代民主主義の確立をした。しかし、アジア・アフリカ諸国はそこから取り残され、犠牲にされた課題を残した。さて、現代の中国やロシアとアメリカ及びその同盟国の対立はアジア・アフリカ諸国の残された課題をどのように解決するかである。貧困・差別は戦争では解決できない。ナポレオンの時代の教訓でもあった。その意味で『活刷　那波列翁傳　初編』はナポレオンの時代を知る手助けになれば幸いである。

しかし、小関三英が翻訳を始めたと思われる天保三年（一八三二）から写本は多くされているが、約一九〇年間で出版されたのは安政四年（一八五七）に刊行した一回だけである。約一六〇年間全く復刻もされていない本である。この本については岩崎克己・新村出・森銑三・阿部正巳・佐藤古夢・山川章太郎・小沢栄一・板沢武雄・有馬成甫・佐藤昌介・杉本つとむ・杉浦明平・半谷二郎・田中弘之・篠崎康彦・野村正雄・岩下哲典等の諸氏が種々の論評・教示をしている。

私は今から五〇年以上も前に愛知大学文学部史学科の卒業論文で「渡辺崋山の藩政改革-洋学知識の具体化-」執筆中に「活刷　那波列翁傳初編」の事を知った。その後、卒業して大同工業大学の図書館に就職して、まもなく、名古屋の古書店で「活刷　那波列翁傳初編」が出品されているのを知り、私としては宝物を手に入れた気持ちで購入した。当時は通読しただけであったが、最近、テレビの大河ドラマでも幕末期のものにはナポレオンの事が度々語られている。私としてはこの本の出版を思い、二〇年程前からひとり独学で調査した。それ故に、間違いがあると思いますが、ご容赦とご指摘をいただければ幸いです。

二〇二一年五月五日ナポレオン没後二百年回忌　　　冨安廣次

［凡例］

1 本文の各巻丁数は其ヶ所の最初にルビで[巻数―丁数]を記した。
例→[一―一]

2 三巻末尾の松岡台川「識誤」に記された箇所については、その指示により加筆、削除、訂正をした。詳細注記については［識語詳細注記］として本文中に挿入した。闕字については□闕と記した。「己、已、巳」と「大、人」については誤植が多いので読者の判断に任すとの事であるので、私の判断で訂正した。

3 合字については「トキ」、「トモ」と記した。

4 現代訳は三字下げて段落を目途にフォント9Pで表記した。
本文中の註（勝割）は［］で現代訳をし、筆者の説明文は（ ）で補記した。また、文中の必要と思われる事項も（）で補記した。

本文中のナポレオンなどの言葉は「」で記した。

歴史上重要な解説を要する項目、事項は【斜体】で記した。

例→【フランス革命】

5 難解な語句はその語句の後に（ ）で説明文を補記した。
例→いみじい（立派な）

6 巻三末に「那波列翁傳識語」は原文のみを記した。

7 参照文献については文中には〈「」〉で記した。
例→〈「ナポレオン言行録」岩波文庫 （兵への布告）参照〉
その他、本書執筆に参考にした文献は巻末に記した。

活刷　那波列翁傳初編

巻一

巻一

佛郎王歌　　山陽賴襄子成

佛郎王々起何處大西洋太白鍾精眼碧光天付韜略鑄其腸蠶食歐邏東拓疆誓以崐崘爲中央
國内游手收編行兵無妻子武𧾷黄々縮梃爲銃伸爲槍銃退鎗進互撞搪所向無前血玄黄獨有鄂
羅相頡頏潛遣諜賊懷剱鋩王覺故之翺翔能刺々我不能亡汝主何不旗鼓當遣客則發陳堂々
緘旗蔽天日無芒五戰及國我武揚鄂羅如魚泣釜湯何料大雪平地一丈強王馬八千凍且僵運
路梗塞不可望馬肉方寸日充糧王曰天不右佛郎我活吾衆降何妨單騎降敵々不敢戕放之阿
墨君臣慶戊寅歳吾遊碕陽遭逢蠻醫聞其詳自言在陣療金創食馬免死今不忘君不見何國蔑
有貧如狼勇夫重閉貴預防又不見禍福如縄何可常窮兵黷武毎自殃方今五洲休奪攘何知殺
運被西荒作詩記異傳故鄕猶覺殺氣迸奚囊

フランス王歌　　頼山陽作

フランス王、王の出生は何処か。大西洋である（頼山陽は地中海を大西洋の一部と理解していた）。太白（古代中国の金星、明星）の生れ変りのように眼は碧い光を放つ。天は王に韜略（中国古代の兵書「六韜三略」の略）の優れた兵略と、鉄の腸を鋳ったような丈夫な身体を与えた。ヨーロッパ諸国を蚕食（他国を侵略する）して東に領土を拡大開拓し、崑崙（黄河の源流で、タクラマカン砂漠の南、中国・チベットの境にある山脈）をその領土地図の中央にすると宣誓した。国内の遊んでいる人を集めて軍隊を編成し、兵士は妻子なく武術に趪々（武勇に猛々しき）者であった。兵士たちは梃（てこ）（丸太棒）を縮めて銃とし、伸ばして槍とし、銃兵が退けば槍兵が進み互いに撞搪（突き当たる）した。向うところ敵はなく、戦いの黒く黄色い流血が戦場に滴った。ただ一国ロシアだけ戦力が相拮抗していた。ひそかに敵は刺客に剣を懐中に持たし陣中に忍ばせた。ナポレオンはこれを察知し、あえて之に身をひるがえし刺客に駆け寄って言った。私を能く刺せ、私を刺してもフランスを滅ぼすことはできない。お前の主はどうして軍隊をもって対戦しないのか。刺客を釈放し、自ら軍隊を発して堂々たる布陣を敷いた。多くの布旗（軍旗）は天を覆い、太陽の光は届かない。五度の戦に勝利し、国都（パリ）に凱旋し武威は高揚した。ロシアは湯釜の前で泣く魚の如くであった。しかし、何んと、予想外の事に（ロシア遠征時）大雪で平地は一丈（約三メートル）以上に覆われ動きが取れなくなった。ナポレオン軍の馬は多く凍え倒れた。軍の行く手は塞がれ兵糧の望み事も出来なくなった。倒れた馬の肉わずかで、日々の食糧に充てた。ナポレオンは言った。天はフランスを助けない。私は吾衆（部下、国民）を活かすためならば、投降することも厭わない。ひとりで敵（イギリス）に投降したので、敵は敢えて殺さなかった。ナポレオンはアメリカ（実は南アフリカ大陸より二八〇〇キロ離れた大西洋のセントヘレナ島、現在もイギリスの海外領土）に流刑されたので、ナポレオンの臣下はこれを喜んだ。私（頼山陽）は戊寅の歳（文政元年）に長崎に旅をした。その時にオランダ商館医（この年にオランダ商館医として赴任したのはClasse Hagen＝クラッセ・ハーヘンである）に会ってナポレオンの詳伝を聞いた。商館医は言った。自分自身ナポレオンの軍に従軍(ロシア遠征)して傷病兵の治療をした。馬肉を食って死を免れたことは今でも忘れられない。あなた(頼山陽)はどんな国にも貪欲、軽蔑すべき狼のようなことがあること知りませんか。ほんとうの勇士は重々しく門戸を閉ざして狼の侵入(災厄)を予防することを尊ぶ。また、知るであろうが、禍と幸せは互いに綯われた縄のように、何ものも常態を保つことはできない。窮地に陥った軍隊は武力を乱用して、常に災難を起こすものである。今まさに(ナポレオンが没落して)、五洲(世界)の侵略植民地化は一時的に休止されているが、知りうるだろうか、戦争の機運はヨーロッパ諸国を覆っていたことを。この異事(大きな世界の出来事)を故郷(広島)に伝えるために作詩した。詩を袋に納めた今でも、その殺気興奮が袋から迸り出るように思われる。

〈「頼山陽　梁川星巌　江戸詩人選集　第八巻」岩波書店　仏郎王歌参照〉

右樺郷摹波利稔王像。原本係船來洋畫。蓋王壮時之肖云。樺郷名武貞。容齋菊池翁之子也。僅踰弱冠。而能傳父業。善繪事。嘗爲人寫波利稔王像。工緻精妙幾不讓原圖。余常欲乞模一本。而樺郷去世。不復可得而求焉。每念及之。不勝憾悵。因就容齋。索其遺跡。而得此圖。盖其粉本。草々不經意之作。固不與前所觀極精緻者同。然不數十筆。而意色神采。煥發可掬。良可賞也。人未知樺郷之善畫。余懼其湮晦。乃命鐫之。錄山陽頼氏佛郎王歌于後。以代贊辭。附諸活刷波利稔王傳巻首。以公于世云。

丁巳春二月　　臺川松岡權識㊞㊞　　竹邨石川正路㊞㊞

右は樺郷（菊池容斎本名河原量平の次男で河原四郎。生没年詳細は不詳。解説参照）の写したパリス王（ナポレオン）像である。原本は舶来洋画である。蓋王（一時代を築いた王、ナポレオン）壮年時の肖像と云われている。樺郷は名を武貞と云い、菊池容斎翁の子である。僅か二十歳余にして能く父の画業を伝承し絵を描く事に優れていた。嘗て（以前に）人と為り（天性で）パリス王の肖像を描いた。巧みで緻密、精密なこと原画に少しも譲（劣）らない。私（松岡台川）は常に模写一軸を欲しいと思っていたが、樺郷既に世を去ったので求めることはできない。いつもこのことを思い後悔でやまない。容斎に因り就いて（とりすがり）その遺作を探し求めたが、得られた絵はその粉本（下書き、後日の制作のための模写本）で草々不経意（粗雑で不出来）な作であったので、固く與えることを断られたが、以前に観た精密なものと同じであった。然るに十筆を数えず、意色（気込み）、神采（優れた風采）、煥發（美点や精彩ある事柄が外面に輝きあらわれること）を掬いとることのできる賞すべきものであった。誰も未だ樺郷の善画の所在を知らない。私はその画の湮晦（ほろび無くなること）を危惧し、すなわち、これを鐫ることを使命とした。頼山陽氏のフランス王歌を後に錄し、以って賛辞に代えて、諸の活刷パリス王傳の巻首に付す。公にすることによって、ここに世に示す。

丁巳（安政四年）春二月　台川松岡權識㊞㊞（刻印「松岡権印」「子常父」）　竹邨石川正路㊞㊞（刻印

「順信之印」「祐卿氏」)(共に田原藩士、詳細は解説参照)。

附言

此那波列翁傳ハ小關三英か蘭書を譯したるなり其原書ハ和蘭國のリンデンといふ人の撰したる者となん云ひける三英ハ出羽國の人なり名ハ信義號をは篤齋といふ三英ハ其か字にて俗稱ともなせりたり幼きより足病有て行歩も思ふまゝならさりけれハ數多の年月家外に出てす只書讀むより外の業も無し蘭学に志深かりけれと邊境なれは其書乏くして有合ふ一巻二巻ならてハまた看る物なしこれを明暮繰反し見つゝ年ころ厭もせて在けるか江戸に出て種々の蘭書共を讀むに故郷にて同し書をあまたゝひ見て熟く習覺りたるをもて何れの書も打解けて讀れすといふことなかりけり故れ世の蘭學する者ハ様々の冊子もて來て其教を受け蘭書を持る人ハ種々の物見せてこれか翻譯を請ひなとする程に日々に精く月々に博くなりて遂にいミしき蘭学者とハなれりけり醫師にはあなれと少時よりひたミち書よむをのミ務として療治の事にハ心を寄せさりしか江戸に住ける後人の乞ふまゝに止事なく病を療するに年來書の上にて明らめたるを以て物すれは様々の驗も多かりけりとなん其頃蘭學ハ開けにたれと今のやうに文典なといふ書もなけれハひたふるに彼國の言語を多く識しつゝ何呉の書に渉りて物の理事の趣をも瓣へおのすから心に染て其法をも知れる事なりけ

らし去りとてハ渡來れる書も多からされハいとも〱難き業なりけんに三英か彼文に倣て作りし物を見るに文典の格に叶ひて露違ふことなしと今の蘭學家のいへりさてハ此人の彼學に深くして彼國の意詞を己か物と手内に握得たる仕業ハ尋常の人の掛ても及ふへきに非るを思量るへし今西洋の學をも立させられ新なる好書も妙なる術も彌益に出來て開けにひらけたる世に在らましかはと惜み歎かるゝ事にこそ

付言

このナポレオン伝は小関三英(庄内藩出身の蘭方医、詳細は解説に記す)の蘭書を訳したものである。その原書(原書名 Het Leven von Buonaparte)はオランダのリンデン(Joannes van der Linden 1756-1835)という人の撰したものである。三英は出羽国(現山形県鶴岡市)の人である。名は信義、號は篤斎と云い三英は字にて俗称ともなっていた。幼い時より足病があって、歩行も思うままにできなかったので、数多くの年月家外に出ないで、ただ本を読む以外にすることもなかった。蘭学には志(関心)が深かったけれども、辺境の地であるので、蘭書は乏しくて有合せの一巻、二巻でなければ見るものもなく、これを明け暮れ繰り返し読んで年ごろになり厭きもしないでいたが、江戸に出て種々の蘭書等を読んだ時に、故郷にて同じ書を何度も見て、熟く習い覚りたるものであったので、どんな書でも理解できて、読めないということはなかった。その内に、世の蘭学をする者たちは様々な冊子を持ってきてその教えを受け、蘭書を持っている人は種々の物を見せて、その翻訳を請い願い等すればするほと、日々に蘭学に精通し月々に博学になり、ついにいみじい(立派な)蘭学者となった。医師ではあったけれども若い時より、書を読むことのみに務めて治療にはあまり心を寄せなかったが、江戸に住むようになって後は、人に乞われるまゝに止むを得ず病を治療するのに、長年、本の中で明らかなことをもってすれば、様々な験功(ききめ)も多くあった。その頃、蘭学は盛んになってきたが、今のように文典(文法書)等という書もなかったので、ひたすらオランダの国の言語を多く理解して、何くれ(あれこれ)と書物に渉って物の道理を弁へ(認識し)、おのずから心に染みて、その法(文法)をも知れる(理解できる)ようになった。しかし、渡来する書物は多くなかったので、とても〱難しい事であったが、三英が蘭文について訳した物は文法の格(法則)に叶って、少しの間違うことはないと、今の蘭学者も言っている。さては、三英の蘭学に詳しくオランダの言語を自分のもののように自在に把握していることとは、普通の人の及ぶことではないと思い量るべきであった。いま、西洋の学、主立たされ(重要視され)、新しい好書も巧妙な技術も弥益に出来て開けに開けたる世に、三英がこの世にいないことは惜しみ歎かれることである。

抑余十六七の頃なりけむ頼山陽か作し佛郎王歌を讀て那波列翁か事を初て知りていミしとは思ひつれともさはかり意にもせて在けるか其後有志の人にも交り物の書をも見て外國

のことをハ見聞して海防の筋にも心につけてハ夫の那波列翁か事實をも委敷知らまほしくおもひけるに十九年はかり前に江戸に物せし時三英か此傳を見ることを得て那波列翁の才學智勇ありて能く人を用ひ能く人を服し雄略の大なる抔を知り將彼國々の人情政治軍旅の趣をも見れハ是ハしも海の守せん爲に心得へき書也迚頓て寫置たれと此本纔に勃納把爾的か會治乃第一の執政となりて壹度軍を止め諸國と和睦せし段迄ならてハ無し且書様もしとけ無て何如そやおもふ節々も寫誤れるならむと見ゆる所もありてあかされハ譯者の許にこそ全くして正しき本ハあらめ往て借りてんと思ふに三英ハ早世に無くなりにけり斯て彼方此方に求れとも皆我か本と同物にて善本迚ハ更に無しこはつかに譯したる計の草稿を秘たりけん其寫の出たるにて未た人に見すへく共思ハぬなめれハ全く正しき者の世に有へくもあらさなり抑三英故郷に在し時より蘭書の那波列翁傳を持りしを夜晝となく讀返し考へかへし抔痛く心を砕て居たりしとそさるをかつ〲翻出たる計にて其業はつるまて世に在らさりしそあたらしき三英か志遂けたらんにハ何如に此書の世の寶ともならまし者をと歎けとも爲方なく年比打過る程に近來外國共か更〻渡來て己か志ニ願事なとうるさきまて申すにつきてハ畏き　仰言有て内外の守嚴かに預め軍事に怠らさらしめ給ふに

御世明らけく道廣き時しなれハ善事ハ彼にも取て此に調へ今は軍も火伎ならてハ叶ハしと家毎人ことに思ひなして大方軍陳の法も大砲小銃の器も術も改りて競勵む事とそなれり

ける因て竊におもふに彼の西洋の國々の今の如く彌增に軍のすち火のわさに巧に精くなれりける八彼の紀年にて千七百年の代の末つ方より八百年の代の初乃比佛郎察國の大に亂れしよりして勃那把爾的世に起りなへて歐羅巴の國々是にかゝつらひて戰争多かりけれは軍に便利なる物種々出來て遂に軍陣の制も軍器なとも皆改りたるに原つけるよし殊に那波列翁ハ兵を用ふることに勝れて類なけれは古今の三大將の一人とて何れの國も畏み稱へさるハなしとなん然れは今海外の籌を運し夷等に當らん迚彼か軍の情を知り彼か軍の法を取り彼か軍の器を用て我か武威を增んにハ其原つける時の戰ひ其稱ふる人乃軍の趣を知り心得るこそ先なるへけれはたかゝる陣法火伎ハこよなく便利なれともひたふるに他の國振を用ひ其習はしにつけていつしかも心に染めハともすれハ偏様になり行て古より傳ハれる孫呉韜畧も今にハ後れたりと言ひ萬國に愈りていたとけなる槍刀等の兵も今にハ益なしと思ふもあめれと那波列翁か軍の様を見るに其戰畧孫呉なとの外に出たるハなく又其戰闘の勢にも若し我か雄々敷武士をして槍刀を用ひしめたらんにハ目醒しき捷をも得可らんとおもふ節々の餘多あるをや余おふけなくも世人に是を瓣へさせんと切に思ふものから那波列翁か事をしめさまほしくて世に其傳を譯したる全き者有やと尋るに一代記畧傳なといふ書あれと一渡り乃者なれはその事乃趣を見るに足らぬにて未た三英か譯本乃外にはかはかり委敷ものを見すいてや此傳草稿にまれ何にまれ其事乃有様を知ん便とせんにはよけ

れは文乃整はさると詞乃妄かはしきとにさのミ拘ハるへきやハかにかくに三英精學の才にて年ころ心をそめ思を盡せし者故只書きにかきたるなから事の趣ハ能く心に得らるゝにかし頓て其儘これを活字板以て摺巻にして世に弘め物する事とハなしつ三英若し地下に在て是を知らは帳中の秘物を出して人を辱しめたりと余を罪せんかされ共余ハまた三英の年來の心つくし乃世に顯れすして空くなり果んハいとも口をし聊たに其手澤の跡を殘して世の用になさんとおもふ也けり。

さて、私（松岡台川）が十六・七歳の頃、頼山陽作のフランス王歌を読んでナポレオンの事を初めて知って、いみじ（立派な、たいそうな）ことと思いながら、さほど意にもしないでいたが、その後、（尚歯会の渡辺崋山・高野長英・小関三英を中心にした蘭学研究会などの）有志の人たちと交際するようになり、書物を読み外国の事を見聞して、海防の事にも心掛けるようになり、ナポレオンの事実にも委細詳しく知りたく思うようになり、今から十九年ばかり前に江戸在勤となった時に、三英のこのナポレオン伝を見ることが出来て、ナポレオンは才学智勇があって能く人を用い能く人を服従させ、雄大な計略（本文中のヨーロッパ総洲革命）などを知り、まさに、西欧諸国の人情、政治、軍隊の状況を見れば、この書は海防のために心得るべき書であった。とても俄かに写し置いたが此の本はわずかにボナパルテ（ナポレオン）が共和国の評議会の第一の執政官となって、一度軍を止め諸国と和睦をした時までしかない。かつ、書き様もしどけなく（しっかりしたものでない）どうかと思うことや、写し誤れると思えるところもあって、あかざれば（明らかにしようとしたが）、訳者のもとにこそ正しい本はあろうと、三英の所へ行って借りようと思うに、三英は早くにしてこの世にはいなくなっていた。かくて、あちらこちらに探し求めたが、皆、私の持っている本と同じで善本とてはさらにない。これはわずかに訳しただけの秘めたる草稿であり、その写しの出したものにて、未だ人に見すべきでないと思わないでもないが、全く正しいものは世にある可能性もない。そもそも三英故郷にいた時よりオランダ語のナポレオン伝を入手して、夜昼となく読み返し考え返しなどして、心に強く感じていたので、これを且々（やっと）翻訳したばかりで、その業（出版）を果たすまで三英はこの世にはいないのが、可惜しき（そのままにしておくのには惜しいほど立派な）、三英の志を改めて遂げるには、いかにこの書が世の中の宝にならんかと歎けども致し方なく、年頃（数年来）過ごしているが、最近諸外国などが更々（今あらたに）渡来して自国の志や願事をうるさく要求するには、幕府の畏き仰せの言葉に、内外の守り事は厳かに、あらかじめ軍事に怠りのないようにとあって、この世は開明にして道が開かれたときであれば、善き事は西洋のことであっても取り入れて、これを調えて軍も火伎（火兵　火薬兵器）では叶わないと、家（藩）ごと、人（藩士など有志）ごとに思いをなして、大方（世間一般）の軍陣の法も大砲小銃の兵器も技術も改まり、その調練に競い励むようになった。よってひそかに思うには、西洋の国々の今日のように一段と軍のすち（術、すべ、すべき方法）、火の技に巧みなるのは、西暦の千七百年代の末期より千八百年代の初期の頃のフランス国の大いに乱れたこと（フランス革命前後の動乱）によって、ボナパルテ（ナポレオン）が世に出現して、おしなべて（すべて一様に）ヨーロッパの国々は関わって、戦争が多くなったので、軍に便利な物が種々出来て遂に軍陣の制度も軍器なども改善される原因となった。殊に、ナポレオンは用兵に勝れて類なかったので、古今の三大将として、どこの国も畏み称えないことはなかった。そうであれば、今、海外のはかりごと（計略）をめぐらし、夷（外国）に対処せんとするには、その軍の実情を知り、その制度を取り入れ、その武器を用いて、我が軍の武威を増さんことには、そのもととなる戦い、その称賛された人の軍の趣を知ることを心得ることが、まず先であるべきである。将（しかしながら）、かかる（このような）陣法や火伎はこよなく（甚だしく）便利なれど、ひたすらに他の国の振舞いを用い、その習慣について、いつの間にか心も染れば、ともすれば偏るようになって、古くから伝わる孫呉韜略（孫子・呉子の兵法　六韜三略の兵略）も、今は時代遅れと云い、万国に愈（勝）っていた尖った槍刀などの兵器も今では益がないと思うもあるけれども、ナポレオンの軍の様子を見るに、その戦略は孫子。呉子の兵法の外に出でたることはなく、また、その戦闘の勢いにても我雄々しき武士をして槍刀を用いて戦わせたならば、目覚しい捷（勝）を得られと思う節々が多くある。私（松岡）はおうけ（応化　仏が迷える者を救うためにいろいろと姿をかえて出現すること）なくも世の中の人にこれを弁べさせん（弁説しよう）と切に思う心からナポレオンの事を示しまほしく（まほし　たく　ここでは示したく）、世にその伝記の訳した完全なものがあるかと尋ねたが、一代記略伝

（「仏蘭西偽帝那浪列翁一代記」原著者、訳者不詳。嘉永七年刊の本か？）などのいう本はあったが、ひととおりのものにて、ナポレオンの事の趣旨を知るには物足りなくて、未だ三英の訳本以外に、はかばかしく（際立って）委しい物は見ていない。いでや（さて）、この伝記、草稿にまれ（であろうと）何にまれ（であろうと）、その事のありさま（物事のようす、状態）を知るのに都合がよければ、文の整わない事と詞のみだりがわしい（乱雑）事にさえにのみ、拘る（こだわる）べきかは、かにかく（ともかく）に、三英の精学の才能にて年来（長年）心を染め思いを尽くした物故に、書くには書いたがその趣旨はよく心得るようにし、すべて其の儘にこれを活字板で以って摺り巻にして、世に広め物とすることとした。三英、もし地下にあって是を知ったならば、帳中（袋の中）の中の秘めたる物を取り出して人を辱かしめたと私を罰せんが、されども、私は三英の年来の心づくしのものが、世の中に公表されなくて、むなしく忘れ果てることは口惜しい。すこしでも、手訳（書き入れ本）の跡を残して世の用にしようと思った。

巻一

○此書前にも云ふ如くまことの草稿なれハ譯様も定らす妄りかはしく和語あり漢語あり雅言あり俗言あり辭の足らさる文の整ハさる有り又疑を欠るも原語のまゝにしたるも有れとなかく\に是を改てハ原意を失ふ事も有んと其儘おく中にハ寫誤りたるなるへしと覺しき節ハ他本に校合せ又自らも考へ正したる所もあれといまた盡さす

○この書は前にも云ったように、本当に草稿であるので、訳し方も定まらず、妄(みだ)りがわしく(濫りがわしく、乱れがちで)和語あり、漢語あり、雅語(雅言　正しい言葉、洗練された言葉)あり、俗言あり、辞の足らなくて文の整わないことあって、また、疑いをかけるも原語のままにしたものもあるけど、なか〱と(中途半端に)是を改めては原意を失うこともあろうとそのままにしておく。中には写し誤れると思われるところは、他本にくらべあわせ、また、自らも考え正したところもあるけど、未だ尽くされていない。

○地名人名其外蠻語其乃中にいかにそや思ふ處も此彼あれ共そハ原書に校合して後に正してんかし

○地名、人名、その外オランダ語のその中には、いかにぞやと思う(これはと思う)ところも、いろいろあるが、それについては原書にくらべ合わせて後で正して下さい。

○年比此書を看又他本に校せし時なと折に觸て見聞せし事とも人の説己の考をも思よるまゝに書加へ置たる所間ゝあり壮時にふと書たるなと多けれハひか事も有んと思へと今更棄るも惜くて其まゝ注に入置つこれハ○を加て譯者の自註に分つ見む人謬ある事をハ正し給へ猶書加へまほしき節々も有れとも事繁くて暇なけれは止ぬ

○年来、この書をみて他の本とくらべた時など、折に触れて見聞きしたことなど、他人の説、自分の考えなど、思いついたままに書き加えた箇所も所々ある。壮年時にふと書いたことなど多ければ、ひがこと(道理や事実とちがった、間違ったこと)あると思うけれど、今更、破棄するのも惜しまれ其のまま注に入れておいて、これには○を加えて訳者(三英)の自注と区別した。読む人は誤りあることは正して下さい。なお、書き加えたい節々もあるが、ことしげく(いそがしく)暇もないので止める。

○譯語の傍なる蠻語又漢語の傍なる俗語なと活字なれハ傍書つけるに便ならされハ其下の注とせり是ハ○を加へす

○訳語の傍のオランダ語、漢語の傍の俗語など活字ならば傍注をつけるのに、不便であればその下の注とした。これには○は加えてない。

○命令書簡なと原本には漢文様に譯したるも間〻あれ共活字にて訓點付んハかたけれハ皆押並て假字を雑へて直に讀る〻様になしつ

○命令書簡など原本には漢文様に訳したところも、ところどころあるけれども、活字にて訓点をつけるのが難しければ、みなすべて一様に仮名をまじえて、すぐに読めるようにした。

○活字板排る時の誤錯漏脱なと又刷る時に墨の付かて字の缺たるなと改て第三巻の末に識誤を附く

○活字板をつくる時の字の誤錯漏脱など、また、刷る時に墨が付かなくて欠字などは、改めて第三巻の末に識語を付けた。

○反古〳〵も此書の三巻計にして末の成らさるこそあかぬ事なれ此頃此傳の原書を借得たれハ是を譯さしめて次々に二編三編と活板もて摺巻にして世に弘くだすへし

清風館主人

○かえすがえすも、この書三巻ばかりで最後のないことはあかん（埒明かぬ）ことであるが、この頃（近いうちに）、この伝の原書を借りることができたら、訳して次々に二編、三編と活字板にて摺本にして世に広く出すべきである。

清風館主人

巻一

〔一―一〕 那波列翁勃納把爾的傳一

小關三英遺藁譯本

那波列翁勃納把爾的ハ西洋紀元一千七百六十九年〔我ガ明和六年己丑ニ當ル〕第八月第十五日ヲ以テ「コルシカ」島〔○漢譯ノ所謂哥而西加〕ノ内「アヤシオ」ト云フ地ニ生ル父ヲ「カルレスボナハルテ」ト云ヒ母ヲ「ラチチァラニヲリニ」ト云フ其父曾テ羅瑪ニ在テ市街法令ヲ學ヒ「コルシカ」人ガ拂郎察及ビ「ケニュア」ト合戰アリシ時「パヲリ」〔人名〕ト共ニ戰ニ加ハリタリ「コルシカ」島既ニ奪取ラル丶ノ後ハ「ナポレヲン」ガ父「パヲリ」ト和睦セントス〔按スルニ「パヲリ」ハ「フランス」ニ降ラズ「ナポレヲン」ガ父ハ「フランス」ニ降リタルナルヘシ〕其伯父之ヲ支フ「ナポレヲン」ガ父之ニツギテ「アヤシヲ」王ノ「ゲホルマグチフデ」〔奉行ノ如キ官ナリ〕トナル正婦ニ依テ四男三女ヲ生ム長子ハ羅瑪ノ「アフゲサント」〔使ノ官行人ノ類也〕タリ次ハ「ナポレヲン」次ハ「ラアド」〔執政官〕五百人ノ其一也其最少子ハ時トメハ巴里斯〔○拂郎察ノ都府〕ニ在リ時トメハ其母ニ從テ「コルシカ」島ニ在リケリ

ナポレオン・ボナパルテ伝一

小関三英遺稿訳本

ナポレオン・ボナパルテ(Napoleon Bonaparte 1769-1821)は西暦一七六九年[和暦 明和六年己丑年に当る]八月一五日コルシカ島[○漢訳の哥而西加](Corsica島 イタリアのローマの西、フランスのマルセイユの南東の地中海の島、面積は兵庫県より少し大きく、人口は当時約三十万人)のアヤシオ(地名 Ajaccio コルシカ島西部の港町 アジャクシオ)に生まれた。父はシャルル・マリ・ド・ボナパルト（Charies Marie de Bonaparte 1746-1785）といい、母はマリア・レティツィア・ボナパルト（Maria Letizia Bonaparte 1750-1836 長寿であったのでナポレオンの生涯の全てを知ることになった）と言った。父はかって羅瑪（Roma ローマ）で市街法令を学び、コルシカ人が拂郎察（France フランス）、ケニア（ジェノヴァ共和国 Genova イタリア北西部のジェノヴァを中心にした都市連邦）と合戦した時（ナポレオンが生まれる一年前コルシカ島を領有していたイタリアのジェノヴァ共和国がフランスに売渡したので、コルシカ島独立戦争が起きた。フランスはコルシカ島の領有を宣言したのでナポレオンはフランス国籍となり、このことが彼の生涯に大きな影響をもたらした）、パオリ［人名］（パスカル・パオリ Pasquale Paoli 1725-1807 コルシカの独立運動の指導者）と共に戦った。コルシカ島がフランスに奪い取られた後に［按ずるにパオリは（イギリスに亡命して）フランスに降らず、ナポレオンの父はフランスに降ったので］、父はパオリと和睦しようとした。ナポレオンの父の伯父（Luciano Bonaparte 1718-1791 リュシアーノ・ボナパルテ　ナポレオンの父方祖父の弟で一七七一年アジャクシオの副司教となった）もこれを支援した。ナポレオンの父は和睦に続いて、アヤシオ王（アジャクシオ、コルシカ島を統治したのは後述のマルブーフ提督）のゲボルマグチフデ［奉行のような役職］（蘭語 Gevolmachtigde 代理人、弁護士　実際にはアジャクシオ王立裁判所の陪審判事）となり、正妻との間に四男三女が生まれた。長男（ジョゼフ）はローマのアフゲサント［使いの官行人］（蘭語 Afgezand 代表者、使者、国史、公使）、次はナポレオン、次（リュシアン）はラアド［執政官］（蘭語 Raad 元老院）の五百人のその第一（議長）である。その最年少の弟（ルイ）はパリ［フランスの首都］に居たり、時には母に従いコルシカにいた。（実際にはナポレオンは七男三女の十人兄弟姉妹。長男ジョゼフ、Joseph Bonaparte 1768-1844 ナポリ王、スペイン王。次男早世。三男ナポレオン。四男早世。五男リュシアン、Lucian Bonaparte 1775-1840 総裁政府の五百人会の議長、ブリュメールのクーデターの功労者、ナポレオンが皇帝となると意見が対立した。長女エリーザ、Maria-Anna Elisa Bonaparte 1777-1820 トスカーナ大公国の女大公、ナポレオンと共に失脚。六男ルイ、Louis Bonaparte 1778-1846イタリア・エジプト遠征に参加、イタリア遠征軍にナポレオンに相談なく従軍してナポレオンに反対されて退役させられたことは本文中に後記されている。時には母に従ってコルシカ島に居たとあるが、ナポレオンの母がコルシカ島にいたのは、一七九三年にナポレオンがパオリとの抗争に敗れてフランスに亡命するまでであった。後のオランダ国王、仏語のLouisは蘭語ではLodewijk、ナポレオンの妻の連れ子オルタンス・ド・ボアルネと結婚、その子シャルル・ルイ＝ナポレオン・ボナパルトはフランス皇帝ナポレオン三世、彼の治世にナポレオンの遺骨は一八四〇年にセントヘレナ島からパリに移された。孫はナポレオン四世。次女ポリーヌ、Pauline Bonaparte 1780-1825、ナポレオンが最も可愛がった妹。三女カロリーヌ、Maria Annunziata Caroline Bonaparte Murat 1782-1839 フランス軍の将軍でナポリ王となったミュラの夫人。七男ジエローム、Jerome Bonaparte 1784-1860 モンフォール公）。

註ニ云ク「ナポレヲン」ハ貴族ノ子ト云フ説アレトモ非ナリ其説「ナポレヲン」ガ父嘗テ二貴族ト「フランス」ニ往テ「ロデウェイキ」第十五世ニ謁見存問セシ事アルヨリシテ誤テ貴族ト爲シタル也又「パヲリ」ハ「ナポレヲン」ガ名親ト云フモタシカナラス何トナレバ「パヲリ」〔一一二〕「ボナパルテ」両家父ニ従テ其子名親タルヿハ記シタレトモ其子ト稱スル者ハ今ノ大將「ナポレヲン」ナルヤ否ヤハタシカニ知ラズト云シトゾ又「デ・マルブーフ」ハ「ナポレヲン」ガ父ト云フ説モ非也「マルブーフ」此島ニ太守トナリ來リシハ「ボナパルテ」誕生後數月ニアリ但「マルブーフ」ハ「アヤシヲ」ノ近所ニ地面ヲ買置ケルニヨリ「ナポレヲン」ガ父ト親友トナリシナリ

註にあり。ナポレオンは貴族の子であるという説があるがそうではない。その説はナポレオンの父が以前に二人の貴族とフランスに行ってロデウェイキ第十五世（フランス国王、ドイツ語 Ludwig XV フランス語 Louis XV 1715-1774ルイ一五世）に謁見慰問致したことがあったことにより誤って貴族としたためである。パオリがナポレオンの名付け親という説も確かではない。なぜならば、パオリ、ボナパルデの両方の家父（家父長の権限を持つ者）に従ってその子の名付け親となったことは記されているが、その子と言われたる人が今の大将ナポレオンであるかどうかの確かさは分からない。（ボナパルテ家において最初にナポレオンを名乗ったのはナポレオンの祖父の弟Napoleone Buonaparte 1717-1767ナポリオーネ・ボナパルテであった）。また、マルブーフ（人名 Charies Louis de Marbeuf 一七七〇年に提督として着任したマルブフ伯爵）がナポレオンの父という説もそうではない。マルブーフがコルシカ島に統治者として来たのは、ナポレオンが生まれてから数ヶ月後であった。ただし、マルブーフがアヤシオに土地を購入したので父と親友になった。

巻一

「ナポレヲン」夙ニ大志アリ敏ニメ學ヲ好ミ博聞審問孳々トシテ怠ラズ其父モ亦ソノ有用ノ器タルベキヲ知リ之ニ學藝ヲ教ルヿ怠ラス此時ニ當テ「コルシカ」ノ諸人拂郎察國ノ苛政ヲ惡ミ之ニ叛ントノ企専ナリ是ヨリ前ニモ此島度々拂郎察國ニ向ヒ戰ヒシカドモ利アラズシテ島中ノ貴豪戰死スル者多カリキ「ナポレヲン」幼心ニテ此形勢ヲ見種々ノ方策ヲ考ヘタリ其伯父拂郎察國ノ虐政ヲ嘆息セルヲ「ナポレヲン」傍ニ在テ之ヲ聞ク毎ニ共ニ無念ノ思ヲ懐キケリ或時其伯父自ラ拂郎察國ノ辱シメニ遇ルヿアリケレバ「ナポレヲン」伯父ノ前ニ近ヅキテ嗚呼伯父上ヘ早ク事ヲ興シ玉フベシ凡ソ人ト事ヲ謀ラバ何事カ成ラザランヤト云リ〔一―三〕「ボナパルテ」幼ヨリ佛郎察國ノ羈係ヲ離レテ「コルシカ」島ヲ獨立ノ國トナサントノ志アリ又其長上ノ甞テ戰死セルヲ傷ミイカニモシテ其仇ヲ報ンモノヲト感激メ特ニ古今軍畧ノ書ニ意ヲ委子ケリ「ボナバルテ」ガ一族父ノ代ヨリシテ此島ノ太守「マルクイスデマルブーフ」（名）ト殊外ニ親交シタリ其父死後ニ至テモ「マルブーフ」相替ラズ此一族ニ恵ミヲ加ヘタリ又「ボナパルテ」ガ材氣不比特ニ兵家ノ學ニ執心ナルヲ見テ大ニ之ヲ愛敬シ其費ヲ出メ「カムバク子」（「フランス」ノ地名）ノ「プリーン子」（地名）ノ軍黌ニ遊學

セシム卽チ一千七百七十八年ニ其本國「コルシカ」島ヲ發足シ「プリーン子」ニ赴キケリ

ナポレオンは早くから大志があった。俊敏にして学問を好み、博く物事を聞いて詳しく問いただし、孳々(しし)(勉めて怠らないこと)として怠けることはなかった。ナポレオンの父もナポレオンの有能な器量を認め、彼に学芸を教える事を怠らなかった。この頃、コルシカの島民はフランスの苛酷な政治の苦しみを嫌悪し、フランスに専ら叛乱を企てた。これより前にもコルシカ島は度々フランスに対して戦いをしたが(コルシカ独立戦争)敗れて島の奥に逃げて、貴族豪族の多くは戦死した。ナポレオンは幼心にこの有様を見て、いろいろな方策(コルシカの独立など)を考えた。ナポレオン家の事をいろいろと支えてくれた伯父(副司教をして一七九一年の一〇月に亡くなった前述のリュシアーノ・ボナパルテ)はフランスの虐政を甚だ嘆いた。ナポレオンは傍にいてこれを聞くたびに、一緒に無念の思いを懐いた。ある時、その伯父自身が辱めに遭った時にナポレオン自ら伯父の前に近づいて、「ああ、伯父上、早く事を起こすべきです。およそ、人と事を謀れば、何事か成るものです」と言った。ナポレオンは幼い時よりコルシカ島をフランスの羈繋(きけい)(隷属の意味)から離れて、コルシカ島を独立国とするという志があった。また、その長上(年上)の人の戦死したことを悼み、その仇を報いようと感激(強く心を動かす)して古今の軍略書の研究に熱意をゆだねた(注いだ)。ナポレオン一族は父の代より(正確には一七六九年パオリ率いる軍が独立戦争に敗退し、フランス軍がコルシカ島を制圧した時)より、この島の統治者として赴任したマルクイデス・マルブーフ[名]（前述 Charies Louis de Marbeuf）と殊の外に親交を深めた。父の死後（一七八五年二月死去、ナポレオン一六歳）もマルブーフはナポレオン一族に援助をした。また、ナポレオンが才気非凡で特に兵家の学に執心しているのを見て、これを大いに愛敬して、学費を出して、フランス本土のカムバクネ[フランスの地名]（Champagne シャンパーニュ地方）のブリーンネ[地名]（Brienne ブリエンヌ）の兵学校（ブリエンヌ王立幼年学校）に遊学させた。

一七七八年にナポレオンは本国のコルシカ島を離れて、ブリエンヌに赴いた。

「ボナパルテ」一千七百七十九年ノ初ニ「ブリーン子」ノ軍黌ニ到來ス此軍黌ニハ尤練達ノ學師ヲ立置テ書生ヲ教導セリ古今ノ文學歴史地理「ウィスキエンデ」學（測量并ニ量地ノ學ナリ）其他軍事ニ關係スル諸學藝爰ニ具ラサルコナシ「ポナパルテ」是ニ於テ大ニ其宿志叶ヒ日夜怠ラズ勤學セリ黌中ノ生徒百五十人餘ノ中「ポナハルテ」材氣最勝レ其擧動進止都テ人目ニ着クコ多シ

ナポレオンは一七七九年の初めにブリエンヌの陸軍幼年学校に到着した。この兵学校は最も練達した教官を配置して学生を教導した。古今の文学、歴史、地理、ウィスキュンデ学[測量並に量地の学]（蘭語 wiskunde 数学、数理学。ここでは測量・測地学と訳している）、その他軍事に関係する諸学問など、ここにないものはない。ナポレオンはこの学校でたいへん宿志（かねぐ〳〵からの志）が叶い、日夜怠けずに勤勉に励んだ。学内の生徒一五〇人余りの中で、ナポレオンは才気最も勝りその挙動、進止(立振る舞い)、すべてに人目に付くことが多かった。

「ボナパルテ」同學ノ書生ニ對シテ曾テ彼此ノ隔ナク同等ニ相遇セリ格別懇切ニモセズ又疎遠ニモセズ居恒沈黙メ一室ニ引籠リ人ニ接スルヿヲ好マズ是俄ニ山野ヨリ斯ル稠人ノ中ニ來ル故然ル歟ト思フ人多シ若輩ノ遊戯ナド大ニ嫌ヒ未曾テ遊劇ノ中ニ加ハヿ無シタマ、、少年等ニ遊劇ノ塲ニ行當レバ大ニ之ヲ詈諫ルヿ度々ナリ或時學師等「ボナパルテ」ガ剛臆ヲ試ントテ之ヲ劫カセシニ「ボナパルテ」少シモ辟易セズ反テ之ヲ嘲弄シテ樂ミトセリ又同學ノ書生等平生「ボナパルテ」ニ詈諫ラレタルヲ無念ニ思ヒ數十人黨ヲ結テ「ボナパルテ」ニ襲掛リケレバ「ボナパルテ」物トモセズ散々ニ打返シテ渠等ヲ窘メタリ其後ハ敢テ近ヅク者ナカリシト也〔一―四〕

ナポレオンは同学の学生に対して、彼是の隔てなく同等に接し格別に懇切にもしないで、しかし、また、疎遠にもしないで居恒(居常、日ごろ)は静かに黙って部屋に引き籠って、人に接することはあまり好まなかった。これは急に山野(コルシカ島の田舎)より、このような稠人(多くの人)の中に出て来たため当然かと思う人も多くいた。学生、若者たちの遊び、勝負事などを大嫌いで、未だ嘗てその中に参加することはなかった。偶然、学生たちのその遊びの場に行当たれば詈り諫めることも度々あった。ある時、教官たちもナポレオンが剛健なのか臆病なのか試そうとして、彼を脅かそうとしたら、ナポレオンは少しも辟易(へきえき)(驚き恐れて逃げ去る)しないで、かえってこれを嘲弄(ちょうろう)(からかう)して楽しんだ。同学の学生、ナポレオンに常日頃から罵り諌められていることを無念に思い、数十人で郎党を組んでナポレオンに襲い掛かってきたが、ナポレオンはこれを物ともせず、散々に打ち返し彼らを窘(たしな)めた。その後は敢(あ)えて近づく学生もなくなった。

「ボナパルテ」夙ニ其本國「コルシカ」島ヲ獨立ノ地ト爲ントノ志ヲ懐キ常ニ其羈辱ニ遇ルヲ恥ヅ或時書生等「コルシカ」島終ニ拂郎察國ニ并セラレン抔言テ「ボナパルテ」ヲ嘲リケレバ「ボナパルテ」此言ヲ以テ潔シトセズ忿怒メ曰ク吾カ「コルシカ」ヲ以テ佛郎察ノ羈係ヲ絶チ獨立ノ地ト爲ンヿ近キニアリト云リ

ナポレオンは早くからその本国コルシカ島を独立国としようとの志を懐き、常に羈辱(きじょく)(束縛されて辱められること)を恥じた。ある時、学生たちが「コルシカ島は終にはフランスに併合せられた」などと言い、ナポレオンを嘲けると、ナポレオンはその言葉を潔(いさぎよ)く思わず、忿怒(ふんぬ)(いきどうり怒る)して「吾コルシカ島はフランスとの隷属を絶ち、独立国となることは近い」と言った。

「ボナパルテ」軍黌ニ入ル最初ソノ勤勉比ナシト雖モ其通例ノ學業ハ敢テ人ニ勝レテ升進セズ又羅甸ノ文辭ヲ好マズ只務テ國辭ノ書ヲ讀ム是此人ニ在テ殆ト解スベカラザル一事ナリシガ此人本國「コルシカ」島ヲ以テ不羈ノ國ト爲ン大望アレバ其學皆爰ヲ主トメ早ク之ヲ實事ニ施ントス故ニ迂遠ノ學ハ總テ務メズト見エタリ其第一ニ務ル所ノ學ハ則チ「ウィスキュンデ」（測量々地ノ學）列陣ノ法并ニ攻城拒守ノ術等也又古今ノ歴史ニ博渉シ中ニ就テ世ヲ改革シ大勲ヲ顕ハセシ非常ノ人「カーサル」（○「カーサル」蘭語「ケーザル」ト云フ帝ナリ［識語詳細注記「カーサル」ハ伊太里亞ノ始祖帝ノ事也是ハ文字ノコニアラザレトモ註ノ書ザマ只帝ト云フコノ如クニ聞レバ人ヲ誤ラシメンコヲ恐テ校字ノ次此ニ及ブ］）［一—五］「アレキサンデル」（○漢譯歴山王）等ノ諸傳ヲ嗜ミ其人ヲ欽慕スルコ限リナシ

ナポレオンは陸軍幼年学校に入った最初の頃はその勤勉さは比べる者がなかったが、通常の学問には敢えて升進（昇進　のぼりすすむ）しないで、また、羅甸（ラテン　Latin）の文辞（文章のことば）の書は好まず、ただ、努めて国辞の書（国書、その国の歴史書の事か？）を読んだ。これはナポレオンについて理解できないことの一事であったが、ナポレオンは本国コルシカ島を不羈（ふき）の国（隷属されない独立国）にしたいとの大望があったので、その学問も全てこの事を主として早くこの事を実行せんとして、直接に役に立たない学問は全て学ばないように見えた。その第一に務める（修める）学問はウィスキュンデ［測量量地の学］（前注　蘭語　wiskunde）、列陣の方法並びに攻城拒守の戦術などであった。また、古今の歴史に博渉し（ひろく物事に渉る）、就中、世の中を改革し大勲をなした非常の人カーサル［○

カーサル蘭語ケーゼルという帝なり][識語詳細注記 カーサルはイタリアの元祖の帝のことである。これは文字のことではないが、註の書き様で只の帝というように聞こえれば、人の誤解させることを恐れて校正の次にこれに及んだ](Caesarシーザー、カエサル ローマの政治家・武将)、アレキサンデル[○漢訳歴山王](アレキサンダー大王、ギリシャ名アレクサンドロス三世大王 B.C.356-323 古代ギリシャの政治家)などの伝記を嗜み、その人を限りなく欽慕(敬い慕う)した。

「ボナパルテ」日夜己ガ室ニ引籠リ獨座沈黙シテ諸學藝ヲ工夫シ敢テ人ニ接セズ此軍黌ニテ方寸ノ地ヲ分テ諸生徒ニ與フ「ボナパルテ」同學生ニ議シテ二人分ノ地ヲ得タリ勤學ノ餘力ニハ自ラ樹木ヲ植テ庭園ヲ築キ又樹籬ヲ嚴シク繞シテ以テ他人ノ漫入ヲ防ギタリ是等ノ費モ皆「マルブーフ」ノ給ヲ仰クト云フ「ボナパルト」植ル所ノ樹木二年ノ後漸ク繁茂メ閑寂ノ居トナリ又爰ニ於テ騒劇戯謔ノ悪生人來ルヿヲ得ズ「ボナパルテ」此閑地ニ大ニ志ヲ養ヒ其學ヲ工夫シ只向其身古ノ英傑ニ勝ランヿヲ欲ス黌中ノ監官及ビ同學ノ書生等「ボナパルテ」ガ深慮大謀ハ少モ知ラズ皆其擧動衆ニ異ナルヲ憎ミ或ハ之ヲ嘲笑ヒ或ハ通常ノ人ニ倣ヘト強諫メモ「ボナパルテ」依然トメ其操ヲ改メズ人ノ譏譽ハ曾テ頓着セザリシト也

ナポレオンは昼夜自分の部屋に引き籠って、一人座って沈黙して色々な学芸を工夫して、敢えて人には接しなかった。この陸軍幼年学校では少しの敷地を学生の持分として与えた。ナポレオンは同級生と相談して二人分の敷地を得た。勤学（勉学）の余暇には自ら樹木を植え庭園を築き、また、樹籬（生垣）を厳しく回らして、他人がみだりに侵入することを防いだ。これ等の費用も全額マルブーフ（前述）の支援を受けたと言われている。ナポレオンが植えた樹木は二年後に漸く生い茂って閑寂の住居となり、ここに騒劇戯謔（騒がしく遊びお道化戯れる）の悪ふざけの学生は来ることはできなかった。ナポレオンはこの静閑の場所にて大いに志を養い、学ぶことを工夫して、ひたすら、自身は古代の英雄たちに勝らんことを欲した。学内の監督官や同級生たちはナポレオンの深慮大望は少しも知らないで、全ての挙動がみんなと異なることを憎み、あるいはこれを嘲笑い、あるいは通常の人に倣えと強く諫めても、ナポレオンは依然としてその操（固い意志）を変えず、他人の譏誉（誹りや譽）には全く頓着しなかった。

「ボナパルテ」時トシテ猛威ノ振舞モ之アリキ此黌中毎年拂郎察國ノ始祖「ローデウェイキ」王ノ誕生ニハ大祭有テ此日ハ諸生徒ノ遊戯放逸ヲ免シ何如ナル罪科ヲ犯テモ大抵ハ罰スル事ナシ是ニ依テイツモ大變〔一―六〕ヲ引出スコ少カラズ祭ニ先ダツコト十四日已前ヨリ十四歳以上ノ書生等ニ「スナッパン」「ピストール」已上銃ノ名ヲ配賦シ各ヲシテ若干斤ノ火藥ヲ買求メサセ祭日ニ當テ火炮ヲ放タシム「ボナパルテ」此黌ヲ退ク年ノ祭日ハ即チ一千七百八十五年ニシテ書生等ノ放

逸尤募リケレバ「ボナパルテ」例ノ如ク獨己ガ舎ニ引籠テ勤學シ遊戯ノ伴ニ加ハラズ他ノ書生等ハ相争テ遊戯ノ設ヲ營ミ一統「ボナパルテ」ガ衆ニ違テ遊戯ノ設セザルヲ憎ミケリ此日ノ遊戯ハ面々ノ舎庭ニ種々ノ花火ヲ仕カケ互ニ見物サスルヿ也一書生ノ舎庭ニ仕懸シ花火ノ側ニ二斤餘ノ火藥ヲ充タル筒筩アリケルガソレニ火移テ大事出來タリ是ニ於テ手足ヲ砕ル、モアリ或ハ面ヲ焼ル、モアリ皆隣舎ノ樹籬ヲ打倒メ逃去リメ此時「ボナパルテ」ガ舎ノ庭ニモ界ヲ破リ來ル者アリケレバ「ボナパルテ」有合フ鍬ヲ手ニシテ出來リ亂入ノ者ヲ打拂ヒ猛火ノ方へ撞ヤリタリ猶ソノ舎園ノ損ジ破ラレタルヲ慍ルノ餘リ礫ヲ取テ逃ル者共へ雨ノ如クニ擲カケシカバ之カ爲ニ創ヲ得タル者多シ「ボナパルテ」ガ今日ノ振舞平日ノ温和懇篤トハ大ニ相違セリ是書生等ガ法外〔一一七〕ニ遊戯ニ耽ルヲ憎ミ向後懲シメノタメ斯ハ致セシナルベシ嘗テ「ボナパルテ」ガ母ノ方ヨリ使ヲ遣シテ「ボナパルテ」ガ安否ヲ尋子ケレバ「ボナパルテ」ガ返書ニイハク小子常ニ劍ヲ横タヘテ「ホメリユス」詳未ヲ懐ニシ天下ヲ横行センヿヲ願フト也

ナポレオンも時には怒って猛威を振舞うこともあった。この学校では毎年フランスの国の始祖（創設者）であるローデウェイキ王（ドイツ語 Ludwig I ルートウィヒ一世 フランス語 Louis I ルイ一世 ルイ敬虔王 778-840）の誕生祭があって、この日は学生の遊戯放逸（遊び放題勝手気まま）が許され、どのような罪科を犯しても大抵は罰せられることはない。これによって、大変なことを起こすことも少

なくなかった。学校では祭りに先立つこと一四日以前に一四歳以上の学生などに「スナッパン」（蘭語 snaphaan 燧發銃、歩兵銃）、「ピストール」（蘭語 pistool ピストル、短銃）［以上銃の名称］を配布し、各自に若干の听（オランダ語 pond 一ポンドは五〇〇グラム）の火薬を買求めさせ、祭日には火炮を放させた。ナポレオンが卒業する年の祭日、即ち、一七八五年には学生たちの放逸は最も募り（ますます激しく）なったが、ナポレオンは例の如く、ひとり自分の宿舎に引き籠って勉学に励み遊戯の仲間には加わらなかった。他の学生は競って遊戯（催事）の設営をした。皆々はナポレオンが他の学生たちと違って、遊戯の設営をしないことを憎んだ。この日の遊戯はそれぞれの宿舎の庭にいろいろな花火を仕掛けて互いに見物させることであった。一学生の宿舎の庭に仕掛けた花火の側に二听余りの火薬を充たした筒笥があったがそれに火が移って一大事となった。これによって、手足を怪我する者あり、顔に火傷する者あり、みんな、隣の宿舎の生垣を打倒して逃げ去った。この時、ナポレオンは宿舎の庭にも堺を破ってきた者があったので、ナポレオンは有り合わせた鍬を手にして出て来て、乱入した者を打ち払い猛火の方へ撞きやった（突き返した）。なお、宿舎の庭園が損じ破られたことを慍る（怒る）余り、瓦礫を取り逃げる者へ擲かえした（投げ返した）ので、これがために、創（傷）をした者多くあった。ナポレオンのこの日の振舞いは平日（へいぜい）の温和懇篤（おとなしく親切で手厚い）性格とは大いに相違った。これは学生たちが法外な遊戯に耽ることを憎み、今後の懲らしめのために斯くのように致した。以前に、ナポレオンの母から使いの者を遣わしてナポレオンの安否を尋ねてきたので、ナポレオンは返書を出して「小生は常に剣を横に携え、ホメロス(Homeros古代ギリシャの詩人の英雄叙事詩「イリアス」などの本)を懐にして、天下を横行(勝手気ままに歩く)することを願う」と言った。

一千七百八十五年ニ拂郎察ノ「リッテル官名レナウルト人名」「インスペクテルセ子ラル」ノ官ヲ兼テ此軍黌ニ到リ書生ノ學ヲ督ス「ボナハルテ」ガ材學不比ヲ鑒抜メ拂郎察ノ本府「パレイス」軍學ノ學士ニ撰ブ此時偕ニ撰バレテ「パレイス」ノ軍黌ニ移ル者多カリキ

一七八五年にフランスのリッテル[官名](蘭語 Ridder 勲爵士 勲等爵位)のレナウルト[人名](Renault 又はReynart 詳細不詳)が、インスペクテルセネラル(蘭語 Inspecteur 検査官、試験管Generael 総体、全般的、英語 Inspector General 総監)の官を兼任(幼年学校長は修道院長が兼ねた)で、この陸軍幼年学校に赴任して学生に学問を督(うなが)した。彼はナポレオンの才能と学識を鑒(かんが)み見抜き、フランスの首府パリの軍学(陸軍士官学校フランス語 Ecole Militaire、後にアンヴァリッド廢兵院となり、現在ナポレオンはここに祀られている)の学士に選んだ。(実際にナポレオンが陸軍士官学校に入学したのは一七八四年一〇月で十五歳の時であった)。この時、共に選ばれてパリの陸軍士官学校に移った者が多くあった。〈「ナポレオン1台頭編 佐藤賢一著」集英社 二〇一九年刊参照。「ナポレオンのパリ陸軍士官学校へ進学させる書類を、幼年学校を回る巡察次官のレイノ・デ・モントが陸軍省に提出した」とある。また、「那波列翁一代記　著者不詳」明治二〇年刊参照。「兵学校の監督ケラリオなる者那波列翁を巴里斯の兵学校に移しけり」とある〉。

「ボナパルテ」已ニ「パレイス」ノ軍黌ニ到リ特ニ其砲術ニ練達セルヿ并ニ「ウィスキュンデ」ニ殫精ナルキコエアリテ官ノ嘗試ヲ蒙リ上下一般ニ其賢能ヲ稱シケリ拂郎察國改革ノ少キ前ニ當テ「レギメント」(屯軍ノ名)ノ砲軍ノ「オヒシール」(将校ノ名)ニ擢デラル

ナポレオンはすでにパリの陸軍士官学校に到り（あって）、特に砲術に練達していたこと、並びにウィスキュンデ（前出、測量学　測地学）に殫（つき）て精しいとの評判もあって、教官の嘗試（ためし）を蒙り、上下一般（全員）にその賢能を称賛された。フランス国改革（フランス革命）の少し前に当たり、レギメント[屯軍の名]（蘭語Regiment　連隊。ここでは南フランスのヴァランスのラ・フェール駐屯軍）の砲軍（砲兵連隊）のオヒシール[将校の名]（蘭語　officiel　武将　ここでは少尉）に抜擢された（一七八五年一一月）。

「ボナパルテ」スデニ此屯軍ニ在リ暇日諸友ト連合フテ「レイヲン」(地名)ノ劇場ニ寓目ス此時「ウィルレム、テル」(人名)ノ狂言條ヲ行ヒケレバ「フレイヘイド」「フレイヘイド」(敵國ニ打勝テ不覊ノ國トナリタルヲ祝スルノ辭也)ノ聲發スル時「ボナパルテ」覺エズ「ヤー」「ヤー」(然々ノ意)「フレイヘイド」「フレイヘイド」ト呼ハリケリ其時側ニ在ル

友人「ボナパルテ」ガ衣ヲ引キ爰ハ強覇拂郎察王ノ畿内ナルゾ妄言シ玉フナト私語ケレバ「ボナパルテ」心ニ悟リ黙止ケリ

ナポレオンはこの駐屯軍にいた休暇日に友達と連れ立ってレイオン[地名]（地名Lyon　リヨン　フランス南部の都市でオーヴェルニュ＝ローヌ＝アルプ地域圏の首府）の劇場に寓目（目にとめる、観劇）した。この時ウィリアム・テル[人名]（ドイツ語　Wilhelm　Tell　シラーの戯曲　オーストリアの支配と戦ったスイス建国の伝説の英雄）の狂言劇が上演されており、（劇中）フレイヘイド（蘭語　vrijheid　不羈　自由の意）、フレイヘイド[敵国に打ち勝って不羈（自由）の国となるの意味である]の声を発した時、ナポレオンは気づかずに「ヤー、ヤー（蘭語　ja　）[然り、然り（そうだ、そうだ）の意]フレイヘイド（自由）、フレイヘイド」と声を上げていた。その時、側にいた友人はナポレオンの衣服を引いて、「ここは強羈（自由のない）フランス国内だぞ、妄言（みだりな言）を言うな」とささやいた。ナポレオンは我に返って悟って黙った。

「ボナパルテ」此屯軍ニ在ルヿ幾ハクモ無クシテ拂郎察國ノ顚覆ニ遭リ是ヲ當今歐羅巴總洲革[一一八]命ノ亂ト稱ス此時ニ至テ民虐政ニ抑屈スルヿ極リ以テ爰ニ及ブ是自然ノ勢ニメ天ノ令スル所ナレバ強テ之ヲ禦停ム可ラズ四方ノ英雄豪士踊躍シテ不覇ノ世トナルヲ喜ビ百姓奮起メ再タビ正明ノ治定ルヲ俟ツ「ボナパルテ」ハ元ヨリ王家ヲ恨ミ叛ントノ企アレバ時ナルカナ時ト大

ニ勇ミ抜羣ノ功ヲ立ントス「ボナパルテ」ガ意謂ラク大丈夫事ヲ興シテ成ラズンバ寧ロ死シテ大名ヲ遺ント已ニ此時ニ乗ジテ一方ニ割拠セントスルノ志アリ其同志ノ諸友ニ斯ト語リケレバ諸友擧テ「ボナパルテ」ガ事ヲ甚促スヲ危ミ諫メケリ

ナポレオンがこの駐屯軍（オーソンヌの連隊）にあって、間もなくフランス国の転覆に遭遇した。これを今ではヨーロッパ総洲革命と呼んでいる（フランス革命勃発　一七八九年）。この時に至っては民衆虐政に抑屈（抑え斥けれる）されること極まり、よってこの場に及んで自然の勢いにして、天の命ずるところであり、強いてこの動きを止めることはできなかった。各地の英雄は乱舞して不羈、自由の世になったことを喜び、百姓、民衆は奮起して、再び正明な政治が行われることを期待した。ナポレオンは元より王家を恨み謀叛の企てがあれば、将にその時と大いに武勇を発揮して抜群の功労を立てようとした。ナポレオンは「大丈夫だ、事を起こして（革命軍が）成功しなければ、死しても大名（功名）を残す」と謂った。既に、この時勢に乗じて一方に割拠（革命軍に味方）しようとの志もあった。その同志たちに斯くのように革命軍への味方を語ったら、同志は全てナポレオンが事を甚促（早合点、事を急ぐ）することを危ぶみ諫めた。

【フランス革命の一連の事件の解説　ルイ一五世、ルイ一六世の失政により経済的破綻をきたしたフランスには当時第一身分の聖職者、第二身分の貴族、第三身分の商工業者などの平民の三つの身分制度があり、国王は三部会を招集して難局の打開を図ろうとしたが、自由と平等を求めて産業革命により勢力と増し始めた第三身分の平民は王制政治に猛反発をして、小ブルジョワジーと地主勢力は国民議会の開催した。国王は保守的貴族に押されて国民議会を弾圧したので、一七八九年七月一四日、バスティーユの牢獄を襲撃し、囚人を解放し武器を獲得して暴動を起こした。これがフランス革命の発端であり、ナポレオンが皇帝に即位するまでがフランス革命期という。国民議会は封建制を廃止し人権宣言を発布し、産業や商業の自由を保証し、封建的勢力の叛乱を恐れて教会財産の没収・売却をした。農民や商工業者の要求を受け入れた。一七九一年六月ルイ一六世は亡命未遂で逮捕され、近代的なフランス憲法を制定し立憲君主制、二院制、国民大衆には選挙権のない制限選挙を確立して新しいフランスの方向性は示された。一七九二年四月政権を握ったジロンド派は自由のために戦うと宣言してオーストリアに宣戦布告したが、オーストリアと内通していた国王派により、国内侵攻をされた。革命政府は祖国の危機を訴えて義勇兵を募った。この時、マルセイユの義勇兵が歌ったラ・マルセイエーズが現在のフランス国歌である。民衆の怒りは国王の住むテュイリー宮殿を襲った。国王はタンプル塔に幽閉され、フランス国民公会が開かれ王制を廃止し共和制となった。一七九三年ルイ一六世、マリー・アンソワネットは処刑され、政権抗争では商工業ブルジョワジーのジロンド派追放でロベスピエールのジャコバン派が勢力を増した。この年ナポレオンはジャコパン派としてトゥーロンの戦いで功績を挙げて一七九三年一二月イタリア遠征軍砲兵司令官となった。政府の権力抗争ではロベスピエールのジャコパン派は共和国に反対する勢力の財産没収し、貧困者への分配を大衆の圧力により実施し、エーベル派、ダントン派を処刑した。強権派共和主義のジャコバン派ロベスピエールの独裁恐怖政治となった。しかし、一七九四年七月のデルミノールのクーデターでジャコバン派のロベスピエールは処刑され、革命派退潮に入り、国民公会は商工業ブルジョワジーと地主・富農のデルミノール派が支配した。自由主義経済が貧困者を踏みにじり、社会的不安は増大した。穏健派共和主義のデルミノール派はまた、保守的ブルジョワジーや反動的王制派とも戦わなければならなかった。革命の反動期となった。この時、ナポレオンもジャコバン派とみなされ逮捕、投獄されたが弁明の結果、軍隊から追放された。復職活動の結果、復職が叶いトルコに赴任直前、一七九五年一〇月、ヴァンデミエールのクーデターが起こった。王党派は四万人の国民兵で暴動を起こして政府のチェイルリー宮を包囲しようとした。国民議会は首都警備司令官にバラー将軍を任命し、バラス将軍はナポレオンを副司令官兼砲兵部隊長に任命した。ナポレオンはパリ市街で砲弾を放ち臨機応変な作戦などで暴動を鎮圧した。国民公会は解散し独裁政治を避けるため。五人の総裁による集団指導体制のフランス総裁政府が成立した。バラー総裁、カルノー総裁兼陸相、ナポレオン内国軍司令官であった。この時からナポレオンは世界史の舞台に登場するようになった】。

此時拂郎察國内大ニ亂レ一揆處々ニ蜂起セリ中ニ就テ「グレノベル」拂郎察ノ地邊尤甚シ「ボナパルテ」一ノ「コムマンド」大將ノ官ト共ニ命ヲ受テ其亂ヲ平ゲンガ爲ニ爰ニ到リケリ一地ノ城主百姓等ニ圍レ短兵已ニ接シ危急ノ處「ボナパルテ」ガ謀智其急難ヲ救ヒタリ「ボナパルテ」城主ノ殆ド殺レントスル處ニ急ギ馳ヨリ一揆等ニ向テ曰ク汝等拂郎察人ナリヤ否ヤト城主ヲ殺ントスル者此問ヲ怪ミ暫ン（シ？）止リタリ「ボナパルテ」再タビ言フ汝等拂郎察人ナラバ必ズ敵ヲ窘メジ拂郎察人ハ固ヨリ寛裕大度也ト城主ヲ殺ントル者乃チ引去ル〔一―九〕

この時、フランス国内は大いに混乱して一揆（暴動）は各地に蜂起した。中でも、グレノベル（ドイツ語 Brugunnd ）［フランスの一地名］（フランスのブルゴーニュ地方、この地方のスールの戦いの事か？）辺はもっとも戦いが甚だしく、ナポレオンは一コムマンド［大将の官］（蘭語 commandant 司令官）と共に命令を受けて、この地の戦乱を平定するためにここに派兵された。この地の城主は百姓（民衆）などに囲まれて、短兵（短い手槍）をすでに突き付けられ危急なところ、ナポレオンの謀略智略は城主の急難を救った。ナポレオンは城主が殺されんとするところに、馳参じて一揆（百姓、民衆）に向って「諸君はフランス人ではないか？　そうではないのか？」と言った。城主を殺そうとする者は、この問いを怪しみ（不思議に思い）しばらく止めた。ナポレオンは「諸君はフランス人ならば必ず敵を窘しめない。フランス人はもとより寛裕で度量が大きいのだ」と再び言った。城主を殺そうとした者は引き下がった。

「ボナパルテ」一千七百九十一年ノ末ニ其本國「コルシカ」島ニ歸ル此時拂郎察國兵亂大ニ募リ其國「ゲメー子ベスト」（國中巳ニ王ヲ叛キ寄合テ一種ノ會治ヲ立ツ之ヲ「ゲメー子ベスト」ト云）方ノ兵再タビ「サルジニ」島ヲ討ツ「ボナパルテ」ハ「ケメー子ベスト」ニ加ハリテ「コルシカ」人ヲ率井「マッタレナ」島ニ著シ此島ヲ攻取テ拂郎察ノ「ゲメー子ベスト」ノ屬島ト爲リ然ルニ「ボナパルテ」ガ兵士烏合ノ衆ナレバ此地ヲ守ルニ便ナラズトテ速ニ兵ヲ引テ「コルシカ」島ニ歸レリ「ボナパルテ」元ヨリ「パヲリ」ト交深カリキ此時「パヲリ」ハ「ゲメー子ベスト」ヲ叛キ拂郎察王ニ與スルノ聞エ有ケレバ「ボナパルテ」モ王家ニ與黨スルノ疑ヲ得「ラコムベ・シント・ミセル」（人名）命ヲ下シテ「ボナパルテ」ヲ捕ヘシムレトモ「ボナパルテ」「ゲメー子ベスト」ヲ叛クノ意ナキガユヱニツヒニ容サレタリ此時英吉利亞人「コルシカ」島ヲ奪ント謀ル

ナポレオンは一七九一年末にその本国コルシカ島に帰った。（ナポレオンはこの時期に二度コルシカ島に帰っている。一度目は一七九一年九月から翌年四月までで、当時のフランス軍隊では休暇は半年から一年が通例であった。この間の一〇月にナポレオンが幼年期に世話になった、この町の僧正をした伯父が亡くなった。四月にパリに帰ったのはパオリ等の反革命派の拠点を占拠しようとして、この事が本国の陸軍省に越権行為と見なされ、一時的にパリに召喚された。そして、二度目は一七九二年一〇月からパオリに依ってコルシカ島を追放される一七九三年六月まで。この間にフランス軍に従軍してサルデーニャに出兵した。この事からして、本文中の「一七九一年ノ末ニ其本国ニ帰ル」とあるのは一連の帰省と記したものと思われる）。この時、フランス国内の兵乱は大いに拡大して激しくなり、その国のゲメーネベスト（蘭語　gemeenebest　共和国、共和政治の意）［国中すでに王を叛き、寄り合いて一種の会治を立てた。これをゲメーネベストという］（共和制の国家、反王家の会治、革命派）の軍の兵は再びサルジニ島（sardegna　サルデーニャ王国　詳細はイタリア遠征で説明、サルデーニャ島はコルシカ島の南にある、地中海でシシリア島に次ぐ二番目に大きいイタリア領の島。現在はサルデーニャ自治州。コルシカ島との間に国境ボニファシオ海峡がある）を討った。ナポレオンはゲベーネベスト（共和国）側に加わり、コルシカ人を率いて、マッタレナ島（サルデーニャ島の離島ラ・マッダレーナ諸島）に上陸し、この島を攻め落として、フランスのゲメーネベスト（共和国）の属国とした。しかし。ナポレオンの兵士たちは烏合（うごう）の衆（規律も統制もない軍勢）なので、この地を守るのには不利であるので、速やかに兵を撤退させてコルシカ島に帰った。ナポレオンは元来パオリ（コルシカ島独立戦争の英雄でイギリス亡命から戻った）と親交が深かった。この時にパオリはゲメーネベスト（共和国）に叛きフランス王軍に付いた。ナポレオンも王家側に付いたと疑がわれ、ラ・コムベ・シント・ミセル［人名］（ラ・コンブ・サン・ミシェル、〈「ナポレオン1」佐藤賢一著　集英社〉にはフランス政府が反革命のパオリ派調査のために派遣した委員とあるが詳細不詳）は、命令してナポレオンを捕らえようとしたけれども、ナポレオンはゲメーネベスト（共和国、革命軍）に叛く意思がなかったので容赦された。この時、英吉利亜（蘭語　Engels　イギリス）人はコルシカ島を占領せんとした。

拂郎察ノ「ゲメー子ベスト」方ニテハ先ヅ「トウロン」島ヲ取返ントシテ英吉利亞人ト戰ヲ交ヘケリ「ボナパルテ」乃チ其族ヲ率テ「コルシカ」ヲ去リ乗船メ拂郎察ニ趣キ「トウロン」島ヲ距ルヿ僅ニ數里ニシテ留着シ「ゲメー子ベスト」方ノ兵ヲ援テ「トウロン」ヲ攻ム此「トウロン」一旦英吉利亞ノ屬國トナルト雖モ國人元ヨリ英吉利亞ニ心服セズ〔一一〇〕却テ恨ヲ含ミケレバ英吉利亞ヲ叛キ味方ニ降ル者多シ且ツ英吉利亞人ハ只海賊侵盗ノミニ長ジ陸戰ニ拙ケレバ忽チ敗軍メ此地ヲ退キヌ「ボナパルテ」砲軍ノ大將トシテ此寄手ニ加ハリ處々ノ要害并ニ外城ヲ奪取タリ今度ノ勝利ハ「ボナパルテ」大ニ力アリ

フランスのゲベーネベスト（共和国　革命軍）は先ずトウロン島（Toulon　トゥーロンは地中海に面したフランス南部の港町。島ではない。一七九三年一〇月フランス王党派はイギリス海軍にトゥーロンの街を委ねた）を取り返そうとしてイギリスと戦争になった。ナポレオンは（コルシカ島での王党派に組して、イギリスの援助を受けたパオリ軍に敗れて）、家族を連れてコルシカ島を離れ、乗船してフランスに亡命した。（コルシカ島はパオリが一七九四年にアングロ・コルス共和国を建国したが、パオリも内紛で追放されて一時的にイギリスの支配となったが、一七九六年にナポレオンによって再びフランスに属した）。トゥーロンから数里離れたところに着いた。（後に、マルセーユに居を構えた。以後、ナポレオンがコルシカ島に足を踏み入れたのは一七九九年のエジプト遠征の帰途に立寄った三日間だけであった）。ナポレオンはゲメーネベスト（共和国　革命軍）の兵に加わり、トゥーロンの戦いに参軍した。トゥーロンは一時イギリスに占領されて属国となったが、トゥーロンの国民（民衆）は元来イギリスには心服しないで恨みを持っていたので、イギリスを叛き味方（フランス革命軍）に投降する者が多かった。イギリスは、ただ海賊侵略（海戦）のみには優れていたが、陸戦には劣っていたので、忽ち敗れてこの地を撤退した。ナポレオンは砲兵軍の大将として寄せ手（攻め寄せる軍隊）に加わり、所々の要塞並びに外城を奪い取った。此の度の勝利にナポレオンは大いに力を発揮した。

拂郎察ノ「ゲメー子ベスト」ノ軍既ニ「トウロン」ヲ奪取ルノ後「ボナパルテ」尚ホ處々ノ要害城々ヲ固メサセ其身ハ意太里亞國ノ陣所ニ發向ス（按ズルニ此時歐羅巴諸州拂郎察ノ亂ニ關係ス「ゲメー子ベスト」方ヨリ意太里亞ニ兵ヲ遣シ戰ヲ交ヘシナリ）**爰ニ「モナコ」**（地名）**ノ近處ニ一高塔アリ此處ハ古昔「カーサル」**（古ノ名將ノ名）**「リュビユン」河ヲ渉ル時ソノ將士ニ誓シ舊跡也「ボナパルテ」意太里亞ノ陣所ニ在ルノ日時々此處ニ徘徊シ古昔ヲ懷ヒ英風ヲ欽シ悲歌慷慨シテ懷古ノ歌ヲ賦ス其辭ニ曰ク**

フランスのゲメーネベスト（共和国　革命軍）の軍は既にトゥーロンを奪還した後、ナポレオンは所々の要塞城壁を鎮守させて、ナポレオン自身は意太利亞（Italia　イタリア）の陣営に出発した。［考えるには、この時ヨーロッパ諸国はフランスの乱（革命）に関係した。ゲベーネベストの軍よりイタリアに出兵して戦争をした」。ここにモナコ[地名](Monaco　現在のモナコ公国　フランスとイタリアの間の世界で二番目に小さい都市国家)に近い所に高い塔がある。ここは古代カーサル[古の名将の名](前述　シーザー)がリュビユン河(フランスのローネ川)を渡る時に将士(将校と士卒　将兵)に誓った旧跡である。ナポレオンはイタリアの陣営にいた日、時々ここを徘徊(ぶらつき歩き)して、古を懐かしみ英風(すぐれた徳風)を欽し(うやうやしくかしこまる)、悲歌(死者をいたむ歌)慷慨(うれいなげく)して懐古の歌を賦して、その辞に言った。

維昔シ加渉「カーサル」爾其大師ヲ此土ニ留ム堂々齎々孰カ敢テ之ニ抗ラン君士民ヲ愛スルヿ傷ムカ如シ身國難ニ死スルヿ歸ルガ如シ豈士民ノ血ヲ以テ己ガ利ノ爲ニ灑ンヤ

「これ昔加渉[カーサル](シーザー)大師(偉大なる師の意)この土地に留まる。堂々斉々孰(何)れ敢えてこれに抗(対抗)らん。君、士民(市民)を愛する事、傷むが如し。身、国難に死する事、帰る(沸きかえるの意?・)が如し。どうして、市民の血を以って己の利の為に濯がれようか」。

乃チ其股肱ヲ集テ之ニ誓テ曰ク嗚呼吾ガ士今余此河ヲ渉ラバ勝チ目前ニ在リ焉ゾ巳ム可ンヤ

乃ち（即座に）、股肱（手足となって働く兵）を集めてこれに誓って言った。「ああ、我が兵士、今、私とこの河を渡れば、勝ちは目前にあり。どうしてやめることができようか」。

乃チ自ラ馬ヲ躍ラシテ河中ニ投ズ顧テ呼デ曰ク吁吾ガ諸友來續ケ吾カ鬮已ニ投ズ命天ニ在リ事既ニ決ス猶豫スベカラズ吾ガ諸友來續ケト

〔一一二〕

乃ち、自ら馬を躍らせて河の中に入った。顧みて大声で言った。「ああ、わが諸友、続いて来い。我が鬮は已に投げられた。運命は天にある。事既に決している。猶予すべきではない。我が諸友続いて来い」と。

一千七百九十六年「ボナパルテ」「バタイルロン」（六百人ノ軍）ノ長トナル其翌年ノ初ニハ意太里亞陣處ノ「ブリガーテ」（六千人ノ軍）ノ隊將ニエラバル然ルニ「レブレセンタント」（官名）ヘッフロイ（人名）ナル者「ボナパルテ」叛逆ノ企アリトテ之ヲ執ヘシメ其行李ヲ開キ改ルニ軍法ノ説又ハ何ノ障モナキ書牘ナリケレバ「ボナパルテ」ヲ容シタリ然ルニ又「ボナパルテ」ヲ譏スル者多ク之アリテ「ボナパルテ」將校ノ任ニアラズ歩卒ノ長タルベシト官ニ上訴セリ「ボナパルテ」之ヲ聞テ急キ拂郎察ノ王都「パレイス」ニ馳下リ已ガ罪ナキヲ訴ヘケレトモ兎角瓣明セラレズ是ニ於テ都爾格ノ王都「コンスタンチノッポロン」ニユカントノ願書ヲゾ差出シケル然ル所「ゲメー子ベスト」方ノ諸官人等「ボナパルテ」ガ材

能智畧抜羣ニシテ國家ノ用タルヿヲ兼テ知リヌレバ強テ之ヲ「パレイス」ニ止テ時節ヲゾ待ケル

一七九六年（一七九三年か？）ナポレオンはバタイルロン［六〇〇人の軍］（蘭語 bataljan 歩兵、工兵の大隊）の長となった。（ナポレオンはトゥーロンの戦いの功績により一七九三年一二月大尉から少佐に昇任した）。その翌年（一七九四年）の初めにはイタリア遠征陣営ブリガーテ［六〇〇〇人の軍］（蘭語 brigade 旅団、イタリア方面軍）の隊將（一七九四年二月イタリア方面軍司令官） に選ばれた。しかし、レブレセンタント［官名］（蘭語President 大統領、議長、ここでは司令官の意味？）ヘッフロイ［人名］（デュメルビオン〈前掲書「ナポレオン1」ではイタリア方面軍司令官デュメルビオンの命令とある〉）がナポレオンに謀叛の企てがあると彼を執（と）えて、その行李（荷物）を開けて改めたが、軍法会議の説明でも、なんの差障りのない書牘（しょとく）（書面）であったのでナポレオンは容赦された。しかし、また、ナポレオンを讒（そし）る者多くあって、ナポレオンは将校の任（器）にはあらず、歩兵の長たるべしと上官に上訴した。ナポレオンこれを聞いて、急遽フランスの王都パリに馳せ参じ、自分に罪（否）がないことを訴えたけれども、とにかく、弁明も許されなかった。これにおいて、都爾格（蘭語 Turk トルコ）の王都コンスタンチノッポロン（蘭語 Constantinopel コンスタンチノープル 現在のトルコの首都イスタンブール）に行きたいとの願書を差し出した。しかし、ケベーネベスト（共和国、革命軍）の諸役人等はナポレオンの才能、智略が抜群にして国家に有用である事を兼ねてから知っていたので、強いて彼をパリに止めて時節を待たせた。【この疑獄の首謀者はコルシカ出身の国民公会議員サンチェッティであった。ナポレオン謀叛の企てからトルコ行き志願の説明は、実際にはナポレオンは共和制穏健派総裁政府よりロベスピエール派とみなされ、イタリア方面軍司令官は解任され、パリに呼び戻され投獄されたが、証拠不十分で釈放され、復職後は西部軍歩兵師団長を任命されたので、辞退して砲兵隊とトルコ方面を志願したということであった】。〈この疑獄の真相についてはスタンダールの「ナポレオン伝（一八三七年に刊行された『ナポレオンに関する覚え書』Memoires sur Napoleon） スタンダール全集11 評伝集 人文書院 一九七八年刊」参照。以後、この文献はスタンダール「ナポレオン伝」と記す。同書でピーエル・ジャダール・ユメルビオン 1737-1794 一七九四年にイタリア遠征軍の指揮を取ったとある〉。

是ヨリ先キ數年閒「パレイス」府中爭亂斜ナラズ一千七百九十五年ノ末ニ稍々平治セリ是ニ於テ「ゲメー子ベスト」ノ諸人等相議メ拂郎察國ノ舊法ヲ改メ新令ヲ下シテ向後其法〔一一二〕ヲ守ラシメ國人ヲ鎭撫セントス然ルニ國人其法令ヲ承ルヿヲ肯ゼズ相徒黨シテ兵ヲ興シ其勢已ニ大ナリケレバ「ゲメー子ベスト」方ニテ諸大將ヲ撰ビ討手ニ差向ケヽリ「ボナパルテ」モ一方ノ大將ヲ承リ先ヅ其智畧ニテ「ポント子ウフ」（九橋ノ義）ノ支ヘ徒黨等ノ相合スルヲ妨グ此時「パレイス」ニ在ケル王族大臣等モ皆逆徒ニ一味シテ「ゲメー子ベスト」ノ法令ニ從ハズ其中ニハ軍戰ニ巧者ナル輩モ加ハリテ中々容易ニ鎭服スベクモ見エザリケレバ大將「バルラス」大ニ當惑シ「ボナパルテ」ニ

謀ル「ボナパルテ」乃一計ヲ進ム是ニ於テ不服ノ大臣ノ邸宅ノ前ニ夥多ノ大砲ヲ陳列セシメ牌ヲ建テ署メ曰ク今度ノ大法ニ従ハザル者ハ外出スルヿヲ得ズ若シ外出スルヿアラバ忽ニ打殺スベキ者也ト爰ニ於テ大臣等悉ク降参メ其法令ニ従フヿヲ誓ヒヌ

これより以前の数年間、パリの街中はフランス革命の争乱が治まらず、一七九五年の末に漸く平定された。(一七八九年七月のフランス革命の発端からロベスピエールの独裁政治とその反動の王都派の復活など政治的混乱期。フランス革命の説明参照)。ケベーネベスト(共和国 革命政府)の諸人(フランス革命の主体となった階級)が協議して、(ルイ王朝の)フランスの憲法などの旧法令を廃止して新憲法などの新しい法令を公布した。以後その諸法令を守らせて国民を鎮撫(反乱を鎮め民を案じる)しようとした。しかし、国民はその諸法令を承諾しないで、相互いに徒党を組んで反乱を起こし、その勢いは既に大きくなったので、ケベーネベスト(共和国 革命政府)側にても、諸大将を選んで鎮圧軍を差し向けた。ナポレオンも一方の大将を承り先ずその智略にてボントネウフ[九橋の意味](パリ市街のセーヌ川の中洲、シテ島に架かる九橋の一つ、PontNeuf ポン・ヌフ橋)を守り、徒党等の相合する事を妨げた。この時、パリの王党派大臣なども皆暴徒に一味してゲベーネベスト(共和国、革命政府)の法令(共和国憲法)に従わず、そのなかには軍事戦にも秀でた者も加わって、容易には鎮定する見込みもなければ、革命政府のバルロス(Paul Barras 1755-1829 バラス のちの五人の総裁の内の第一総裁、一七九九年のブリュメールのクーデターで失脚）将軍は大変当惑してナポレオンに対応を謀った。ナポレオンは一作戦を進言して実行した。この作戦において、共和国の法令に不服の王族大臣の邸宅（館）の前に多くの大砲を列して牌を建て署して「今度の法律に従わない者は外出する事は禁止する。若し、外出する者があれば忽ちに打ち殺す」と言った。ここにおいて、悉く大臣などは降参してその法律に従う事を誓った。（一七九五年一〇月のこのヴァンデミエールのクーデターで共和制穏健派が実権を握り、国民公会は解散され、五人の総裁からなるフランス総裁政府が成立した）。

「ボナパルテ」此日ノ謀畧抜羣ニ依テ「ヂヒシー」（歩卒一萬二千人騎士二千百人ヲ軍ニ隊）ノ総督ニ擢デラル兼テ中國軍ノ大将トナル是ヨリ後人益々「ボナパルテ」ガ大度アリテ心剛ニ其材量リナキ〓ヲ知リケレバ一千七百九十六年ノ初ニ意太里亞ノ陣處ノ總大将ニゾ進ミケル其時一友アリ「ボナパルテ」ガ尚ホ若年ナルヲ氣遣ヒニ思ヒ「ボナパルテ」ニ向テ吾子一軍ノ總將ニハ尚ホ覚束ナシ意太里啞ノ敵方ニハ軍事ニ老練セル大將雲ノ如ク吾子之ニ對メ戰ハヾ恐ラクハ危カラント慇懃ニ忠告シケレハ「ボナパルテ」笑テ之ヲ答テ曰ク吾ガ齢苟モ一歳ニ過ルトキハ足レリ若年ニ非ズト（○此語解ス可ラズ恐ラクハ誤脱有ン今姑く原寫ニ依ル）「ボナパルテ」意太里亞ノ陣處ニ發向スルノ少キ前ニ故総督「ベアウハルノイス」ガ未亡人ヲ婚取セリ此婦人容貌頗ル美ナリ「ボナパルテ」婚媾ノ床ヨリ起テ直チニ意太里亞ノ軍戰ニ赴キケリ

［一一三］

ナポレオンはこの日の謀略（作戦）が抜群であったのでチヒシー（蘭語 divisie 師団）［歩兵一万二千人騎兵千百人の熕軍（大砲軍、砲兵軍）の二隊］の総督に抜擢されて、中国軍（意味不詳パリ周辺、フランス中部の意味か？ 実際にこの時期パリ周辺の反政府軍の鎮圧にあたっていた）の大将も兼務した。これ以後、人々は益々ナポレオンが大度（器量のあること）あって、心強くその才能は計り知れない事を知ったので、一七九六年初めにイタリアの陣営の総大将に任命された。（イタリア方面隊総司令官）。その時、一人の友人（実はフランツア・オーブリー 1747-1798 テルミドールのクーデター後公安委員会で活躍し、ナポレオンをロベスピエール派とみなし対立した。のちに王党派の陰謀に手をかして流刑にされた）がナポレオンの年若い事を気遣いに思い、「吾子（子供を親しみをもって呼ぶ言葉。ここではあなたの意？）は一軍（イタリア方面隊）の総司令官になるのは心配である。イタリアの敵方には軍事に老練な大将が雲の如くあり、あなたはこれに対して戦えば恐らく危ない」と慇懃に忠告したが、ナポレオンは笑って答えて言った。「我が年齢いやしくも一歳過ぎる時は足れる。若年ではない」。［○この語は理解できない。恐らくは誤字脱字があろう。今しばらく原稿の写しのままにする］（スタンダールによれば「君は若すぎる、古参者を優先しなければならない」とオーブリーは言った。ナポレオンは「戦場では人は早く年をとるのだ。わたしはすでにその年齢に達している」と答えたとある。〈前掲、スタンダール「ナポレオン伝」参照〉）。ナポレオンはイタリアの部隊に出発する前に故総督ベアウハルノイス（Beauharnas ボーアルネ子爵、国王派の一人でルイ一六世と共に処刑された）の未亡人（ジョセフィーヌ）と結婚をした。この婦人は容貌は大変美人であった。ナポレオンは婚媾（こんこう）（夫婦の約束を結ぶ）の床より起きて、イタリアの戦場に赴いた。

「ボナパルテ」意太里亞ノ陣所ニ到着スレバ味方ノ兵僅ニ五六萬ニ過ギズ至テ危ク見エニケリ敵方ニテハ「ヲーステンレイキ」國ノ兵八萬人「サルジニー」國王ノ舟手勢六萬人此外ニ精練ノ兵三萬人法皇ノ兵三萬人「シ、リヤ」王ノ兵八萬人以上總テ二十八萬人拂郎察國ノ寄手ヲ防ント備ヘタリ

ナポレオンはイタリアの陣営に到着したが、味方の兵は僅かに五、六万に過ぎず、非常に危なく思えた。敵方はヲーステンレイキ国（Austriaオーストリア）の兵八万人、サルジニー（サルデーニャ王国、イタリア語でSardegna　一八～一九世紀にかけて存在した王国、領土は現在のイタリアとフランスにまたがり、サルデーニャ島、ピエモンテ、サヴォワ、ニース伯爵領を統治し、首都はイタリア西部のピエモンテ州トリノ）国王の舟手勢（兵船の軍勢、海軍兵）六万人、この外に精錬の兵三万人、法皇（ローマ教皇ピウス六世　Pius vi　在位1775/2/25-1799/8/29）の兵三万人、シシリヤ（シチリア王国　Sicilie　ナポリを中心にしたイタリア本土とシチリア島の両シチリアがあるが、ここではナポリ王国のシチリアか？・）王の兵八万人の以上総勢二八万人がフランス国の寄手（攻撃）を防ごうと備えていた。【第一次イタリア遠征についての解説　一七九六年三月にニースのイタリア方面南部司令部に着任してから四月のモンテノットの戦い、五月のロジの戦い、マントヴァの戦い、一一月のアルコーラの戦い、翌年一月のリボリの戦い、サン・ヴィセンテの戦い、カンパーダウンの戦いを経てオーストリアと一〇月にカンポ・フォルミオ条約を締結するまでの約一年八ヶ月の事】。

拂郎察方ニテハ軍中諸事缺乏シ糧食竭ルヿ已ニ久シ毎人一日ノ食料ハ腐敗セル栗子十七枚ヲ給スルノミ「コーセン」(小手ノ類)ノ代ニ古キ布片ヲ用ヒ羊皮ニテ足ヲ包ム其上士卒輯睦セズ互ニ怨恨スル者多シ斯ル疲弊ノ形勢危ク見エケル所ニ「ボナパルテ」少シモ患ヘズ急ニ戰ヘトゾ勇ミケル乃チ申シケルハ吾ガ軍モシ負ケバ吾嚮ニ捷ツ所既ニ多シ吾ガ軍モシ勝タバ以テ之ニ尚フルヿナシト「ボナパルテ」軍士等ノ危懼セル者ニ論告シテカラ勵〔一一四〕サシメ自ラ士卒ト艱苦ヲ共ニシケレバ軍士大將ノ智仁ニ感服シテ大ニ色ヲナホシ皆之ガ爲ニ用ヒラレンヿヲ樂ミケリ合戰ヲ始ル少キ前ニ號令ヲ下ス時兼テ軍士ニ告ゲシメケルハ軍士等缺乏ヲ患ルヿ勿レ「ミラー子ン」(意太里亞ノ一都蓋シ府庫ノ地)ノ道已ニ開ケタリ今ニ諸事不足ナカルベシト合戰已ニ始リケレバ「ヲーステンレイキ」ノ兵ハ「ボセッタ」ナル利方ノ地ヲトリテ陣シ討カヽリケレハ味方タマリカ子テ敗走ス敵ハ勝ニ乗ジテ逐來ル是ハ「ボナパルテ」敵ヲ飽マデ引寄セテ後ニ横撃セントノ巧ミ也ケリ

フランス軍は軍隊内の色々な物が欠乏し、以前から食料が枯渇して、一人一日の食糧は腐敗した栗子(栗の実の食べ物か?・)一七枚が支給されるだけであった。コーセン[小手の類](蘭語 Handshoen手袋。籠手 鎧の付属品 左右の肩先から腕を覆うもの。蘭語ではコーセンSchoenは靴・短靴の意味)に古い布片の代用をし、羊の皮にて足を包んだ。その上、士卒(兵士、以後兵士で記す)は輯睦(やわらぎむつぶこと)しないで、互いに怨恨(うらむ)者が多く、かかる疲弊の情況が危うく思える時にナポレオンは少しも患えず、突然戦えと勇気づけた。即ち言ったことは「我が軍若し敗れたならば、我が軍、嚮うに捷つ(相手に隷属するの意)ところ多く、我が軍若し勝ったならば、これほどに尚ことはない」。ナポレオンは軍士(軍師、将軍。ここでは具体的にはオージューロー、マッセナなどの従来からの将軍)等の危懼する者に論告してから励まして、自ら兵士と艱苦(悩み苦しむこと)を共にしたので、軍師はナポレオンの智仁の人格に感服して色(色合 顔色や性格)を見直し、皆がナポレオンの為に働く事を楽しみにした。合戦を始める少し前に号令を下す時に、兼ねて軍師に告げたことは「軍師諸君、諸事の欠乏していることを患うことはない。ミラーネン(Milano 地名 ミラノ イタリアのロンバルディア州ミラノ県の州都、県都)[イタリアの一都市 しかし府庫(財貨を収めておく蔵 経済都市の意味か?・)の地]への道は既に開けた。今将に、諸々の物不足のなくなる」と。合戦は既に始まっておれば、オーストリアの兵はボセッタ(地名 Rocchetta Cairo ロッセッタ・カイロ、カイロ・モンテノッテの北でデーゴの南にある町?・)という有利な地を取って陣を構え、討ち攻めて来たので味方(フランス軍)たまり兼ねて敗走した。敵は勝ちに乗じて追い討ちをかけて来た。これはナポレオンの敵を飽くまでも引き寄せて、後に横から攻撃しようとする巧妙な作戦であった。

第四月第十一日「ヲーステンレイキ」ノ總督拂郎察軍ヲ「モンテノッテ」ノ傍ニ撃テ大ニコレヲ破リ拂郎察國界ノ砦「モンテレッキノ」ト云フ處マデ追來リシガ此砦ニテ支ヘラレテ進ムヿヲ得ズ時ニ「ボナパルテ」ガ計策悉ク敗レ已ニ横撃ニサルベク見エケレトモ味方英氣少シモ撓マズ運ヲ天ニマカセテ防戰ス「モンテレッキノ」ノ砦ニハ「ブリガーテ」(陣隊ノ名見前)ノ大將「ラムボウ」(人名)兵士千五百人ヲ總テ籠リシガ「ヲーステンレイキ」ノ兵強ク攻カヽリシ時「ランボウ」軍士ニ誓テ云フ此ヲ失ハンヨリハ寧ロ城中ノ人悉ク死セヨト此誓ニ依テ城中皆必死トナリテ防戰シタリ「ヲーステンレイキ」ノ兵三度マデ襲懸リシカドモ三度共ニ打返サレテ退キタリ〔一一五〕夜ニ至テ軍罷ミ城中ニテハ明日合戰ノ用意專ラ見エタリ然ルニ其夜半頃拂郎察ノ大將「ラハルヘ」其軍ノ左翼ヲ以テ後ヲ固メサセナガラ中軍ノ兵士「アルターレ」(地名)ヲ越來テ不意ニ「ヲーステンレイキ」ノ軍ノ後ト側方トニ攻カヽリタリ是ニ由テ「ヲーステンレイキ」ノ軍頗ルヒルミシ所夜明テ敵將「ベアウリーウ」更ニ新手ノ加勢ヲ得テ「ラハルペ」ト相戰ヒ両軍力ヲ極テ桃合ヒ勝負决セザル處ニ「ボナパルテ」其大將「マッセナ」ト共ニ各ソノ兵ヲ以テ迅速ニ敵ノ背ト横ヨリ音聲ヲ發セズ枚ヲ銜テ襲カヽリケリ敵ノ兵士其不意ニ驚キ周章ス拂郎察勢無二無三ニ敵ノ軍中ニ割入テ切立ケレバ

敵軍大ニ敗績ス此時又戰死ノ人々ノ屍野ニ充タリ是ニ於テ拂郎察既ニ勝利ヲ得「ベアウリーウ」大ニ撃ルト雖モ猶其軍ヲ整ヘ其右翼ヲ以テ拂郎察ノ左翼ヲ支ヘサセケレバ此戰果シモ見エザリケリ此時ノ戰敵ノ左右両翼ヲ引離シテ相援ルヿヲ得ザラシメ從テ其一方ヲ抑ヘ一方ヲ撃ツ時ハ勝負乍チ決スベケレトモ敵將モ容易ク其計ニハ落ザリケリ斯ル處ニ「ボナパルテ」拂郎察南部ノ糧兵ヲ引寄セ〳〵爰ニ出シケレバ敵方ニテハ兼テ拂郎察元ヨリ小勢ノ所處々ニテ討死モシケレバ今ハ恐ル、ニ足ラズト侮リシニ案ニ相違シテ只今ノ大軍ヲ見周章斜ナラズ「ボナパルテ」尚ホ奇計ヲ運シ敵軍ヲ討破リ少シモ休息セシメズ四方ヨリ追詰、、、遂ニ「ミルレシモ」ノ傍ニテ大ニ之ヲ破ル敵兵死スル者數ヲ知ラズ[二一一六]

四月一一日（一七九六年） オーストリア軍の総督（ボーリュウ将軍 Jean Pierre Beaulieu）はフランス軍をモンテノッテ（地名 Cairo Montenotte カイロ・モンテノッテ、リグーリア州ザヴィーナ県のザヴィーナの北西の町）の付近で攻撃して大敗させて、（フランス軍は）フランス国境のモンタレッキノ（地名 Monte Leginoモンテ・レジーノ）という所まで追撃されてきたが、この砦（モンテ・レジーノの砦）にて妨げられて（オーストリア軍は）進む事ができなかった。この時、ナポレオンの計策（策略）は悉く敗れ、既に横撃（側面攻撃）されそうに見えたが、味方の英気は少しも撓（たわ）まず、運を天に任せて防戦した。モンテレッキノの砦にはブルガーデ[陣隊の名 前出]（旅団）の大将ランボン[人名]（Antoine

Guillaume Rampon 1759-1842 アントニ・ギローム・ランボン）の兵士一五〇〇人を総て立て籠らせたが、オーストリアの兵が強く攻め懸かってきた時に、ランボンは軍士に誓って「ここを失うよりは、むしろ、城中の人は悉く死せよ」と言った。この誓いに依って城中の皆（全員）必死となって防戦した。オーストリア軍の兵は三度襲い懸って来たけれども、三度とも打ち返されて退いた。夜に至って軍罷み、城中にては明日の合戦の用意専念と思えたが、しかし、その夜半頃フランスの大将ラハルヘ（Amedee-Emmanuel-Francois Laharpe 1754-1796 ラアルプ師団 この戦いの後、ラアフルはコドーニョに野営中に敵の奇襲により戦死、彼の名はパリのエトワール凱旋門に記されている）はその軍の左翼を以って後方を固めさせながら、中軍の兵士がアルターレ［地名］（Altare アルターレ モンテノットに隣接する町）を超えて来て不意にオーストリア軍の後方と側方との攻めかかった。これに由ってオーストリア軍は大変怯んだ所、夜明けて敵将ベアウリーウ（ボーリュウ将軍）更に新たな加勢を得て、ラアルプと相戦い両軍力を極め挑み合い勝敗が決しない所に、ナポレオンは大将マッセナ（Massena 1758-1817 アンドレ マッセナ）と共に、各、その兵を以って迅速に敵の背後と側面より音を発せず枚（昔、戦争の時、馬の口にあてがい、紐で首の横に結び、発声を防いだ箸のようなもの）を銜て襲いかかった。敵の兵その不意打ちに驚いて周章（あわてふためく）した。フランス軍、無二無三（しゃにむに）敵軍の中に割入って切立（斬り捲る）ったので、敵軍は敗績（大敗）した。この時、また、戦死者の屍が野に充ち溢れフランス軍は勝利したが、ベアウリーウ（ボーリュウ）軍は大打撃を受けながらも、それでも、その軍を立て直して、その右翼からフランス軍の左翼を支たせたので、この戦いの勝負は分からなくなった。この時の戦い、(フランス軍は)敵の左右両翼を引き離して相助けることを出来なくして、従って、その一方を抑え一方を撃つ時は勝負は忽ちに決することができるけれども、敵将も容易にはその計略には陥らなかった。このような時にナポレオンはフランス南部の精兵の徴集を重ねてここに注込めば、敵軍はフランス軍は元来少人数の所、処々に討死もしたので、今は恐れるには足らないと侮ったのに、案に思ったのと違って、この場の大軍を見て周章(あわてふためいて)斜めならず(ひととおりでない)。ナポレオンは、尚、奇計をめぐらし敵軍を打破り、少しも休まず四方より追詰め〱て遂にミルレシモ(地名 Millesimo モンテノットの南西)の付近にて敵軍を大敗させた。敵兵の死者は数え知れない。(モンテノッテ、ミルレシモ、デゴ、モンドヴィの戦い、一七九六年四月一二〜二一日)。

是ニ於テ敵ノ大将「ブロヘラ」ハ山城「コツセリア」ニ據テ防戰セリ「ボナパルテ」斯ル小勢ノ敵ヲ相手ニ戰フヿ無益ニ思ヒ城ヲ渡シテ去ルベシト切ニ申ケレトモ敵将「プロヘラ」肯ゼズ拂郎察勢因テ嚴ク攻立ケレバ城中兵ヲ盡メ出テ味方ノ先鋒ヲ目ガケテ打カヽリケレトモ敵方利ナク夜ニ至テ戰止ミ翌日ニ至テ「プロヘラ」遂ニ城ヲ味方ニ渡シテ引去タリ

これに依って、敵の大将プロヘラ(オーストリア将軍 Johann Marchese Provera 17??-1804)は山城コッセーリア（地名 Cosseria イタリアのリグーリア州サヴォーナ県の町）に據(こも)って防戦した。ナポレオンはこのような少数の敵を相手に戦うのは無益に思い、城を渡して去るべきであると、切に申し出たが敵将プロヘラはこれに応ぜず、フランス軍は因って厳しく攻立てたので、城中の兵を尽くして出て、味方の先鋒を目がけて撃ち懸って来たけれども、敵方には利はなく、夜になって戦いは止み、翌日に至ってプロヘラは終に城を味方に渡して引き去った。

是迄ノ戰味方ノ右翼ニテ働キ「ヲーステンレイキ」ノ軍ヲ破リケレバ「ボナパルテ」其夜ノ内急ギ左翼ニ馳來テ之ヲ下知シ電光ノ如クニ「サルジニー」ノ軍ニ襲カ、ル敵軍已ニ敗績シ敵「ボルミダ」谷ヲ取ラレマジトテ備ヘタル「シントヤゴ」ノ兵ヲモ味方ニテ討破リタリ然ルニ味方ノ右翼餘リニ勝驕テ敵ヲ輕ジ再タビ敵ヲ挑出メ戰ヲ結ビケレバ大ニ敗ヲ取レリ「ボナパルテ」之ヲ聞クトヒトシク左翼ヲ棄テ爰ニ馳來リ見ルニ大危急ノ時ナリ味方ノ大將「マッセナ」散兵ヲ集テ敵ニ衝カ、リ三度マデ打返サレタリ「ボナパルテ」種々奇計ヲ出シテ戰ヒケルガ味方ヒルム度毎ニ「ボナパルテ」自ラ士卒ニ先立テ之ヲ勵シケルニ依テ味方力ヲ得テ遂ニ戰勝チ敵ヲ四方ヨリ追詰打破リ「デゴ」[一一七]ヲ取返シタリ此時ノ戰ヒ前夜ヨリ翌日八ツ時ニ連リテ止ザリケリ爰ニ不幸ナルハ味方ノ勇将「カウッセ」也此時四十人餘ノ兵ヲシタガヘテ敵トセリ合ヒ遂ニ敵ヲ打破テ追

カケシガ痛手ヲ負テ地ニ倒レタリ此時「ボナパルテ」ヲ見テ大ニ悦ビ苦シキ息ヲツギ「デゴ」ハ敵

ニ取ラレタリヤ否ヤト尋レバ「ボナパルテ」此要所既ニ味方ニ屬セリ患へ玉フナト答ヘケレバ「カウッセ」重子テ曰ク「デゴ」敵ニ取ラレズバ患ナシ然ラバ吾子折角長生ヘヨトテ息ハ絶エニケリ

これまでの戦い、味方の右翼にて働き、オーストリア軍を破ったので、ナポレオンはその夜の内に急ぎ左翼に馳来てこれを下知（げち）（命令）し、電光の如く、サルジニー（サルデーニャ）の軍に襲いかかり敵軍既に大敗して敵はボルミダ谷（渓谷名　Bormida　イタリア西部のリグーリア州とピエモンテ州沿いを流れるボルミダ・ティ・スピーニョ川の渓谷で、この川はアレッサンドリアの北東でタイナ川と合流し、その北東でポー川に注ぐ）を取られないように備えた。（フランス軍は）シントヤゴ（仏語　Citoyen　市民、ブルジョワジー）の兵をも味方にして打破った。しかし、味方の右翼の兵、余りに勝ち驕って敵を軽く見て、再び敵を挑出して戦い結ぶ（戦いを始める）と大敗を喫した。ナポレオンは、これを聞くと同時に、左翼を棄て置いて、この場に駆けつけて見れば大変危急の事態であった。味方の大将マッセナは散兵（ちりぢりになった兵）を集めて衝（つく）きかかり三度まで打ち返された。ナポレオンは種々の奇策を出して戦ったが、味方が怯（ひる）む度毎にナポレオンは自ら兵士の先に立ち兵士を励ました事により、味方は力を得て、遂に戦いに勝ち敵を四方より追詰めて打破りデゴ（地名　Dego　デゴの戦いは一七九六年四月一四～一五日）を取り返した。この時の戦い前夜より翌日の八つ時（午後二時）にまで続いて終わらなかった。ここで不幸なことは味方の勇敢な大将カウッセ（人名　シュテンゲル）であった。この時、四十人余りの兵を引き連れて敵と競り合い遂に敵を打破って追いかけたが、痛手を負って地に倒れてしまった。この時に、ナポレオンを見て大いに悦んで、苦しい息をつぎ「デゴは敵に取られたかどうか」尋ねたので、ナポレオンは「この要所は既に味方が占領したので患うな」と答えたら、カウッセは重ねて言った。「デゴが敵に取られないなら患いはない。然らば、吾子（あなた）は折角（力を尽くして）長生きせよ」と言って息は絶えた。

斯テ「ボナパルテ」ハ「ヲーステンレイキ」ノ軍ト「サルジニー」ノ軍トヲ引離シテ両軍相救フノ便ヲ奪ヒ猶「ヲーステンレイキ」ノ軍ヲバ始終欺キ迷ハシムル手當シテ専「サルジニー」軍ヲ合手ニ力戰シ遂ニ之ヲ「セハ」名地ト「マンドヒ」名地ノ傍ニ追詰テ大ニ之ヲ撃ツ斬首虜數ヲ知ラズ此時拂郎察ノ軍兵等「セハ」ノ　城中ニ亂入シテ人民ヲ殺戮シ殘暴ヲ恣ニシケレバ「ボナパルテ」之ヲ見テ忽チ味方ノ軍中ニ分ケ入テ荒レニアレタル軍士ヲ制禁シ猶敵人ヲ手厚ク取扱フベキ旨ヲ言諭セリ

斯してナポレオンはオーストリアの軍とサルデーニャの軍とを引き離して両軍が相助ける利便を奪い、猶、オーストリア軍を終始欺き迷わす作戦をして、専らサルデーニャ軍を相手に力戦して遂にこれをセハ［地名］（Ceva　チェーヴァ　ビエモンテ州）とマンドヒ　［地名］（Mondovi　モンドヴィ　ビエモンテ州）の付近に追詰めて大いにこれを攻撃し斬首、捕虜は数知れず、この時に、フランス軍の兵士等はチェーヴァの城中に乱入して人民（住民）を殺戮（さつりく）（むごたらしく多くに人を殺す）し残暴（残忍で乱暴なこと)を恣(ほしいまま)にしたので、ナポレオンはすぐに味方の軍の中に分け入って、荒れに荒れていた軍士を制禁(おさえとどめること)して、なお、敵の人を手厚く取り扱う主旨を言い諭した。

斯テ「ボナパルテ」ハ「サルジニー」軍ヲ破リ北グルヲ追テ其國境ニ入リ敵「コーニ」「サクヨッソ」等ノ要地ニテ支ヘケルヲ容易クツキヌケ直チニ王都「チューリン」ニ到ル此時「ピーセンド」ノ敵兵ハ數度ノ戰ニ打負ケ今ハ出テ戰ノ力モナクマタ「チューリン」人ハ曾テ「サルジニー」ヲ叛キ拂郎察ニ降ントノ心アレバ一人モ敵スル者ナシ爰ニ於テ王ヲ擒ニスル〻手ヲ反スガ如シ「ボナパルテ」王城ノ門ニ逼テ大砲ヲ轟シテ劫カシケレバ王ハ恐懼メ爲ン所ヲシラズ大臣故老朝議有テ和睦ヲ講スル〻ニ決シヌサテ使者ヲ以テ其旨ヲ「ボナパルテ」ニ申遣シケレバ「ボナパルテ」答テ曰ク吾ハ和議ヲ講スル爲ニ爰ニ來ラズ汝等ヲ征セン爲ニ來レリ和議ノ〻ハ我與リ知ラズ宜ク吾ガ「ジレクトイレ」(○按スルニ「ジレクトイレ」ハ惣宰官ノ名ナリ其職四人アリ政令ヲ出ス〻ヲ司ル軍事ニモ關テ命ヲ將校ニ傳フト見エ)ト議スベシ吾只兵戰ヲ罷ルノ一事ナラバ與リ聞クベシト云フ「サルジニー」ノ使者サアラバ兵戰ヲ罷メ玉フベシ將軍ニ云々ノ利ヲ與フベシト云フ「ボナパルテ」慍テ使者ニ言フ爾歸テ爾ガ官長ニ告ヨ拂郎察ノ大將「ボナパルテ」ハ左バカリノ利ノ爲ニ兵ヲ引去ラズ吾明日「チューリン」ノ王タランコト難カラズト

〔一一八〕

斯してナポレオンはサルデーニャ軍を破り北(逃)げるのを追って、その国境に入り、敵軍はコーニ(地名

Cuneo　クーネオ　ピエモンテ州クーネオ県の県都、トリノの南方、ジェノバの西方の都市。ポー川の支流タナロ川が市内を流れる）、サクヨッソ（地名　Casalgrasso　カザルグラッソ　トリノの南方のポー川沿いの町。古戦場サン・ミケール村の近く）等の要地で持ち堪えようとしたが、（フランス軍は）容易に突き抜けて直ちにチューリン（地名 Turin イタリア語 トリノ Turino ピエモンテ州の州都）に到った。この時、ピーセンド（地名　Piemonte　イタリア北部のピエモンテ州、ここではサルデーニャ軍）の敵兵は、数度の戦いに負けて今は出兵して戦う力もなく、また、チューリン（トリノ）人は、以前にサルデーニャを叛きフランスに降りん（味方する）との心であったので、一人も敵対する者はなかった。ここにおいて、王を擒にする事は掌を返すが如くであった。ナポレオンは王城の門に逼って大砲を轟かせ劫かしたので、王は恐懼（恐れかしこまる）して為すべく事も分からず、大臣、故老（老成な人）の朝議（王朝の会議）が有って、講和する事を決めた。さて、使者をもってその主旨を申し遣わしてきたが、ナポレオンは答えて「私は和睦をして講和をするためにここに来たのではない。あなた達を征服するためにここに来たのである。和睦の事は私は与り知ることではない。宜しく我がジレクトイレ（蘭語　directive　理事、重役、ここでは総裁官）［○案じるにジレクトイレは総裁官の官名である。その職は四人（実際は五人）いて政令を出す事を職務とし、軍事にも関わって命令を将校にも伝えると思える］と協議すべきである。私はただ兵戦を罷る（やむる　止める）の一事ならば与り聞く」と言った。サルデーニャの使者は「そうであれば兵戦を罷めてください。将軍に云々の利益を与える」と言った。ナポレオンは慍って使者に言った。「あなたは帰ってあなたの官長(長官)に告げよ。フランスの大将ナポレオンはそんな些細な利益のために兵を引き去らない。私が明日チューリン(トリノ)の王になる事も難しい事ではない」と。

此時「ボナパルテ」其軍士ニ號令ノ書付ヲ下シテ讀聞セタリ是レ一ハ其軍士ヲ勵マサンガタメ一ハ「チューリン」人ヲ劫カサンガ爲ナリ其辭ニ曰ク

その時、ナポレオンはその(フランス軍の)軍士に号令の書付を下して読み聞かせた。これは一つにはその軍士を励ますため、一つはチューリン(トリノ)の人を劫(おびや)かすためであった。その辞(ことば)に言った。

嗟爾衆士我ガ師半日(月の誤字)ノ間ニ敵ニ勝ツコ六度旗ヲ取ルコ五十五「ピーモンド」ノ中其尤大都ヲ拔クコ數十殺傷一萬餘執虜一萬五千人是レ一ニ爾ガ功ナリ先ニ一千七百九十四年吾レ爾衆士ヲ以テ「トウロン」[國名]ヲ討テ之ニ勝ツ爾等以テ不朽ノ勝軍ト爲リ今ノ役ニ比スレバ豈以テ勝軍ノ數ニ列スルニ足ンヤ吾又爾衆ノ艱險ヲ甘ズルヲ嘉ミス爾橋ナキニ能ク大川ヲ渉リ履ナクメ荊楚ヲ跋行シ酒食ナクメ野臥シ火炮ナクシテ戰鬪ス嗟爾衆士勤タリト謂ツベシ夫レ敵兵等モト衆士ヲ侮リ我ガ軍ヲ并吞セントハヤリシ者今ヤ震慄シ爾等ヲ見テ避遁ス嗟吾ガ諸友軍士功勳已ニ立ツ然リト雖モイマダ盡サザルモノアリ「チューリン」

[二一九]

「ミラー子ン」ノ二都イマダ我ガ手ニ屬セズ「バッセヒルレ」「ブリュチュス」ノ二將ヲ殺セルモノナホ敵ノ軍中ニ在リ公等今一度奮激シテ渠ガ爲ニ仇ヲ報ジ本國ノ耻ヲ雪ガザランヤ吾ガ出陣ノ初ハ軍中諸事鈌乏ニ困ム今ヤ諸事富贍不足アルヿナシ糧食ハ敵軍ヨリ奪フモノ巨萬火炮ノ如キハ尤多ク百度城ヲ攻メ野ニ戰フトモ勝ゲテ用フベカラズ嗟吾ガ諸友軍士今我ガ本邦威ヲ諸國ニ振ヒ大業成就スルヿ爾衆士〔一一〇〕ニアリ豈怠ルベケンヤ爾等已ニ大難ヲ試ミタリ是ヨリ以往尚ホ力戰シ尚ホ大川ヲ渉り尚ホ大都ヲ拔クヿ昔ニ比スレバ易々タランノミ嗟吾ガ勇士孰カ此言ヲ聞テ膽怯シ心砕ケ國家ノ大事ヲ忘レ同盟ノ難ヲ棄テ西望メ歸ヲ懷フモノアランヤ先ニ「モンテノッテ」「ミルレシモ」「デゴ」「マンドヒ」等ノ諸都ヲ討取シ時公ナド國恩ヲ重ジ身命ヲ輕ジ働シ諸勇士ナレバ今ノ役ニ在テモ何ゾ然ラサランヤ夫レ拂郎察國ノ武德ヲ萬弁ニ赫カシ我ガ邦ヲ仇トセル諸國ノ王侯一々之ヲ屈伏セシメ功成リ亂平デ故郷ニ凱歸シ各人ニ向ヒ吾ハ是レ意太里亞ノ戰ニ出シ者ナリト自讃センヿ豈大丈夫ノ願フ所ニアラズヤ又兼テ諸軍士ニ告グ都テ敵ノ領地ニ入テ暴逆ノ振舞アルヿナク其人民ハ厚ク之ヲ扶持スベシ掠奪亂妨ハ固ク之ヲ禁ズ是レ一ニハ拂郎察國ノ義兵ノ名ヲ塵シ一ニハ戰死セル者ノ忠義并ニ爾等ガ軍功ヲ徒ニシ又吾等及ビ諸將ニ恥辱ヲ與フ因テ向後之ヲ犯ス者ハ速ニ刑スベシ

「ああ、爾衆士（兵士諸君の意味か？）、わが師は半月の間に敵に勝つ事六度、敵の旗を取る事五十五本、ピーモンド（地名　前記　ピエモンテ州）の中、その最も大都を抜く（攻め落とす）事は數十、殺傷兵一万余人、捕虜一万五千人。これは一重に兵士諸君の功績である。先に一七九四年、私は兵士諸君と共にトゥーロン［国名　（前記　フランスの都市名であるが、ここではイギリスに占領された国と考えている）］で（イギリス軍）を討ち、これに勝って、兵士諸君と共に不朽の勝軍となった。今回の戦役に比べれば、何ら以って勝戦の数に加えるに足らない。私はまた、諸君の艱険（なやむこと）を甘んずる事を嘉（よしとすること）せず。諸君は橋のない大川をよく渡り、履物なくして荊楚（いばら）の道を跋行（踏み行く）して、酒や食べ物なくして野営して、火器大砲なくして戦闘をした。ああ、諸君はよく勤めたと謂うべきである。それ、敵兵等、元来諸君を侮り、我軍を并呑（併呑　併合と同じ）しようと逸る者、今や震慄（おそれてふるえあがること）して諸君を見て避遁（避け隠れる）する。ああ、我が諸友軍士、勲功はすでに立てた。しかし、けれども未だ為し尽されてない事がある。チューリン（トリノ）、ミラノの二都は未だ我が手に属していない。バッセヒルレとブリュチュスの二将（フランス軍の将軍名。菊池寛著「ナポレオン伝」改造社刊には共和国の使節とあるが詳細不詳）を殺した者は、なお、敵の軍中にある。公ら（部下に対しての敬称か？）、今一度奮激して渠（彼）の為に仇を報いてフランスの恥を雪辱しよう。我が軍の最初の出陣の時は軍中の色々なものは欠乏して困った。今は色々なもの富贍（十分にして足りる）して不足する事はない。食糧は敵軍より奪った物が巨万にあり、火炮の如くは百度城を攻め野に戦っても勝げて（残らず）用いることはない。ああ、我が諸友軍士、今、我がフランスは威を以って諸国に振舞い大業成就する事は諸君にある。何ぞ怠るべきでない。諸君はすでに大難を試みた。これから以って、なお力戦し、なお大川を渡り、なお大都を抜ける事、これまでに比べれば容易な事ではない。ああ、我が勇敢な兵士、誰かこの言葉を聞いて膽怯（胆怯え）し、心砕けて国家の大事を忘れ、同盟の難きを棄てて、西の方を望んで帰国を懐う（内心思う）者はいないか。先に、モンテノット、ミルレシモ、デゴ、モンドヴィ（共に戦場の地名）を討ち取った時に、公ら国恩を重んじて身命を軽んじて働いた諸勇士なれば、今の戦いにあっても何ぞそうでないことはない。それ、フランスの武徳を万弁（万編　ゆきわたること）に赫かせ我国を仇とせる諸国の王侯の一人一人、これを屈伏せしめて、功を成し乱を平らげ故郷に凱旋帰国して、各人に向い、吾はこれイタリアの戦いに出た者であると自賛する事、何ぞ、大丈夫（立派な男子）の願うところである。また、兼ねて諸軍士に告げる。すべて、敵の領地に入って暴虐の振舞いをする事なく、その人民は手厚く扶持（たすける）する事。掠奪乱暴は固くこれを禁止する。これは一つにはフランス国の義兵の名を穢し、一つには戦死した者の忠義、並びに諸君の軍功を徒に無益にして、また、我等及び諸侯に恥辱を与える。因って今後これを犯す者は速やかに刑をする」。

軍士等此誓言ヲ聞テ一統心服シ尚奮激シテ勇戰シ敵國ニ攻入ントゾ勇ミケル此時「サルジニー」ノ大將「コルリ」ハ「サルジニ」王已ニ使ヲ「ケニュア」地名ニ遣シテ拂郎察ト和睦ヲ講スルヲ聞

クヤ「ボナパルテ」ニ書ヲ以テ兵ヲ罷ルノ事ヲ中越シケレバ「ボナパルテ」ノ返書ノ趣ハ今両軍ノ勢未ダ兵ヲ罷ムベカラズ[一一二]我ガ「ジレクトイレ」（拂郎察國ノ總宰官）爾ガ王ト和睦ヲ講スルヿハ吾モ承知及ビタレドモ慥ナルヿニモ非レバ吾ニ於テハ未ダ兵ヲ罷ルヿ能ハズ爾兵ヲ罷ント欲セバ寧ロ無用ノ血ヲ濺クヿ莫ン戰ハ止ム可ラズト也

軍士等この誓言を聞いて一統（一同）心服して、なお、奮激勇戦して敵国に攻め入らんと勇んだ。この時、サルデーニャの大将コルリ（Colli）はサルデーニャ王（ヴィットーリオ・アメデーオ三世）、既に使者をケニュア［国名］（前記、ジェノヴァ共和国）に遣わしフランスと和睦を講ずる事を聞くと、ナポレオンに書簡を以って（サルデーニャは）兵を止める事を申し越してきたが、ナポレオンの返書の趣旨は「今の両軍の勢い、まだ兵を止めることはできない。我がジレクトイレ（前記）［フランス国の総裁官］と、あなたの王と和睦を講ずる事は私も承知及んでいるが、慥（たしか）なる事ではないので、私に於いては、まだ、兵を止める事はできない。あなたの兵を止めんと望めば無用の血を注ぐことはない。（こちらから）戦いは止めることはない」であった。

第四月第廿八日「ボナパルテ」ハ「サルジニー」ノ大將ト兵ヲ罷ルノ事ヲ取結ブ已ニ會議アリテ「サルジニ」國ノウチ「コニ」「トルトナ」等ノ諸要地并ニ「アレキサンドレア」府ヲ拂郎察ニ屬スベ

キニ定ム「ボナパルテ」重テ拂郎察軍此度「ハレンサ」地名ノ下ニ於テ「ポー」河ヲ渡ル共敵軍之ヲ支ルヿ無ランヿヲ約セリ「サルジニー」之ヲ許ス是ハ「ヲーステンレイキ」國ノ大將ヲ欺キオビキ出サン爲ニ此計ヲ設ケタリ「ヲーステンレイキ」國ノ大將此事ヲ聞テ果メ其兵ヲ率テ「ハレンサ」ニ赴キ「トルトナ」ノ下ニ於テ「ボー」河ノ岸ヲ固メ拂郎察軍ノ渡來ルヲ支ヘタリ「ボナパルテ」諸軍ヲ集テ「ボー」河ノ向岸ニ來リ「ヲーステンレイキ」軍ノ固メタル所ト相對シ種々ノ態ヲ示シテ益々敵ノ心ヲ迷ハシメ夜ニ至テ急ニ「グレナジール」武士ノ名〇即チ抛榴彈兵ナリ三千人馬五百ヲ以テ「ギヲハンニ」城ニ赴キケルガ其翌朝「ピヤセンサ」地名ニ到ル頃河ノ向岸ニ「ヲーステンレキ」ノ騎兵ヲ見ルトヒトシク「ボナパルテ」其軍兵ヲ舟ニ乘セテ向ノ岸ニ押渡リケリ「ヲーステンレイキ」軍元ヨリ拂郎察軍容易ク渡來ルマジト思ヒシ處案ニ相違メ此有様ヲ見テ大ニ周章シテ逃去ヌ「ボナパルテ」北ルヲ逐テ「アッテ」河マデ來リケルガ先ヅ爰ニ止リヌ

［一一二］（一七九六年）四月二八日ナポレオンはサルデーニャの大将コルリと終戦条約を締結した。既に会議にてサルデーニャ国の内、コニ（前記、クーネオ）、トルトナ（地名　Tortona　イタリア北部のピエモンテ州アレッサンドリア県にある都市）などの諸要地、並びに、アレキサンドリア府（Alessandria　イタリア　ピエモンテ州アレッサンドリア県の県都）をフランスに属する事を条約で定めた。ナポレオンは重ねてフランス軍は、この度、ハレンサ［地名］（Valenza　ヴァレンツァ　ピエモンテ州アレッサンドリア県の都市）の

下流に於いてポー河(Po川　イタリア北部を横断する国内で最長の川、アルプス山脈に源流があり、ロンバルディア平原、ポー平原を流れ地中海に注ぐ)を渡るけれども、敵軍(サルデーニャ軍)はこれを妨げる事はならんと重ねて約束をさせ、サルデーニャはこれを許した(サルデーニャ国降伏)。これでオーストリア国の大将(ボーリュウ)を欺き誘き出す為の計略を設けた。オーストリア国の大将これを聞き、果たして、その兵を率いてヴァレンツァに赴き、トルトナの下流に於いてポー河の対岸を固め、フランス軍の渡河する事を妨げようとした。ナポレオンは諸軍を集めてポー河の向う岸に来て、オーストリア軍の固守している所と相対して種々の様態を示して、益々敵の心(作戦)を迷わせて、夜になって急に、グレナジール(蘭語　grenadier　擲弾兵)[武士の名　○即ち抛榴弾(手榴弾)兵である]三千人の兵と五百頭の馬を以ってギオハンニ城(地名ジョヴァンニ　Castel San Giovanni　カステル・サン・ジョヴァンニ　エミリア=ロマーニャ州ピアチェンツァ県のポー川沿いのピアチェンツァの西にある町)に赴ったが、その翌朝、ビヤセンサ[地名](Piacenza　ピアチェンツァ、エミリア=ロマーニャ州の都市)に到る頃、河の向う岸にオーストリア軍の騎兵を見ると同時に、ナポレオンはその軍兵を舟に乗せて向う岸に攻め渡った。オーストリア軍、もとよりフランス軍が容易に渡って来ないと思っていたところに、案(思い)に反した、この有様を見て、大変周章(あわてふためく)して逃げ去った。ナポレオンは北(逃)げるのを追ってアッダ河(Adda　アルプス山脈よりコモ湖を経てミラノの東を流れる川で、ローディを通りクレモナの西でポー河に合流)まで来たがここに止まった。

此時「ボナパルテ」又「モデリ」名地ノ「ベルトグ」侯國ト休兵ノ和睦ヲ結ビタリサテ「ヲーステンレイキ」軍ヲ猶追往クベキノ所「ヲーステンレイキ」方ニテハ「アッテ」河ノ橋頭ニ三十箇ノ大砲ヲ連テ之ヲ支ハタリ二百丈ニ餘レル長橋ニ斯ク嚴ク備ヘタレバ中々渡ルベクモ見エザレバ「ボナパルテ」諸將ヲ集テ評議シケレトモ「ベルチール」并ニ其他ノ大將モシ之ヲ渡ラバ我ガ軍鏖シトナルベシ無益也ト一統不同意ナレバ「ボナパルテ」忽チ馬ヲ躍ラシテ何程ノ事カアルベキ某先陣セン繼ゲヤ吾ガ諸友ト橋ニ向ヒ二箇ノ火砲ヲ先ニ立テ之ヲ頻ニ放サセナガラ士卒ヲ勵マシ々、橋ノ中程マデ進ミケリ味方ノ士卒始ハ電光ノ如クナリシガ敵モ力ヲ盡シテ防戰シケル故後ニハ大ニヒルム氣色ニ見エケレバ「ベルチール」之ヲ見テ馬ヲ馳ラセテ繼ゲヤ人々ト先陣ニ進抜ケタレバ「マッセナ」「セルホニ」等ノ諸將モ之ニ續テ打出ケリ是ヨリ吾モ々、ト出ル者多ク遂ニ橋ヲ乘取タリ是レ第五月第十日ニシテ「ポー」河ヲ渡リタル其翌日ノ〔ナリ是ニ於テ「ボナパルテ」[一一三]敵ヲ思フマ、ニ撃破リ「チロル」名地マデ逐ヤリ「ミラー子ン」府ヲ取ル「ボナパルテ」乃チ其土人ニ諭告シケルハ

この時、ナポレオンは、また、モデリ[地名　(Modenaイタリアのエミーリャ=ロマーニャ州にある都市、当時の国名はモデリ公国)]ベルトグ[王侯](Elcole Ⅲ d'Este　モデナ公国王侯　エルコレ三世・デステ 1727-1803)と休戦の和睦を結んだ。さて、オーストリア軍を、なお、追って往くべきところ、オーストリア軍方には、アッダ河の橋頭(橋の先頭)に三十筒の大砲を連ねて(ナポレオン軍の侵攻)を守り防いだ。二百丈

（一丈は約三メートル）約六〇〇メートル以上の長い橋に、このように、厳しく備えておれば、なかなか渡るべき見通し立たないので、ナポレオンは諸将を集めて評議したけれども、ベルチール（フランス軍の将軍ベシェール、Jean-Baptiste Bessieres 1764-1813）並びにその他の大将は、若し、この橋を渡れば我軍は鏖に（みなごろし）なる。無益であると一同は不同意なれば、ナポレオンは忽ち馬を躍（おど）らして「何（どれ）程の事があるものか、俺が先陣を切る。継げや、我が諸友」と、橋に向い二箇の火砲を先に立て、これを頻（しき）りに放させながら兵士を励ましく〵ながら橋の中程まで進んだ。味方の兵士、初めは電光の如くであったが、敵兵も力を尽くして防戦した。故に、その後は大いに怯む気配が見えたので、ベシェール、これを見て馬を馳らして「継けや！人々（皆々の意か）」と先陣に進む出たので、マッセナ（前記）、セルホニ（Serunue 1742-1819 ジャン＝マティウ＝フィリベール セリュリエ、ルイ一六世時代からの軍人 革命軍に加わり一八〇四年には元帥となった）などの将校も、これに続いて撃って出だ。これに依って、我も我もと出る者多く遂に橋を乗っ取った。これは五月一〇日にポー河を渡った、その翌日の事である。（この二日間でナポレオンはポー川とアッテ川を渡り切った）。これに依って、ナポレオンは敵を思うままに撃ち破り、（敵を）チロル［地名］（チロル ドイツ語 Tirol、テイロール 英語 Tyrol オーストリアとイタリアにまたがるアルプス山脈東部の地域。オーストリア側の北チロルと東チロルはチロル州に属し、イタリア側の南チロルはトレンチィーノ＝アルト・アデイジェ特別自治州に属す。ここではイタリア側の南チロルという意味）まで追いやり、ミラノを取った。その土人（住民）に論告した言葉は。

嗟大都ノ人衆今吾ガ師爾ガ國ニ入リ爾ガ都ヲ取ル因テ爾衆ニ告ルニ不易ノ正道ヲ以テス

「ああ、大都の民衆よ。今、私はあなた達の国に入り、あなた達の都を占領した。因って、あなた達民衆に告げる。不易（不変、かわらない）正道（正当な道理）を以って対処する」。

夫レ人ハ各相爲ニ益ヲ施スヿヲ務ムベシ一巳ノ利ヲ求ルヿ勿レ

「それ、人はお互いのために、利益を施す事を務めるべきである。個人の利をのみ求めてはならない」。

神ハ唯一神ナリト意得心誠ニ之ヲ敬テ可ナリ何宗門ナリトモ之ヲ生民第一ノ務ト思フベシ

「神はただ一神であると、意（そのわけ）、心得、誠にこれを敬いて可（よし）である。どんな宗教でもこの事を生民（たみ）の第一の務めと思うべきである」。

拂郎察ノ「ゲメー子ベスト」ハ向後爾等ヲ安全ニセント心ヲ竭ス爾等モ亦自ラ勉テ害ヲ除キステ「ゲメー子ベスト」ノ意ヲ助ケヨ

「フランスのゲベーネベスト（共和国の政府）は、今後、あなた達を安全にしようと心を尽くす。また、あなた達も、自ら勉めて害を除き捨て、ゲベーネベストの意向を助けよ」。

夫レ至善ノ人獨リ衆ノ上タルベシ衆庶ハ能ク相和睦スベシ此レ和睦ハ「フレイヘイド」見前ノ功ナリ故ニ各死ヲ以テ「フレイヘイド」ヲ闕ギ守ルベキ也

「それ、至善（この上ない善）の人、独り民衆の上にあるべきである。衆庶（庶民）は互いに和睦すべきである。これ、和睦はフレイヘイド［前出］（独立、自由）の功益である。故に各人、死を以ってフレイヘイドを闕ぎ守るべきである」。

「ゲメー子ベスト」ヲ能ク立ルトキハ人々安堵メ利益ヲ得ルナリ然レトモ吁諸士凡ソ大事ハ速ニ成ラズ今唯其草創ニアリ只險節良闕及ビ能ヲ以テ大闕ヲ補フノミ

「ゲベーネベスト（共和国の政府）を樹立できる時は、人々は安堵して利益を得ることができる。しかし、ああ、大事は速やかにはできない。今、ただ草創期にある。ただ倹節（倹約）良闕及び能（良知良能か?・）以って大闕を補うのみ」。

意太里亞總國「ボナパルテ」ガ今度ノ勝ニ驚キ是マデ佛郎察ノ企ヲ破ント勇シ徒今ハ大ニ辟易シ擧ナ「ボナパルテ」ニ降ラントシケリ「モーテナ」侯ハ已ニ兵ヲ罷ル〔一一二四〕ノ和議ヲ結ビケリ

イタリアの総国（総ての都市国家は）はナポレオンのこの度の勝利に驚き、これまでフランスの企みを破ろうとして、勇んでいた者たちは、今は大いに辟易して全員一挙してナポレオンに降参した。モデナ侯（この年にベネチアに亡命）は、既に兵を止めて和睦を結んだ。

「ボナパルテ」第五月第廿日ニ其軍士ニ左ノ號令ノ書付ヲ中達シケリ

嗟吾ガ軍士爾等既ニ「アーペン子ン」山ヲ下ルヿ其勢海波ノ如シ我ガ軍ヲ支ル者ハ爾等之ヲ蹴散シ之ヲ逐拂フ「ピーモンド」（地名）ハ「ヲーステンレイキ」國ヲ叛テ我ト和シ「ミラレン」（地名）モ亦吾ガ屬下ニ歸ス是レ一ニ汝ガ功ナリ吾ガ軍「ロムバルデイン」ニ亂入シ旌旗ヲ其國中ニ翻ス是亦汝等ガ功ナリ「パルマ」「モーデナ」ニ國ノ侯其社稷ヲ全クスルヿ爾等ガ恵ニ依ル「ポー」河「チシノ」河「アッタ」河ハ意太里亞國第一ノ要害堅固ノ塲ナリ爾等爰ニ一日モ支ヘラル、ヿ無シテ敵兵ヲ打破リ渡來レリテ右爾等ガ大功既ニ本國ノ喜ヲ增セリ諸ノ都府ニ於テ凱陣ノ大祭アリテ爾等ガ功勳ヲ賞譽ス爾ガ父母妻子共榮樂何如ゾヤ嗟吾ガ軍士爾ガ功大也ト謂ツベシ然レトモ未ダ悉サヾル者アリイザ吾等今一度兵ヲ進メテ敵ヲ殪ン彼ノ拂郎察ノ「ビュルゲルケレイグ」

國中ノ軍ニ「ドルグ」火炮ノ名ヲ放チン者吾ガ使者ヲ殺セシ者「トウロン」ニテ吾等ガ船ヲ焼シ者共ニ今其仇ヲ報ズルノ時至レリ時ナル哉時失フベカラズ「カピトール」羅瑪ノ舊都ヲシテ古ノ形勢ニ復サシメ古此「カピトール」[一―二五]ニ勲功ヲ顯ハセシ將相ノ像ヲ公然トシテ再タビ其地ニ建立シ數百年間汚染セル羅瑪ノ悪俗ヲ一洗シテ善ニ復サンヿ皆汝等ガ手ニ在リ拂郎察國ノ力ニシテ一旦歐羅巴總州ノ太平ヲ致ストキハ拂郎察國天下ニ貴バレ且ツ此六年來失亡セル人民ノ損ヲ償フニ足ル儞等爰ニ於テ本國ニ凱歸シ國人ニ傲ルニ足ル豈勉メザルベケンヤ

ナポレオンは五月二〇日にその軍士に左の号令の書付を申し達した。

「ああ、我軍士、諸君は、既にアーベンネン山(アルプスの山)を下る事、その勢い海波の如く、我軍を妨げる者を、諸君は、これを蹴散らし、これを追い払った。ピーモンド[地名](前記 イタリア北西部ピエモンテ地方、ここではサルデーニィア王国)はオーストリアを叛き我と和睦し、ミラレン[地名](ミラノ)も、また、我が支配下に帰した。これ、偏に諸君の功績である。我が軍はロンバルディン(Lombardia イタリア北部のロンバルディア地方)に攻め入って旌旗(はた、のぼり)をその国中に翻した。これ、また、兵士諸君の功績である。パルマ(Parma エミリア＝ロマーニャ州の都市、パルマ公国)、モデナ(前記、モデナ公国)の二国の候(国王)がその社稷(国家)を全く(安全に)した事は諸君の恩恵による。ポー河、チシノ河(Ticino ティチーノ川 スイス南部からイタリア北西部、ミラノ西部を流れポー川に注ぐ)、アッダ河(前記)はイタリア国第一の要害堅固の場所である。諸君はここで一日も妨げたる事なく、敵兵を撃ち破り(諸河)を渡り来て、右の諸君の大功績は既に本国の喜びを増大した。(フランス国内の)諸都府(都市)に於いて凱陣(勝って軍を引き揚げる)の大祭があって、諸君の功勲を賞譽(ほめる)している。諸君の父母妻子共の、その永楽はどの様なものであるか。ああ、我が軍士、諸君の功績は偉大だと断言すべきである。然れども未だ尽くさざるもの(やり残している事)がある。さあ、我等は今一度兵を進めて敵を倒そう。かのフランスのビュルゲルケレイグ[国中の軍](蘭語 Bijeenbrengen 召集する、集合する。召集兵の意?・)にドルグ[火砲の名](蘭語 Druivepit 葡萄弾)を放った者、我が使者を殺した者、トゥーロンにて我らの船を焼いた者、共に今その仇を報ずる(かえす)時に至った。時なるかな時(まさにその時)を失うべきでない。カピトール[ローマの旧都](Capitolinus 古代ローマの七つの丘の一つ、カピトリヌスのこと。神殿や円形劇場がある)を古代の形勢に復興させて、古代、このカピトリヌスの地に勲功を顕わした将相(将軍や宰相)の像を、公然として再びこの地に建立して、数百年間汚(けがれに)染まったローマの悪俗を一洗(一掃)して、善政を復興させる事は全て諸君の手中にある。フランス国の力によって、一旦、ヨーロッパ全州の太平(平定)を致す時は、フランス国は天下に貴ばれ、且つ、この六年来(フランス革命勃発以来)失われた人民(民衆)の損害を償うに足りる。諸君は爰に於いて、フランス本国に凱旋帰国して国の人々に傲(おご)るに足りる。どうして、(このフランスの大業成就に)努めない事があろうか」。〈「ナポレオン自伝」アンドレ・マルロー編 小宮正弘訳 朝日新聞社一七九六年五月二〇日の項、参照〉

「ボナパルテ」既ニ「ミラー子ン」府ヲ取ルノ後尚再タビ「ヲーステンレイキ」人ヲ逐ヒ往キケリ然ルニ宗旨ニ固執スル文盲ノ徒又ハ自己ノ利ノミヲ主トスル貪欲ノ輩「ボナパルテ」ガ出行セル跡ニテ人民ヲ欺惑シテ拂郎察ノ法ニ背カシム「ロムバルデイン」中ニテ争亂一時ニ蜂起シテ拂郎察ヨリ爰ニ遣シ置ケル將吏ヲ殺ス又「パヒヤ」(地名)ヲ固メシ拂郎察ノ軍勢ニ襲懸リテ之ヲ窘メケリ

ナポレオンは既にミラノを占領したのち、なお、再びオーストリア人を追って行った。然るに、宗旨に固執する文盲の徒、または自己の利益のみを主とする貪欲の輩は、ナポレオンが出て行った後に人民（住民）を欺惑してフランスの法に背かした。ロンバルディア州内にて争乱一時（一斉）に蜂起して、フランスより此処に遣わし置いた將吏を殺した。また、パヒヤ[地名]（パヴィーア Pavia イタリア北部ロンバルディア州のミラノの南でポー川合流間近いティチーノ川畔の都市）を固守していたフランス軍を窘めた。

「ボナパルテ」之ヲ聞テ急ギ「ヲーステンレイキ」ノ敵ヲ打棄テ軍ヲ返シケル「ビナスコ」(地名)ニテ大ニ火砲ヲ打放シテ拂郎察人ヲ拒ミ頗ル血戰ニ及ビシガ遂ニハ拂郎察人其地ヲ乗取テ之ニ放火シ張本人ヲ執テ悉ク之ヲ殺戮シタリ次ニ「パヒヤ」ニテモ尚拂郎察人ヲ支テ入レザリケレバ「ボナパルテ」乃チ「ミラー子ン」ノ「ア、ルツビスコップ」(僧官)ヲ召テ「パヒヤ」ノ反人ニ論告セシメケルハ[一一二六]

ナポレオンはこれを聞いて急ぎオーストリアの敵を打ち棄て（放置して）、軍を引き返した。（反乱軍は）ビナスコ[地名]（Binascoイタリア北部ロンパリデイア州ミラノ県にある町）にて多く火砲を打放してフランス人を拒み、頗る血戦（大変な決戦）に及んだが、遂にはフランス人がその地を乗っ取り、これに放火して張本人を捕らえて悉くこれを殺戮した。次にパヴィーアにても、なお、フランス人を妨げて受け入れなかったので、ナポレオンは、すなわちミラノのア、ルツビスコップ[僧官]（蘭語 Alt Bisschop 僧侶）を招いてパヴィーアの反対する人に論告したことは。

汝等奸人ニ惑ハサレテ自ラ罪ヲ取ル今拂郎察ノ兵ハ此邑人ニ仇スルニ非ズ殘悪法ニ背ク者ヲ誅ス汝等此一晝夜ノ間ニ甲ヲ解テ拂郎察ニ降リ新ニ盟ヲ申スルニ非レバ悉ク汝等ヲ殺戮シ此邑ヲ屠ン汝等其是ヲ熟慮セヨト

「あなた達住民は奸人（心のねじれた人）に惑わされて自ら罪を犯した。今、フランスの兵はこの邑人（村人）に仇（敵対）するのではない。残悪で法に背く者を誅す。あなた達は、この一昼夜の間に甲（武装）を解いてフランスに降参して、新しく同盟を申し出なければ、悉くあなた達を殺戮して、この邑を屠す（村を全滅する）。あなた達は、その事を熟慮せよ」と。

「パヒヤ」人此言ヲ聽カズ「ボナパルテ」夜明テ「パヒヤ」ニ襲ヒカヽリ其前軍ヲ破リタリ然レトモ府中軍衆充満シテ猶防ギ戰ヒケリ此ヨリ前敵拂郎察ノ固メヲ破テ城ヲ乗取リ拂郎察人ヲ俘ニセリ「ボナパルテ」熕軍ヲ前ニ進メ切ニ降參ヲ責ケルニ府人我等此城壁ノアラン間ハ降ルヿヲ肯セズト返答シケリ拂郎察勢無二無三ニ敵ノ陣ヲ衝破リ城門ヲ微塵ニ打壊サタリ此ニ於テ城兵散〻ニナリテ或ハ窖中ニ竄レ或ハ屋上ニ上リ瓦ヲ擲掛ケ〻〻寄手ヲ防ゲドモ寄手物トモセズ城中ニ亂入シタリ「ボナパルテ」宣言シテ吾城ニ近ヅク毎ニ城ニ火ヲカケヨト三度マデ自ラ命ジタリ今一人身ヲ棄テ城ニ火ヲカケ之ヲ焼ク者アラバ吾其墟ニ柱ヲ建テ之ニ署シテ曰ン昔者此地「パヒヤ」府立リト

パヴィーア人はこの言葉を聞かなかったので、ナポレオンは夜明けにパヴィーア軍に襲いかかり、その前衛軍を破った。然れども、（パヴィーアの）市内は軍衆充満して、なお、防戦した。これより以前に敵軍はフランス軍の固守する所を破って城を占領してフランス人を俘（とりこ）にした。ナポレオンは熕軍（砲兵軍）を前に進め、切に降参させんと責めたが、市民（パヴィーア人）は、「我等はこの城壁のある間は降参する事はしない」と返答した。フランス勢は無二無三（しゃにむに）に敵の陣を衝き破り城門を微塵に打ち壊した。これに於いて、敵の城兵は散々になって、或いは窖（あなぐら）の中に竄（かく）れ、或いは屋上に上がり、瓦を擲掛（なげか）け〳〵寄手（攻め手）を防いだが、攻め手は物ともせず城中に乱入した。ナポレオンは宣言して

「吾、城に近づく毎に城に火をかけよ」と三度まで自ら命令した。今、一人身を棄てて城に火をかけ、これを焼く者あれば、吾、その廃墟に柱を立て、これに署して曰く。「昔はこの地にパヴィーア城が立っていた」と。

府ノ「ミュニシパリテイド」[一一七]城主火砲ニテ打殺サレ城再タビ拂郎察ノ手ニ屬ス府人二百人ヲ執ヘテ質トナシテ拂郎察國ニ送ヤリタリ「ボナパルテ」此府人ヲ嚴ク苛責スベキ處左ナクシテ惟其張本人ノミヲ刑ニ處シ其他ハ悉ク容シタリ又府中ノ法官ニ命ヲ下メ府中拂郎察ノ法令ヲ守ルベキ旨ヲ教諭サセ又別ニ其人ニ告ケルハ拂郎察ノ兵ハ寛仁ト勇武トヲ主トス吾ガ命ニ從フ都府ハ之ヲ撫スルヿ子ノ如クニシ從ハザルハ者ハ之ヲ鏖シニスルト

(パヴィーア)市のミュニシパリテイド[城主](英語　Minicipality　自治体、市町村、ここでは城主)は火砲にて打ち殺されて、城は再びフランスの手に属した。市民(パヴィーア人)二百人を捕らえて人質としてフランス本国に送った。ナポレオンはこの市民を厳しく苛責(厳しく責める)すべきところ、そうではなく、ただ、その張本人のみを刑に処し、その他は悉く容赦した。また、市中の法官(裁判官)に命令を下して、市中にフランスの法令を守るべき旨を教え諭とし、また、別にその人(法官)に告げたことは「フランスの兵は寛仁と勇武を主とする。我が命令に従う都市には、これを撫する事(かわいがること)、子の如くにして、従わない者はこれを鏖(みなごろし)にする」と。

今度ノ争亂平デ後ニ「ボナパルテ」其軍陣ニ歸ントテ「ミラー子ン」府ヲ過ギ其城ヲ見物セシニ壁ノ側ニ近ヨリケレバ敵此邊ニ一隊ノ騎兵ヲ伏セ置テ不意ニ躍出テ「ボナパルテ」ヲ取巻キ已ニ危キ處ニ味方ノ騎兵幸ニ其近所ニアリケルガ之ヲ見テ急ニ馳ヨリテ救ヒケリ此時味方ノ騎兵近所ニ在ルヿ無リセバ「ボナパルテ」殆ト俘トナリヌベキニ運ノ強キ大將ナリケリサテ「ボナパルテ」再タビ陣所ニ歸到リ「ヲーステンレイキ」軍ヲ逐テ「ヲグリヲ」河ヲ渉來リ之ヲ「ミンシヲ」河ノ傍ニ撃チ「チロル」地名マデ逐ヤリタリ爰ニ於テ「ヲーステンレイキ」人全ク意太里亞國ヲ逐出サレタリ

この度の争乱を平定して後に、ナポレオンはその軍の陣営に帰ろうとして、ミラン市を過ぎ、その城を見物しようとして壁の側に近寄ったら、敵軍はこの辺りに一隊の騎兵を伏せ置いて(待ち伏せしていて)不意に躍り出て、ナポレオンを取り巻き、既に(既(すんで)の所　もう少しのところ)危うい所(時)に、味方の騎兵が幸いにしてその近くに在ったので、これを見て急に駆け寄って(ナポレオンを)救った。この時、味方の騎兵が近くに居なかったならば、ナポレオンは殆ど俘となったところを運の強い大将であった。さて、ナポレオンは再び陣営に帰着して、オーストリア軍を追ってオグリオ川(Oglio川　イタリア北西部、ロンバルディア州の川)を渡って、これ(オーストリア軍)をミンシオ川(Mincio川　イタリア北部を流れマントヴァの南東でポー川に合流)の傍にて攻撃して、チロル[地名](チロルは前記のようにオーストリアとイタリアにまたがるアルプス山脈東部の地域であるが、ここではイタリア側までの意味)まで追いやった。ここに於いて、オーストリア人は全くイタリア国を追い出された。

爰ニ「ヘ子チヤ」國ノ領地アリケルガ其會治曾テ「ヲーステンレイキ」國ヲ援ケ佛郎察ヲ仇トナシ剰ヘ其國中「ヲーステンレイキ」ニ叛テ拂郎察ノ法令ニ随フ者アレバ悉ク之ヲ捕ヘ或ハ之ヲ殺ス「ボナパルテ」此處ヲ通行スル時ニ先ヅ其會治ニ諭シケルハ〔一一二八〕

ここにベネチア国(Venezia　ヴェネツィア、ヴェニス、ベニス　イタリア北東部の都市でアドリア海の真珠とも言われる観光都市)の領土があるが、その会治(議会)は、かってオーストリアを援けてフランスを仇となし、剰え(そればかりか)、その国中、オーストリアに叛きフランスの法令に随う者があれば、悉くこれを捕らえ、あるいはこれを殺した。ナポレオンはここを通行する時に、先ず、その会治に諭した事は。

歐羅巴ノ最美國意太里亞ヲシテ「ヲーステンレイキ」國ノ虐政ニ免レシメン爲ニ拂郎察國ノ兵

遙々ト山川ヲ跋渉メ爰ニ到レリ天ノ寵靈ニ依テ吾ガ師向フ所克タザルヿナシ今ヤ遠ク逃レテ「ミンシヲ」河ヲ越エタリ吾ガ師北ルヲ逐テ圖ラズモ「ヘ子チヤ」ノ領地ニ至ル吾ガ師豈忘ンヤ「ヘ子チヤ」ト我ト元相親ミ兄弟ノ國タルヿヲ今爰ニ至レル宗門政治風習所領ニイタル迄大切ニ取扱フベシ土人少シモ心ヅカヒスルヿ勿レ又軍令ヲ正シテ非法ヲ禁ズ

「ヨーロッパの最も美しい国イタリアをオーストリア国の虚政（苦しめ虐げる政治）から免れさせるために、ここにフランス兵は遙（はるか）々と山川を跋渉（跋み渡り）して、ここに到った。天の寵靈（天の恵みが垂れて幸せを下す）によって、わが師（ナポレオン）は向かう所、克（勝）たないことはない。（オーストリア軍は）今や遠く逃げてミンシオ川を越えた。わが師は逃げる敵を追って図らずもベネチアの領地に到った。わが師、ああ、忘れない。ベネチアと我（フランス）とは、元は相親しみ兄弟の国であった事を。今、ここに至った。宗門、政治、風習、所領にいたるまで大切に取扱うべきである。土人（住民）は少しも心遣いすることはない。また、軍令（軍隊の規律）を正して非法（略奪行為）を禁止する」。

「マンチェア」已ニ攻ラレテ半死ニナリタレトモ今之ニ用ル火炮ナキ故ニ先ヅ之ヲ棄テ「ボナパルテ」此地ニ留ラズ尚「ヲーステンレイキ」人ヲ逐テ「チロル」マデ來レリ第六月第十五日ニ「チロル」人ニ論シケルハ

（オーストリア軍の）マンチェア　（英語　Mantua伊語　マントヴァMantova　イタリアのロンバルディア州南東部の都市　シェイクスピアの「ロミオとジュリエット」にも書かれている町、以後マントヴァで表記）の要塞は既に攻められて半死の状態となったが、今、マントヴァの要塞の攻撃に用いる火砲がない故に、先ず、これを放棄して、ナポレオンはこの地に留まらず、なお、オーストリア人（軍）を追ってチロルまで来た。（一七九六年）六月一五日にチロル人に諭した事は。

吾ガ拂郎察國ノ大軍遠ク險阻ヲ經テ爰ニ來ルハ是全ク自國ノ私利ヲ求ルニアラズ「ウェー子ン」府（「ヲーステンレイキ」國ノ都）府ヲセメテ歐羅巴全州ノ太平ヲ致ンガ爲也爾等曽テ「ヲーステンレイキ」國ノ爲ニ致役メ苦ムヿ久シ是其國人ノ利ヲ求ルニ非ズ自家一族ノ私欲ヲ逞クスル者ナリ吾ガ軍ハ彼等ト大ニ異ニシテ私利ヲ棄テ廣ク民ヲ救フヲ以テ主トス我ガ師特ニ爾等ガ如キ山野淳樸ノ民ニ惠憐ヲ加フ今此ニ入ル秋毫モ侵サズ汝等宜ク我ヲ客遇スベシ吾モ亦爾ヲ子愛セン爾等若シ異心ヲ挾ミ吾ヲ仇ト爲テ手向ヒセバ其家ヲ焼キ其人ヲ殺シ是マデノ例ニ擬セント

［一―二九］

「我がフランス国の大軍、遠く険阻（けわしい）を経てここ（チロル）に来た事は、これは全く自国の私利を求める事になく、ウェーネン［オーストリア国の都市］（Wean　ウィーンオーストリアの首都、第一次世界大戦まではオーストリア＝ハンガリー帝国の首都で一九世紀後半まではドイツ連邦や神聖ローマ帝国を通じてドイツ民族の帝都でもあった。以後、本書でオーストリアをドイツと表わすこともある)を攻めて、ヨーロッパ全州の太平(平定)を致さんがためである。あなた達はこれまでオーストリア国のために致役(使役)して苦しむ事が長かった。これはその国人(国民)の利益を求めなくて、自家一族(オーストリア王家一族)の私欲を逞しくするものであった。我が軍は彼等とは大いに異なり、私利を棄てて広く住民を救済する事を以って主(基本)とする。わが師は特にあなた達のような山野(いなか)淳樸(淳朴　すなおでかざりけのない)の住民に恵憐(恵み憐み)を加える。今、ここに入る秋毫(いささか　わずか)も侵さない。あなた達住民は宜しく私を客遇(客として迎えもてなす)すべきである。私もあなた達住民を子供のように愛する。あなた達住民が、若し異心(謀叛心)を挟み私を仇として手向かいすれば、その家を焼き、その人を殺し、これまでの例に擬(似せる)せる」と。

「ボナパルテ」是等ノ山谷ノ一地ヲ伐ツニハ大軍ヲ煩スニ及バズトテ其中僅ノ勢ヲ撰テ「ボルグナ」及ビ「ヘルラ、」等ノ法皇ノ領ヲ攻テ之ヲ抜キ其地ノ政令ヲ改革シテ悉ク古代ノ法ニ復セシム又「ヘルラ、」ニテ法皇家ノ軍士四百人ヲ俘ニセシカドモ是只宗門ヲ固執スルヨリシテ法徒ニ屬シタルナレバ深ク尤ルニ及バズトテ悉ク之ヲ容シヤリタリ

ナポレオンはこれ等の山野の一地方を伐つには大軍を煩わすには及ばないとして、その中からわずかの

軍勢を選んでボルグナ(地名 Bologna ボローニャ イタリア北部のエミリア=ロマーニャ州の州都、ボローニャ県の県都)及びヘルララ(地名 Ferrara フェラーラ イタリア北部のエミリア=ロマーニャ州のフェラーラ県の県都)等の法皇の領地を攻めて、この地を抜けて(平定して)、その地の政令を改革して、悉く古代の法に復(もど)させた。また、フェラーラにて法皇家の軍士四百人を俘にしたけれども、是は只、宗門を固執するよりして、法徒に属しただけで、深く尤(とがめ)るには及ばないとして、悉くこれを容赦してやった。

「ボナパルテ」此諸地ヲ平ゲテ遂ニ羅瑪ノ都ニ到ル「パウス」法皇之ヲキ聞テ大ニ懼レ急ニ和睦ヲ乞ハシム「ナポリ」國王モ和睦ヲ乞フ

ナポレオンはこの諸々の地を平定してローマの都に到った。パウス[法皇](Pius Ⅵ 1717-1799 ピウス六世)これを聞いて大いに懼(おそ)れ急に和睦を乞い、ナポリ国王(Ferdinando Ⅳ 1751-1825フェルディナンド四世)も和睦を乞うた。

然ルニ意太里亞國内尚愚昧ニメ宗旨ニ迷ヒ又ハ貪佞ノ徒アリテ「ボナパルテ」ニ服セズ拂郎察軍ニ敵對セント謀ル「ケニュア」「トスカー子ン」「ピーモント」等ト界ヲ接スル帝屬ノ「レーンランデン」國貸ニ於テ爭亂再タビ蜂起シケレバ「ボナパルテ」乃チ兵ヲ差向ケテ之ヲ平ゲシメ次ニ左ノ令ヲ下ス

しかし、イタリア国内は、尚も愚昧（愚かで道理を守らない）にして宗旨に迷い、また、貪佞（どんねい？）（むさぼりへつらう）の者たちがあって、ナポレオンに服従（降服）しないで、フランス軍に敵対しようと謀るケニュア（ジェノヴァ）、トスカーナ（Toscana　イタリア中部の州、州都は中世イタリア・ルネッサンスの中心となったフィレンツェ）、ピエモンテ等と境界を接する帝属（皇帝、国王の属領の意か？・）のレーンランデン（蘭語　leen貸すとland国の意味か）［貸国］に於いて、争乱軍は再び蜂起したので、ナポレオンは忽ち兵を差し向けて、これを平定して次に左様の令を下した。

［一―三〇］
帝屬ノ「レーンランデン」ノ人民等吾ガ盟約ニ背テ我ニ敵シ拂郎察ノ兵士ヲ餘多殺シ又「アルクワタ」ニ置ル拂郎察ノ軍卒ヲ囚フ重々不屆ノ至リナリトイヘドモ其國主ノ催促ニ應ズル所ナレバ是全ク爾等ガ罪ニ非ズ爾等ガ國主ニ勸テ叛逆セシメシ輩コソ罪逃ルベキ所ナケレ一々探索テ其罪ヲ糾明シ彼等過ヲ改テ吾ニ服従スルニ非レバ吾「ア（ル）クワダ」ニ於テ見セシ如ク手並ヲ行ハント

「帝属のレーンランデンの住民達、我が盟約に背き、我に敵してフランスの兵士を数多く殺し、また、アルクワタ（地名　イタリア北部のガルダ湖近くの町）に置いているフランスの軍卒を囚える（捕縛するの意か）大変不届き至極の事であったといえども、その国主（国王）の催促（煩くせがむ）に応じての事なれば、これ、全くあなた達の罪ではない。あなた達の国主に勧めて反逆させた輩こそ罪を逃れるものではないが、いちいち探索してその罪を糾明して彼等の過ちを改めて私に服従しなければ、私はアルグワダに於いて見せたような手並み（手腕　方法）を行なう」と。〈「ナポレオン自伝」朝日新聞社（一七九六年五月二五日の項）参照〉

土人此令ヲ聞テ大ニ恐レ惶キ「ボナパルテ」ニ降参シ申子テ盟約ヲ結バントゾ議シケル

住民はこの令を聞いて大変恐れ惶き（恐れて震え上がり）ナポレオンに降参して、申し出て盟約を結ぼうと協議した。

ボナパルテ」此騒劇ノ間モ文學術藝ノ事ニ意ヲ用ルヿヲ忘レズ「ミラー子ン」「パヒヤ」二都ノ官長等ニ命メ國黌ヲ再建セシメ特ニ「パヒヤ」ノ「ユニヘルシテイト」大學校ニハ教授會讀ノ廢レタルヲ復興シテ古代ノ如ク盛ナラシメ又意太里亞ノ諸地ヲ捜索メ古書并ニ機巧ノ珍器等空ク文盲無智ノ輩ノ玩物タルヲ取出サシム此頃「ミラー子ン」ニ高名ノ天學士アリ其名ヲ「ヲリアニ」ト云フ「ボナパルテ」書ヲ作テ之ニ與テ曰ク

ナポレオンはこの騒動の間にも文学、芸術の事にも関わる事を忘れず、ミラノ、パヴィーアの二都の長官に命じて国黌(国立学校)を再建させて、特にパヴィーアのユニヘルシテイト[大学校](蘭語 universiteit 総合大学)の教授会読の廃止されていた事を復興して、古代のように盛んにならせ、また、イタリアの各地を古書並びに技巧の珍器が空しく文盲無智の人達の玩物となっている物を探し出さした。この頃、ミランに高名な天文学者が在り、その名をオリアニ(Barnaba Oriani バルナバス・オリアニ 天文学者)といった。ナポレオンは書簡を書いてこれを与えて言った。

卷一

夫レ學文ト術藝トハ人ノ智ヲ増シ人ノ生ヲ助ケ又利ヲ後世ニ遺ス吾ガ佛郎察國當今ノ政藝材アル人ヲ尊敬ス「ミラー子ン」ノ風ヲ察スルニ然ラズ今ヨリ拂郎察ノ領トナレバ都テ前時ト[一―三二]相異ナリ學藝アル人隱伏スルヿナシ學士等宜ク自ラ研精シテ以テ國家ノ大經ヲ裨ルヿヲ勉ムベシ又學士拂郎察ノ本國ニ居ヲ移スモノハ特ニ尊榮ヲ得ン拂郎察ニテハ一ノ藝材ヲ得ルヿ一國ヲ獲ルヨリ貴重ス咨乎「ヲリアニ」此意ヲ以テ普ク國中ノ學社中ニ告知シラシメヨ

「それ、学問と芸術とは人の智を増し人の生を助け、また、利(効用)を後世に遺す。我がフランス国の現在の政府は芸材(学識芸術才能か?)のある人を尊敬する。ミラノの風(風土・情況)を察するにそうではない。今よりフランスの領土となれば、すべて、以前とは異なり学芸ある人が隠伏(隠れ潜む)

する事はない。学士（学者）達は自らよく研精して、以って国家の大径（大きなすじみち）を裨る事に勤めるべきである。また、学者でフランスの本国に移住すろ者は特に尊栄を得る。フランスに於いては、偏に芸材を得る事は一国を護るより貴重とする。咨や（相談です）、オリアニ様、この趣意を広く国中の学社中（学者仲間）に告知して下さい」。

此時「ボナパルテ」ノ母ハ「トウロン」島ニ在リ「ボナパルテ」ノ舎弟モ母ニ随テ此處ニ住居シ商估ヲ以テ業トス拂郎察軍大ニ勝利アルヲ聞クヤ急ギ意太里亞ノ陣處ニ赴キ其伯父「コムミサリス」名官「サリセッチ」名ニヨリテ一ノ貴官トナル「ボナパルテ」聞テ舎弟ヲ招テ爾資用ニ乏キガ爲ニ官ヲ求メタリヤ資用乏クバ吾我ガ錄ノ半ヲ分ケ爾ニ與ン爾疾ク々、官ヲ辭メ故郷ニ歸リ故トノ商估ノ業ニ就ケ反テ天ニ助ヲ得ベシ吾ガ一族ヲ以テノ故ニ貴官ヲ得タリト云フノ譏ヲ受ンヿ口惜キ次第ナリト慇懃ニ教諭シ又伯父「サリセッチ」ニ嚴ク申談ジ速ニ余ガ弟ノ官ヲ奪テ他人ニ與ヘ渠ヲバ「トウロン」ニ歸シ遣スベシト有リケレバ伯父已ムヿヲ得ズ「ボナパルテ」ガ命ニ従ヒ舎弟ノ官ヲ召離シ意太里亞ヲ去ラシム舎弟官ヲ取ラレテ意太里亞ニ止ルヿヲ得ズ然レトモ「トウロン」ニ歸ルヿヲ欲セズ此ニ於テ拂郎察ノ都「パレイス」ニ赴キ「ミニステル」名官〔一一三二〕ニ依テ再タビ貴官ニ就ク「ボナパルテ」之ヲ聞テ書ヲ以テ「ミニステル」ニ命ジ舎弟ガ官ヲ取上ゲ「トウロン」ニ歸ラシムこの時、ナポレオンの母はトゥーロンにいた。ナポレオンの弟(Louis Bonaparte 1778-1846)も母に随って一緒にここに住んで、商估(商売)を以って生業としていた。(弟は)フランス軍が大いに勝利した事を聞いて、急ぎイタリアの陣営に赴き、その伯父コムミサリス[官名](蘭語 commissaris 長官)サリセッチ[名](アントワーヌ・クリストフ・サリセティ 1757-1808コルシカ島出身で、ナポレオンをトゥーロンの戦いに参軍させ、ロベスピエールの弟に紹介して、功績を挙げさせたが、ロベスピエール失脚後は前述のように、ナポレオンをロベスピエール派として疑獄にかけた張本人で、ナポレオン自身は彼をあまり信用していなかった。彼がナポレオンの伯父であると本書には書かれているが他の本ではあまり書かれていない。スタンダールのナポレオン伝では霜月一八日のクーデターでは反ナポレオンであったが、ナポレオンは深く追求しないで、政治的宣伝や外交交渉に彼を利用したとある)によって一貴官(官吏、軍人 ここでは軍人)となった。ナポレオンはこれを聞いて、弟を招いて、「お前は資用(生活費か?)に苦しいが為に仕官したのか、生活が苦しければ、我が俸禄を半分してお前に与える。お前は疾く々ゝ(今すぐに)仕官を辞めて故郷に帰り、もとの商店の生業に就け。反対に、天に助け(天職)を得るべきである。我が一族の縁で以っての故に貴官を得たという譏(そしり)を受ける事は口惜しい次第である」と慇懃(いんぎん)(丁寧)に教諭して、また、伯父サリセティに厳しく申し談じて「速やかに自分の弟の官職を解任して他人に与え、渠(彼)をトゥーロンに返し遣わすべきである」との事であったので、伯父は止むを得ず、ナポレオンの命令に従い弟を解任してイタリアを去らした。弟は官職を解任されてイタリアに止まる事は出来なかった。しかし、弟はトゥーロンに帰る事を望まず、ここにおいて、フランスの都パリに赴き、ミニステル[官名]（蘭語 minister 大臣、書記官）に依り再び貴官に就いた。ナポレオンはこれを聞いて書簡でミニステルに命じて弟の官職を取り上げトゥーロンに帰らした。

「ボナパルテ」ハ意太里亞國中ノ諸王侯ヲ攻メ之ヲ降シ獨「マンチェア」ノ城未ダ落ザリケレバ拂郎察勢力ヲ極テ攻立ケリ時ニ「ヲーステンレイキ」國ノ大將「ウルムセル」ハ大軍ヲ引率メ「チロル」ニ至リ「マンチェア」ヲ救フ「ボナパルテ」前ニハ「ウルムセル」ガ大軍後ニハ「コスダノセク」ガ軍前後ニ敵ヲ受ケ且ツ拂郎察勢ハ「ヲーステンレイキ」軍ノ半ニモ相當ラヌ小勢ナレバ「ボナパルテ」一ト先ヅ圍ヲ解テ退キヌ是ニ於テ「ウルムセル」ハ「マンチェア」ノ城ニ入リケレバ善キ折ナリトテ「ボナパルテ」急ニ「コスダノセク」ガ軍ヲ擊テ散々ニ打破ル然レトモ「ウルムセル」ガ大軍近キニアレバ襲來ルニ違ヒナシトテ其諸軍ヲ一處ニ呼集メ其身ハ味方ノ兵ノ楯籠テ在ケル「ロナド」ノ城ニ衝入テ其城兵ヲ引分テ已ガ旗下ニ集ントセシガ敵方ノ使者モ同時ニ「ロナド」ニ來テ城主ニ降參ヲ勸メケリ此寄手ノ敵兵ハ四千人ニ餘リ城兵ハ僅ニ千二百人ニ過ギザレバ城中大ニ危懼シ已ニ降參ヲ許諾セントシケルニ「ボナパルテ」[一一三三]味方必勝ノ機ヲ察知シテ少シモ畏レズ敵方ノ使者ヲ前ニ召ビ出シ爾還テヨク爾ガ大將ニ語レ爾ガ拂郎察軍ヲ嘲弄セントスルトモ「ボナパルテ」斯ニ在リ爾ガ將士擧ナ我ガ擒トナスベシ爾等暫時ニ甲ヲ脫ギ兵ヲ投ジテ吾ニ

降ラバ爾等ガ命ヲ助クベシ若シ少シニテモ手向ヒセバ爾等鏖シトナルベシト云テ側ニ侍リケル将校ヲ呼テ汝起テ使者ノ眼ヲ披キヤルベシトテ再タビ使者ニ言フ様使者爾ヨク拂郎察ノ總督ノ顔ヲ見知テ還テ爾ガ大將ニ語レ吾程ナク爾等ヲ擒ニスベシト敵ノ使者此有様ヲ見テ大ニ驚テ巳ガ軍ニ立歸リケリ

ナポレオンはイタリア国内の諸王侯を攻めこれを降参させたが、一ヶ所だけマントヴァ（前記）の城のみ、未だ落城しなければ、フランスの勢力を極めて攻め立てた時にオーストリア国の大将ウルムセル（人名　ダゴベルト・ウェルムザー　Dagobert Wurmser　1724-1797）は大軍を引率して、チロルに至りマントヴァを救った。ナポレオンは、前にはウェルムザーの大軍、後にはコスダノセク（人名ペーター・ガスタノヴィッチ　Peier Quasdanovich　1738-1802）の軍、前後に敵軍を受け、且つ、フランス軍はオーストリア軍の半分にも相当しない小勢なれば、ナポレオンは、一先ず、囲みを解いて退いた。これに於いて、ウェルムザーはマントヴァの城に入ったので、これを好機と考えてガスタノヴィッチ軍を攻撃して散々に打ち破った。しかし、ウェルムザーの大軍は近くにあったので、襲い来るに違いないと考えて、諸軍を一ヶ所に呼び集めて、ナポレオン自身は味方の兵の楯籠っているロナド（地名　Lonato　ミラノの近くの町）の城に衝入して、その城の兵を引き分けて、己の旗の下に集めようとしたが、敵方の使者も同時にロナドに来て城主に降参を勧めた。この攻め手の敵兵は四千人余り、城の兵はわずかに二千二百人に過ぎないので、城中は大いに危懼して、既に降参を許諾しようとしたが、ナポレオンは味方が必勝の機会を察知して少しも恐れず、敵方の使者を前に呼び出して、「あなたは帰ってあなたの大将に語れ。あなたがフランス軍を嘲弄（ばかにする）しても、ナポレオン、ここに有り。あなたの将士全て我が擒をなるべき。あなた達は直ぐに甲を脱ぎ（武器を捨て）兵を投降させれば、あなた達の命は助ける。もし少しでも手向かいすれば、あなた達は皆殺しにする」と言って、側に控えていた将校を呼んで、「諸君で使者の眼を抜くべし（目隠しを抜く）」とした。そして、再び、使者に言うようは「使者、あなたはよくフランスの総督の顔を見覚えて、帰ってあなたの大将に語れ。私はほどなくあなた達を擒にする」と。敵の使者、この有様を見て大いに驚き己の軍に立ち返った。

夫ヨリ両軍處々ニテ合戦アリケルニ「ヲーステンレイキ」方ハ凡テ利アラズ「ボナパルテ」此日ノ午後ニ再タビ其兵ヲ分チテ數隊トナシ之ヲ處々ニ方々ニ配賦メ陣ヲ取ラシメ以テ多勢ノ狀ヲ示ス敵之ヲ實ナリト心得テ使ヲ遣メ切ニ和睦ヲ請ハシメ且ツ「ボナパルテ」ト直談シテ盟誓セシ後ニ「マンチェア」ノ城ヲモ明ケ渡スベシト申越シケリ「ボナパルテ」承引セズメ否々吾爾ガ大將ヲ擒ニセザレバ飽カズトテ急ニ投石ト火砲トヲ夥シク放タシメテ敵將ヲ目ガケテ襲カヽラシム敵將大音ヲ揚テ我等擧ナ降ルベシ宥シ玉ヘト呼ハリケリ是第八月第四日ノ亅ナリ其翌第五日ニハ「ボナパルテ」敵將「ウルムセル」ト對陣ス此時「ウルムセル」ガ陣所ハ味方襲フニ甚不便

利ノ塲所ナレバ「ボナパルテ」敵ヲ詒テ誘寄スル計ヲ設テ先ヅ敗走スル體ヲ示ス敵虚敗ナリトハ露知ラズ實ニ已勝チタリト大ニ喜ビ大將「ウルムセル」ソノ軍ノ右翼ヲ進メテ味方ニ衝カ、ラントス「ボナパルテ」兼テ敵ノ左翼ノ押ヘトシテ差向ケ置ケル一隊ノ軍ニ示シアハセテ右翼ノ後詰ヲ定メオキケルガ敵ノ右翼程ヨキ處マデ進ミキタリ後詰ノ兵モ示合セシ塲所ニイタルヤ否ヤ「ボナパルテ」急ニ敵ノ右翼ヲ撃ツ後詰ノ兵又其後ニ回リテ前後ヨリ夾ミ撃テ大ニ之ヲ破リ遂ニ「ウルムセル」ヲ走ラシメテ「ミンシヲ」河ノ外ニ逐ヤリ其他ノ將士ヲ餘多擒ニシ尚ソノ殘兵ヲ「チロル」ノ山ニ迫リテ之ヲ撃チ終ニ「マンチェア」城ヲトリテ拂郎察ノ領ト爲ス「ボナパルテ」命ヲ將士ニ下シテ曰ク爾等今度ニタビ意太里亞ヲ奪ヘリ五日ノウチニ兩度戰ヒ五度敵ノ襲撃ニ克タリ虜一萬五千人火砲ヲ取ルコト八十火藥車ヲ取ルコト百旗ヲ取ルコト五先キニ「ローデ」「ロナト」ニ「カスチグリオ子」等ニオキテ克タル軍士ハ今度ノ役ニ比スレバタヾニ襲撃チノ小技ヲノミ致シタリト謂ツベシ今度爾等「マラタン」及ビ「プラター」[共ニ地名]ノ日[原語「ダーヘン」]ニ[蓋シ故事]續クコトヲ爲シタリ其上意太里亞ニ在る軍ノ「ブリガーデ」[陣隊ノ名]ハ古ヘ「ギリッシヤ」ノ勇猛ナル軍勢ノゴトク萬代ニ稱セラレテ不朽ノ譽レヲ受クベシト云リ

那波列翁勃納把爾的傳巻一終

それより両軍処々に合戦があったが、オーストリア軍は全てに於いて有利でなく、ナポレオンは、その

日の午後に再び、兵を数隊に分けて、これを処々方々に配賦(はいふ)(わりあてる)して陣を取らして、以って多数の状況を示した。敵はこれを実と心得て(本当と勘違いして)、使者を遣わして切に和睦を請いた。かつ、「ナポレオンと直談して盟誓した後に、マントヴァの城を明け渡す」と申し出て来た。ナポレオンはこれを承引(承諾)しないで「いや、吾、お前の大将を擒にしなければ飽き足らない」として、急に投石と火砲を夥(おびただ)しく放たせて、敵将を目がけて襲いかからせた。敵将大音(大声)をあげて、「我等挙げて(われら全員)降参する。許し下さい」と呼ばわった(大声で叫んだ)。これは、(一七九六年)八月四日のことであった。その翌日，五日には敵将ウェルムザーと対陣した。この時、ウェルムザーは味方(フランス軍)が襲うには甚だ不便な場所にあったので、ナポレオンは敵を欺き、誘い寄せる計略を設けて、まず、敗走する体(体制)を示した。敵はこれを虚敗であるとは露知らず、実際に既に勝ったと大いに喜び、大将ウェルムザーはその軍の右翼を進軍させて、味方に衝きかからんとした。ナポレオンはかねてより敵の左翼の押さえんとして差し向けて置いた一隊の軍に示し合わせて、右翼の後詰めを定めて置いたが、敵の右翼は程良い所まで進軍して来た。後詰めの兵も示し合わせた場所に至るや否や、ナポレオンは急に敵の右翼を撃った。後詰め兵も、また、その後ろに回りて前後より挟み撃ちにして大いにこれを破り、遂にウェルムザーを敗走させて、ミンシオ川の外(北か?・)に追いやり、その他の将士も多く擒にして、なお、その残兵をチロルの山に迫らせてこれを撃ち、ついにマントヴァ城を取ってフランス領とした。ナポレオンは命を将士に下して言った。「諸君は、この度、再びイタリアを奪った。五日のうちに両度戦い五度の敵の襲撃に勝った。捕虜一万五千人、火砲を取る事八十、火薬車を取る事百、旗を取る事五、さきに、ロジ、ロナド、カルチグリオネ(地名 カスティリオーネ・デッレ・スティヴィエーレ Castiglione delle Stiviere ロンバルディア州マントヴァ県にあるマントヴァとブレシアの間、ガルダ湖の南西にある都市)に於いて勝った軍士はこの度の戦いに比べれば、ただ、襲い撃つの小技のみを致したというべきであった。この度、諸君はマラタン(ギリシャ戦記 マラタン Marathon の戦い。マラソンの語源となった戦い)及びプラター(ギリシャ戦記 プラタイア Plataea の戦い)[共に地名]の日(時)[原語「ターヘン」(蘭語 Toen その時)]に[蓋し故事]続く事を成した。その上、イタリアにある軍のブリガーデ[軍隊の名](前記 旅団)は古代のギリシャの勇猛な軍勢の如く万代に称賛せられて、不朽の誉を受けるべきと言える」。

ナポレオンボナパルテ伝巻一終り

〈「小関三英」半谷二郎著　旺史社　(ナポレオン・ボナパルテ伝 巻一の項)参照〉

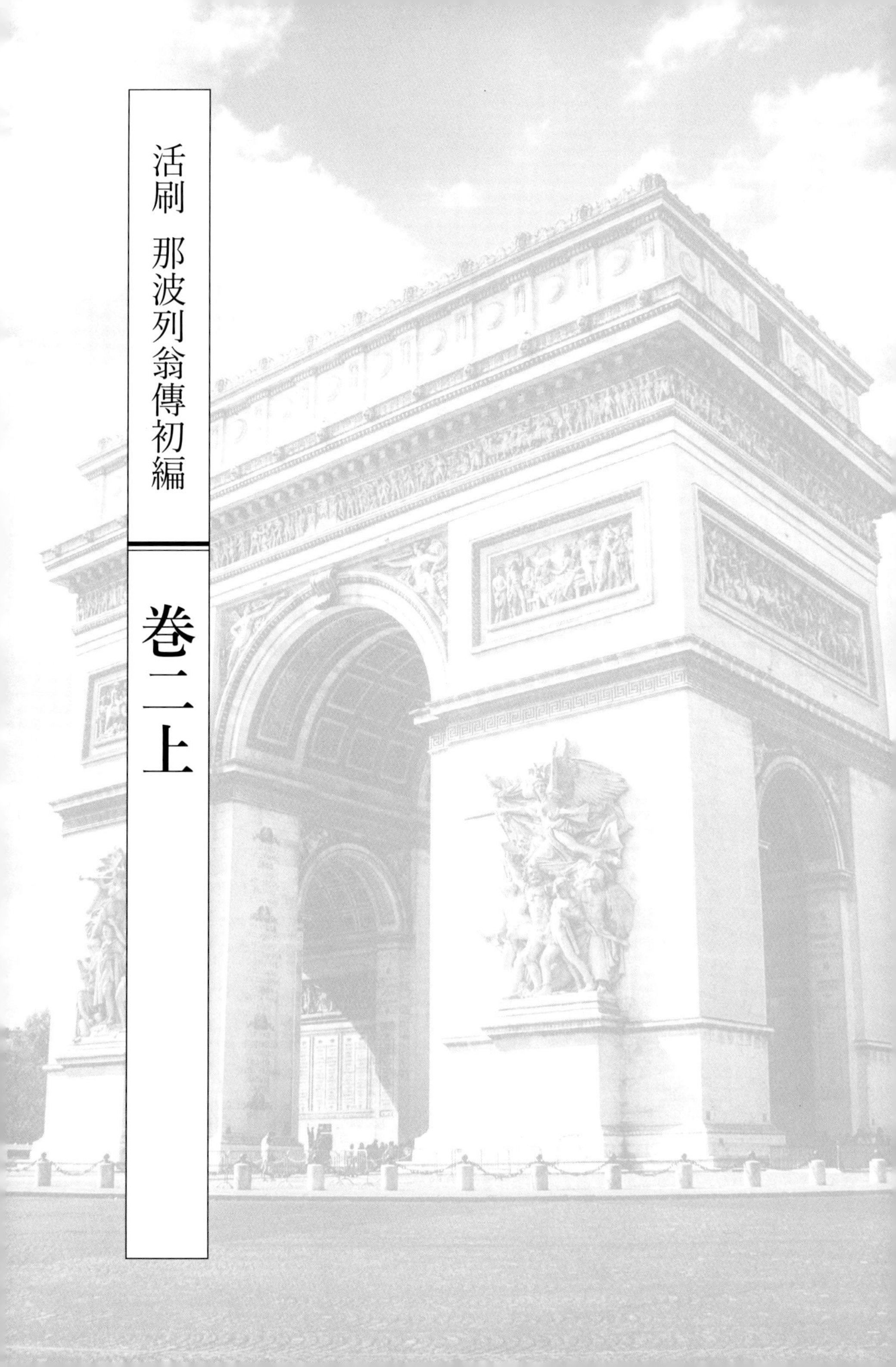

活刷　那波列翁傳初編

巻二上

巻二上

［二―一］
那波烈翁勃納把爾的傳二

サテモ「ヲーステンレイキ」ニテハ再タビ「マンチェア」ヲ奪ヒ意太里亞ヲ取返シ不羈獨立ニ復セントテ其内國并ニ處々ヨリ兵士ヲ催メ拂郎察ノ軍ヲ撃ントト要シ敵將「ウルムセル」專ラ其用意ヲゾ爲シタリケル「ナポレヲン」再タビ軍令狀ヲ「テイロル」人ニ下シタル其辭ニ曰ク

ナポレオンポナパルテ伝巻二

それでもやはり、オーストリア軍は、再びマントヴァを奪還してイタリアを取り返してフランスからの不羈独立（束縛されない独立）の国に戻そうとして、その国内並びに他の所々より兵士を催(もよお)（人を集める）してフランス軍を攻撃しようと、敵将ウェルムザーは用意専念した。ナポレオンは再び軍の令状をテイロル（前記、チロル）人に下した言葉で云った。

爾等拂郎察軍ノ爾等ノ保護タランヿヲ求ム實ニ當然タリ爾等ノ中善者多クシテ拂郎察ニ敵抗スル徒至テ少ケレバ奴等ヲヒドキ目ニ逢セヨヤ奴等ハ已等ガ本國ヲシテ軍ノ餌ニ爲サシメントト求ル者也拂郎察軍ノ猛威ハ當今旺盛ヲ極メ敢テ當ルベケラズ「ヲーステンレイキ」帝ノ執政等ハ皆英吉利亞ノ金ヲ取テ彼ニ内通スル者也嗚呼此不幸ノ帝一歩モ行クヿ能ハズ行ケバ則チ蹟クナリ［威ナキヲ云フ］爾等靜平ヲ好ム拂郎察ノ戰ハ專ラ靜平ノ爲ナリ我等今爾等ノ地ニ攻入ルモノハ

「ウェー子ン」府ヲシテ歐羅巴ノ荒廃ヲ憐ミ且ツ諸氏ノ嘆キ聽入レシメンガ爲ナリ我等吾ガ地ヲ廣ル爲ニ來ルニ非ズ天「レイン」河ト「アルペン」山ヲ以テ吾ガ國ト此地トヲ界スルヿ猶「テイロル」ノ「ヲーステンレイキ」ト意太里亞トノ界ヲ爲スガ如シ嗚呼「テイロル」人爾等（［二一二］）前ニ何如様ノ振舞ヲ爲ストモ今ハ改テ兎テモ防守フレズ旗ヲ棄テ我ニ敵スナ我等戰陣ニ於テハオソロシケレトモ吾ヲ善ク遇スル者ニハ朋友ノ如クシ我ニ降リ命ヲ聽ク者ハ宗門風俗所欲其儘ニスベシ我ガ命ニ叛ク者ハ其家ヲ焼キ其人ヲ俘ニスベシト

「あなた達住民（チロル人）へ、フランス軍のあなた達の保護（守る）をしようと求める事は実に当然である。あなた達の中に善き者が多くして、フランスに敵対抵抗する徒は至って少ないので、奴等を酷い目に逢わせようではないか。奴等は己らが本国として軍の餌食にさせようと求める者である。フランス軍の猛威は、今まさに旺盛を極めているので、敢えて敵対するべきでない。オーストリアの帝の執政官等は、皆、イギリスの賄賂を受け取ってイギリスに内通する者である。嗚呼、この不幸な帝は一歩も行く（行動する）ことができない。行けば（行動すれば）即ち躓く。［威力がない］（何もすることができない）。あなた達は静平（静かにして平和）を好むフランス軍の戦いは専ら静平のためである。我等（フランス軍）が、今、あなた達の地に攻め入ったのは（オーストリア）ウィーン政府によるヨーロッパ諸国の荒廃を憐み、諸氏（諸国民）の嘆きを聞き入れるためである。我等はわが国土を広めるために来たのではない。天川レイン川(蘭語 Rejn ドイツ語 Rhein 英語 Rhine ライン川 スイスアルプスのトーマ湖を源流としボーデン湖に入り、ドイツ、フランスの国境を流れ、ドイツのボン、ケルンなどを通過して、オランダのロッテルダム付近で北海に流れる)とアルプス山脈を以って我国(フランス)とこの地との界(国境)とする事は、猶、チロルがオーストリアとイタリアとの界と為すが如く(同様)である。嗚呼、チロル人、あなた達が以前にどのような振舞い(戦い)ができたとしても、今は改めてとても防ぎ守れない。旗を棄てて(降旗して)、フランス軍には敵対するな。我が軍は戦場に於いては恐ろしいけれども、我が軍に善遇する者には朋友のようにする。我が軍に投降して命令を聞けば、宗門、風俗、所欲(所有か?)はその儘にする。我が軍の命令に叛く者はその家を焼き、その人を俘(とりこ)にする」と。

千七百九十六年第九月ノ初ニ「ナポレヲン」「デイロル」ニ亂入シ第四日敵味方两軍相對陣ス「ヲーステンレイキ」ノ一「ヂヒシー」(陣隊ノ名)「マルコ」ノ狭道ヲ支ヘ一「ヂヒシー」ハ「エットス」河ノ向ニ於テ「モリ」ニ砦ヲ構テ陣シタリ拂郎察ノ輕歩卒ハ「マルコ」ノ左ノ高處ニ陣メ敵トセリ合ヒ勝負決セス今一ノ拂郎察ノ「ヂヒシー」ハ「モリ」ノ砦ニアル敵ニ襲ヒカヽル其戰一時許リ烈ク取合ヒセシガ敵遂ニ砦ヲ引去テ「ロヘルド」マデ退キヌ拂郎察軍無二無三ニ「ロヘルド」府ニ押コミタリ敵諸所ノ要地ヲ固メサセテ「ロヘルド」府ヲ落テ難ナク「テレンテ」ニ遁レタリ拂郎察軍尚ホ敵ヲ休マセズ「テレンテ」ヲ伐取テ爰ニ入リケレバ敵將「バッサノ」ニ遁レケルヲ再タビ撃タリ此

時拂郎察軍二十里ノ道ヲ二日ニ押テ敵ヲ追ヒケレバ敵軍散々ニ敗北シタリケリ

一七九六年九月の初めにチロルに乱（攻め）入り、四日には敵味方の両軍が対陣した。オーストリアの一ヂヒシー[陣隊の名]（前記、師団）はマルコ（地名 Marco マルコ イタリアのトレンティーノ＝アルト・アディジュ州トレント県の町　アディジェ川を挟んで東にマルコ、西にモーリがある）の狭い道を防衛して、一ヂヒシー（師団）はエットス川（河川名 蘭語Etsch 伊語 Adige アディジェ川、スイス・オーストリア国境に源流を発し、南下してポー川に沿って東流してアドリア海に注ぐ。エッチェ川とも云う。以後アディジェ川と訳す）の向うのモリ（地名 Mori モーリ イタリアのトレンティーノ＝アルト・アディジュ州トレント県の町）に砦を構えて対陣した。フランスの軽歩卒（身軽な兵士、歩兵）はマルコの左の高い処に陣をして敵と競り合ったが勝敗は決しなかった。今一つのフランスの師団はモーリの砦にある敵に襲い掛かった。この戦いは一時間ばかりは烈しく争ったが、敵は遂に砦を引き去ってロヘルド（地名 Robereto　ロヴェレート イタリアのトレンティーノ＝アルト・アディジュ州トレント県の町）まで退去した。フランス軍は遮二無二にロヴェレート市中に攻め込んだ。敵は諸所の要地を固守させてロヴェレートを放棄して難なくテレンテ（地名 Trento トレント。イタリアのトレンティーノ＝アルト・アディジュ州トレント県の県都、ガルダ湖の北東）に遁（のが）れた。フランス軍は尚も敵を休まず攻めてトレントを伐取り（攻め取り）ここに入ったら、敵将はバッサノ（地名 Bassano バッサーノ　イタリアのヴェネト州ヴェチェンツァの町、トレントの南東ブレンタ川の沿岸）に遁れたが、フランス軍は再び敵を攻撃した。この時、フランス軍は二十里の道を二日間に押して（無理して）敵を追ったので、オーストリア軍は散々に敗北した。〈前掲「ナポレオン自伝」一七九六年九月七日の項参照〉

○第八日ニ「バッサノ」ニ於テ戰アリ朝ノ七時ニ已ニ戰ヒ始レリ敵初ハ場所モヨク諸將ノ勇氣ニ依テ利アリシガ後ニハ拂郎察ノ猛勢ニカナヒ難クメ敗走セリ其時拂郎察勢四方ヨリ城ニ押寄セ敵「ブレンダ」河ノ橋ニ火砲ヲ設ケシヲ暫時ニ打破リ火砲ヲ奪ヒ橋ヲ乗取テ城ニ押入リ尚敵ノ北ルヲ逐ハシメタリ「ナポレヲン」此時自ラ記メ曰ク六日ノ中ニ吾二度戰ヒ四度襲擊タリ旗ヲ取ルコ二十一虜一萬六千人其間荊楚道無キ難所四十五里ノ拂郎察程ヲ跋渉シ火砲ヲ取ルコ七十ト[二―三]

○八日にバッサーノに於いて戦いがあった。朝の七時に戦いは既にはじまった。敵軍は、最初は場所も好く、敵の諸将の勇気に依って有利であったが、後にはフランス軍の猛勢に敵わないで敗走した。この時、フランス勢は四方より城に攻め寄せ、敵はブレンダ川（河川名 Brenta ブレンタ川、トレントの南よりアドリア海に注ぐ）の橋に火砲を設置したが、暫時に打破って火砲を奪い、橋を乗取り城に攻め入った。なお、敵の逃げるのを逐（お）いかけた。ナポレオンはこの時、自ら記して言った。「六日の間に、吾、二度戦い四度襲撃した。敵の旗を取る事二一、捕虜一万六千人、この間に荊楚（いばら）の道なき難所を、（フランス軍は）四五里の行程を跋渉（山を越え川を渡る）して、取った火砲は七〇」と。

○敵将「ウュルセル」ハ「バッサノ」ヲ落テ殘レル軍勢「バタイルロンスグレナヂール」陣隊ノ名二隊ヲ率テ「ヒセンサ」ト「ヘロナ」ノ間ナル「モンテベルロ」ニ趣キタリ爰ニ於テ「ウュルムセル」ハ「エットス」河ト「ブレンタ」河ノ間ニアリ「ブレンタ」河ハ拂郎察軍之ヲ支テ在リケレバ渡ルヿヲ得ズ只「マンチュア」ニ落着クヨリ他ナシ第九日ノ夜拂郎察軍「ヒセンサ」ニ來ルト聞テ「ウィルムセル」急ニ爰ヲ遁ントテ終夜「エットス」河ニ沿ヒ行テ「ポルトレグナゴ」ノ邊ニテ川ヲ渉リ逃レタリ「ナポレヲン」兼テ命ヲ下シテ「モリ子ルラ」河ノ橋々ヲ取ラセテ「ウィルムセル」ガ「マンチェア」ニ往ク道ヲ遮ラシム又大將「コッセナ」ニ命メ「サングイ子ット」ニ押行カシム又大將「シュラト」ハ數百騎ヲ率テ「セレア」ニ來リシガ「ウュルムセル」ガ前軍ニ行逢テ之ヲ散々ニ打ナシタリ又大將「ピゲオン」ハ前軍ノ將タリシガ敵ノ渡ントスル橋ヲ乘取リタリ

［二一四］

○敵将ウェルムザーはバッサーノを放棄して、残った軍勢バタイルロン・グレナジール［陣隊の名］（bataljon grenadierバタイロンは歩兵、工兵・グレジナールは擲弾兵）の二隊を率いてヒセンサ（地名 Vicenza ヴィチェンツァ イタリアのヴェネト州ヴェチェンツァの県都）とヘロナ（地名 Verona ヴェロー

巻二上

ナ イタリアのヴェネット州ヴェローナ県の県都）の間にあるモンテベルロ（地名Montebello Vicentino モンテベッロ、イタリアのヴェネト州ヴェチェンツァの町）に向って行った。この時、ウェルムザーはアディジェ川とブレンタ川の間にあった。ブレンタ川はフランス軍が支配していて渡ることができないので、只、マントヴィに落着くより他はなかった。九日の夜、フランス軍がヴィチェンツァに来ると聞いて、ウェルムザーはここを遁れようとして、終夜アディジェ川沿いに行軍してポルトレグナゴ（地名 Legnago レニャーゴ ヴェネット州ヴェローナ県の町）の辺りで川を渡り逃れた。ナポレオンは兼ねてより命令を下してモリネルラ川（ミンチョ川からマントヴァ付近で別れて東流してアドリア海に注ぐカナール・ビアンゴ川の内で、マントヴァ東方にあるMolinello 付近の川のことか?・）の橋々を占拠させてウェルムザーがマントヴィに行く道を遮（さえぎ）らさせた。また、大将コッセナ（本文ではユッセナ、巻末正誤表ではコッセナ、実際にナポレオンの部下で従軍していたマッセナの事か?・）に命じてサングイネット（地名Sanquinetto レニャーゴとマントヴァの間でチュレーアの西の町） に攻め行かせた。また、大将シュラト（人名　ルイ・ガブリエル・スシェト 1770-1828 アルブエラ公爵）は騎兵数百騎を率いてセレナ（地名Cerea チェレーア、レニャーゴとマントヴァの間でサングイネットの東の町）に来ていたウェルムザーの前軍に行き合ってこれを散々に打ちのめした。また、大将ピゲオン（人名　詳細不詳）はフランスの前軍の大将であったが、敵の渡ろうとする橋を乗取った。

第九月第十一日夜「ウュルムセル」急ニ「マンチュア」ニ趣キケルニ「モリ子ルラ」河ノ橋ナシト聞キ又「カステルラロ」ニ拂郎察軍渠ヲ撃ント待カケタレバ「ウュルムセル」如何シテ遁去ント思案セシニ拂郎察方ニテ「モリ子ルラ」河ノ橋々ノ内「ヒルラインムペンタ」ノ邊ノ橋ヲ取忘レタレバ「ウュルムセル」ソコヲ渡テ「マンチュア」ニ入リタリケリ若シ此橋ヲ忘レズニ取除ケ又「ロンソ」ヨリ「サングイ子ッタ」ニ赴ク道ヲ支ヘタラバ「ウュルムセル」降參メ「マンチュア」ヲ渡サンヿ疑ヒ無シサテ「マンチュア」ノ前ニテ大ナル戰アリ「ウュルムセル」遂ニ「マンチュア」城ニ入リタリ是「ナポレヲン」撃克ツ所ノ「ヲーステンレイキ」第三度目ノ大軍ナリ

九月一一日の夜にウェルムザーは急にマントヴァに向って行ったが、モルネルラ川の橋がないと聞いて、また、カステルラロ（地名 Castel Dario カステル ラーリオ マントヴァの東の町）のフランス軍は彼（オーストリア軍）を撃とうと待ち懸けて（待ち受けて）いれば、ウェルムザーは如何にして遁れ去ろうと思案したが、フランス軍方にて、モリネルラ川の橋々の内、ヒルラインムペント（地名 Villimpenta ヴィッリンペンタ レニャーゴとマントヴァの間でサングイネットの西の町、モリネルラ川の北）の辺りの橋を占拠し忘れていたので、ウェルムザーはそこを渡ってマントヴィに入った。若し、この橋を忘れずに取り除いていたならば、また、ロンソ（地名 後述のロンコのことか？）よりサングイネットに赴く道を防ぎ止めたならば、ウェルムザーは降参してマントヴィを渡した事は疑いなかった。さて、マントヴァを前にして大きな戦があった。ウェルムザーは遂にマントヴァ城（マントヴァ市内のドゥカーレ宮殿の隣にあるCastello di San Giorgioサン ジョルジョ城のこと）に入った。これはナポレオンが打克つ（戦った）ところのオーストリアの三度目の大軍であった。

巻二上

此時「モデナ」公休兵ノ約ヲ践マズ「マンチュア」ニ在ル「ヲーステンレイキ」ノ兵ニ粮ヲ給シ法皇モ亦兵ヲ罷ルノ意ナカリシカバ拂郎察方ニテ夥多ノ兵ヲ費シテ「モデナ」ヲ圍ミケリ「ヲーステンレイキ」之ヲ幸トシテ新ニ兵ヲ出メ「ウュルムセル」ヲ援ケ「ヘ子チヤ」ノ會治モ亦援兵ヲ出シテ「ウュルムセル」ヲ助ク「ヲーステンレイキ」ノ新兵ニハ「アルヒンシ」ト「ダヒドヒク」ノ兩大將トメ之ヲ下知セリ此時拂郎察勢「テイロル」ニ在ル者僅カナリケレバ新兵之ヲ伐テ忽チ「テイロル」ヨリ逐出シタリ「アルヒンシ」尚「ヘロナ」ノ邊ニ於テ「エットス」河ヲ越テ拂郎察勢ニ當ラントスル時「ナポレヲン」急ニ行向ヒタリ「アルコレ」ノ邊ニ於テ烈キ戰トナル其狀左ノ如シ[二一五]

この時、モデナ王侯は休兵（休戦）の約束を踏倒し、マントヴァに在るオーストリアの兵に兵粮を与え、法皇もまた援軍の兵を出す意志がないので、フランス軍にて夥多の兵を費やしモデナを囲んだ。オーストリア軍はこれを幸として新たに兵を出してウェルムザーを援護し、ベネチェアの会治（議会）もまた、援軍を出してウェルムザーを助けた。オーストリア軍の新しい兵には、アルビンツィ（Josef

Alvintzy 男爵)とダヒドヒク(Davidovich 将軍)の両大将が任命された。この時、チロルにいた(フランス)軍は僅かであったので、オーストリア軍の新兵はこれを攻撃して、忽ちチロルよりフランス兵を追い出した。アルビンツィは、なお、ヴェローナの辺りでアディジェ川を越えてフランス軍と戦おうとした時、ナポレオンは急に行き向かった。アルコレ(地名 Alcola アルコーラ ヴェローナの南東のアディジェ川左岸の町)の辺りにて激しい戦いとなった。その状況は左の如くであった。【アルコレの遭遇戦。ナポレオンの戦争の中でも最も激しい戦闘の一つで、もし、ここでマントヴァのウェルムザー軍が参戦したならば、ナポレオンの歴史は終わりであったとも言われる】。

「アルツ」河ノ汀ニハ二ツノ堤アリテ其上ヲ道トシテ往來スルᄀナリ「ヲーステンレイキ」ノ兩斥候「ポステン」此兩堤ニ陣取テ固メタリ其一ヲバ拂郎察ノ兵容易ク之ヲ打破リケレトモ今一ツハ拂郎察軍ノ右翼ニテ當リケルガ中々退ケ難シ然ル處「アルコレ」村中ニ在ル「ヲーステンレイキ」軍ニハ夥ク加勢來テ力ヲ得タリ是ニ於テ斥候ノ兵悉ク引テ「アルコレ」村ニ入リタリ抑此「アルコレ」村ハ泥汚ト水澤ノ正中ニ在リケレバ之ニ通ズル處ノ一重ノ堤又ハ橋ヲ渡ルカ或ハ其堤ヲ回リヌケテ「ロンコ」ノ下ニ於テ「エットス」河ヲ渉ラザレバ爰ニ至ルᄀヲ得ズ「ナポレヲン」「ヲーステンレイキ」ノ兵ヲ前後左右ヨリ伐ントノ主意ナレバ「アルコレ」ノ橋ヲ渡ルᄀヲ命ジタリ敵劇ク火砲ヲ放テ支ヘケレバ中々向フベカラザル勢ナリ味方ノ大將「アウゲレアウ」旗ヲ手ニ取テ之

ヲ擔ヒ橋側マデ進ミタレトモソレヨリ先ニハ進ミ得ズ茫然トシテ立留ル「ナポレヲン」ガ陣所ニ右ノ注進アリケレバ急ギ其兵ノ先ニ立テ士卒ニ言フ様爾等先ニ「ロチ」橋ヲ渡リシ同ジ人ナリ[二一八]トテ馬ヨリ下リ旗ヲ手ニ取テ自ラ「グレナヂール」（右左ノ翼ニ居テ手投丸ヲ抛ル兵士ノ名）其ノ先ニ立テ繼ゲヤ者共ト云ナガラ迅速ニ橋ニ上リタリ其下ノ將校橋ニ上ラントスル所ニ忽チ敵ヨリオソロシキ火炮ヲ放チケレバソレニ暫シタメラフ處敵モ引足ニナリタリ此時將校疵ヲ得ル者多シ「ナポレヲン」モ泥中ニ陷リタルガ辛ウシテ敵ノ火ヲ逃レタリ是ニ於テ「ナポレヲン」再タビ馬ニ上ル敵モ其固メヲ出テ戰フヿヲ爲ス此時日已ニ沒ス時ニ味方ノ將「グイークス」二千人ヲ以テ「ロンゴ」ノ下ニ於テ「エットス」河ヲ渡リ回道シテ宵ノ六時ニ「アルコレ」ノ後ニ到リ打勝タリ然トモ拂郎察軍「ヲーステンレイキ」軍ノ大反シニ逢ンヿヲ恐レ其夜ハ其場ヲ引取リタリ第十一月第十五日ノ夜「ナポレヲン」夥多ノ假橋ヲ造テ湟ト泥トニ掛サセ翌朝「ナポレヲン」此ニ向ヒケレバ敵軍直チニ味方ノ正中ヲ打破ル之ニ依テ一ト先ヅ退キタレドモ「ナポレヲン」「ブリガーデ」（陣隊ノ名）ヲ傍ニ備置キタレバ「ヲーステンレイキ」軍拂郎察ノ左翼ヲ撃ントスル時右ノ「ブリガーデ」劇ク之ヲ打破リタリ此時敵ノ左翼泥汚ニ對メ陣シ且ツ味方ノ右翼ヨリモ多勢ナレバ「ナポレヲン」一將校ニ夥多ノ喇叭吹キヲ副テ「エッツ」河ニ沿テ敵ノ左翼ノ向フ所ノ泥汚ノ地ヲ取巻セソレヨリ急ニ敵ノ後ニ喇叭ヲ吹カシム之ニ因テ敵軍大ニ亂レタル所ニ小軍ヲシテ「ボルト・デ・ガラゴ」（地名）ヲ越エ[二一七]テ敵ノ後ヲ打シメ「ナポレヲン」前ヨリ打ツ之ニヨリテ敵全ク敗走ス

アルツ川(アルポネ川と呼ばれる北からアディジェ川に合流する支流)の汀には二つの堤があって、その上を道として往来していた。オーストリアの両斥候[ポステン](蘭語 poseten 歩哨 敵状を観察すること)はこの両方の堤に陣取って固守していた、その内の一つはフランス兵が容易にこれを打破ったが、もう一つはフランス軍の右翼に当ったが、簡単には退け難く、そのような所にアルコレ村中にいたオーストリア軍には多く加勢に来て力を得た。これにおいてオーストリアの斥候の兵は悉く兵を引き揚げてアルコレ村に入った。抑も、このアルコレ村は汚泥と水沢(単に沢のこと、低くて水がたまり蘆・荻などの茂った土地)の真中にあったので、これに通じる一重の堤、または橋を渡るか、或いは堤を回りぬけてロンコ(地名 Ronco All Adigi ロンコ・アラディシュ アルコレの北西のアディジェ川右岸の町)の下流にてアディジェ川を渡らなければ、ここに至る事はできない。ナポレオンはオーストリアの兵を前後左右より攻撃しようとの主意であったので、アルコレの橋(アルポン橋 Alpone)を渡る事を命じた。敵軍は激しく火砲を放って防ぎとめたので、中々行軍(進軍)できない情勢であった。味方の大将アウゲレアウ(人名 Charies Pierre Fransois Augereau 1757-1816 シャルル=ピエール=フランソワ・オージュロー)は旗を手に取ってこれを擔ぎ橋の側まで進んだけれども、それより先には進む事が出来なかった。茫然として立ち留まった。ナポレオンの陣所に右の報告があったので、急ぎ、その兵の前に立って兵士に言う様(詞)「諸君は先にロデの橋を渡った同じ人であるか」と、馬を降りて旗を手にして自ら、グレナヂール[左右の翼に居て手投丸を抛る兵士](前記 擲弾兵)のその先に立って

「続け者ども」と言いながら、迅速に橋に上がった。その下の将校が橋に上がろうとする所に、忽ち、敵より恐ろしき火砲を放たれたので、それに暫く躊躇(ためら)った時、敵も引き足になった。この時、将校で疵をした者が多かった。ナポレオンも泥中に陥ったが、辛うじて敵の砲火を逃れた。これに於いてナポレオンは再び馬に乗った。敵もその固守する所を出て戦う事となった。この時、すでに日は没していた。この時に味方の将グイークス（人名 Emmanuel de Grouchy 1766-1847 エマヌエル・グルーシー一八四〇年にセント・ヘレナ島から戻ったナポレオンの遺体を出迎えた元帥の一人）は二千人の兵を以って、ロンコの下流に於いてアディジェ川を渡り、回り道をしてアルレコのオーストリア軍の背後に至り打ち勝った。しかし、フランス軍はオーストリア軍の大反撃に遭う事を恐れて、その夜はその場を引き下がった。一一月一五日の夜、ナポレオンは多くの仮橋を造って湟(ほり)（川の意）と泥（泥沼の意）に掛けさせ、翌朝にナポレオンはここに向ったので、敵軍は直ちに味方の真中を打破った。これに依って一先ず退いたけれどもナポレオンはブリガーデ［陣隊の名］（前記　旅団）を傍に配備したので、オーストリア軍はフランス軍の左翼を攻撃しようとした時、右記のブリガーデ（旅団）が激しくこれを打破った。この時敵の左翼は汚泥に対して陣をして、且つ、味方の右翼よりも大勢であったので、ナポレオンは一将校に多くのラッパ吹きを副えてアディジェ川に沿って、敵の左翼の向う所の汚泥の地を取り巻かせ、それより急に敵の後方にてラッパを吹かした。これに依って敵軍は大変混乱した所に、少数の軍にてボルト・デ・ガラゴ［地名］（地名　Porto　ポルト　ロンコ・アラディシュの上流の橋）を超えて敵の後方を攻撃して、ナポレオン軍は前方より攻撃した。これに依って敵軍は全面敗走した。

○拂郎察軍敵将「アルヒンセ」ト「アルコレ」ニ於テノ戰ノ間敵将「ダヒドヒク」ハ味方ノ城「テイロル」ニ攻カヽリ味方大ニ打負テ大切ノ要害「リボリ」ヲ敵ニ取ラレテ危クゾ見エケル然ルニ「アルコレ」ノ戰味方勝チニ成タレバ夜ニ入テ「ナポレヲン」一二(三?)千人ヲ以テ「テイロル」ニ急ギ到テ無二無三ニ敵ニ衝カヽル是ニ因テ敵軍大ニ亂レ敗走シタリ

○フランス軍は敵将アルビンツィとアルコレに於いての戦いの間に、敵将ダヒドヒクは味方のチロルの城を攻めて、味方は大敗して、大切な要害リヴォリ(地名 Rivoli Veronse リーヴォリ ヴェロネーゼ ヴェネト州ヴェローナ県の町、ヴェローナの北西にあるガルダ湖の東方の地名、リヴォリの戦いの場である)を敵に取られて危うく見えたが、しかし、アルコレの戦いが味方の勝利になれば、夜に入ってナポレオンは三千人の兵にてチロルに急ぎ到着して遮二無二に敵に衝きかかった。これに因って敵軍大いに混乱して敗走した。

○今度ノ勝利拂郎察ニ聞エケレバ富國評定所「ナチヲナールフルカーデリンク」ヨリ「ボナパルテ」ト「アウゲレアウ」ノ兩将旗ヲ手ニ執テ先驅セシユヱニ諸将勇戰シテ捷ニナリタリトテ此二ツノ旗ヲ右兩将ニ與テ

後代マデノ面目トセシメリ

○この度の勝利はフランス本国に伝えられたので、富国評定所「ナチヲナールフルガーデリンク」（蘭語 National Vergadering 国民の会合）よりナポレオンとアウゲレアウ（前述 オージュロー）の両将軍は旗を手に執って先駆（馬に乗って先頭に駆ける）したために、諸大将も勇戦して捷（勝）になったとして、この二つの旗を右の両将に与え、後世までの名誉とした。

○斯テ「ナポレヲン」ハ「ミラー子ン」府ニ歸テ士卒ノ勞ヲ休ヘ尚「マンチェア」ヲ攻テ拔ントゾ要シケル

○斯くして、ナポレオンはミラノに帰って兵士を労い休め、なお、「マントヴァを攻め抜こう」と要（求める）した。

敵將「アルヒンシ」モ一タビ敗北ノ後暫ク休息シ更ニ力ヲ得「ヲーステンレイキ」ノ諸地ヨリ新手ノ兵ヲ送テ之ヲ援ケ拂郎察軍ヲ伐ントゾシケル此時拂郎察ノ兵本國ヨリ未ダ新手來ラザレバ甚ダ弱クゾ見エニケル「ナポレヲン」其諸隊ノ中ヨリ懸引キ達者ノ士卒ヲ選取テ諸方ノ道

ヲ亙ラシメテ數千人ト見セ「ボログナ」府ヲ樞鈕トシテ爰ニ集ル體ヲミセシム「ナポレヲン」ハ「ボログナ」府ニ來ル此ハ羅瑪府ノ近所〔一一八〕ナレバ羅瑪人ノ心ヲ鎭ン爲ナリ而ニル「ヲーステンレイキ」ノ兵已ニ攻寄スルト聞ヤ否ヤ「ボログナ」府ニ在ル兵二千人ヲ發メ「エッツ」河ニ赴カシメ其身ハ急ニ「ヘルナ」府ニ移リケリ爰ハ味方ノ軍ノ中央ナレバ諸軍ヨリ「ナポレヲン」ノ出馬ヲ乞ヒタラントキ急ニ赴ン爲ナリ斯テ敵戰ヒ屢利アリテ拂郎察軍ヲ却ケ、リ然トモ「ナポレヲン」智畧ヲラ回シテ敵ノ企ヲ破ル「ナポレヲン」ハ「ポー」河「エッツ」河ニテ敵ノ左翼幷ニ「ウュルムセル」ガ數月「マンチェア」城ニ籠テ在リシヲ「ヲーステンレイキ」ノ將「アルヒンシ」ト合セザル様ニ支ヘケリ

敵将アルビンツィも一度敗北の後、暫く休息して更に力を得て、オーストリアの諸地方より新たな兵を送ってオーストリア軍を援護してフランス軍を攻めようとした。この時、フランスの兵は本国より未だに新たな兵が来ていなかったので、甚だ弱そうに見えた。ナポレオンは諸隊の兵士の中から駆け引きに上手な兵士を選び抜いて、諸方の道を亙(わた)らして（行き来させての意味？・）数千人と見せかけてボログナ（ボローニャ）を樞鈕（鈕樞(ちゅうすう)　器具のつまみ　要所の意味？）として、ここに集まる様に見せた。ナポレオンはボローニャに来た。ここはローマに近い所であるのでローマ人の心を鎮めるようにした。オーストリアの兵が既に攻め寄せると聞くや否や、ボローニャにあった兵二千人をアディジェ川に向わせ、ナポレオン自身は急にヴィローナに移った。ここは味方の軍の中央に位置しているので、諸方の各

軍よりナポレオンの出馬を乞われた時に急に赴くためであった。斯して敵は戦いを屢々有利にしてフランス軍を却けた。しかし、ナポレオンは智略を回らして敵の企てを破った。ナポレオンはポー川とアディジェ川にて、敵の左翼、並びにウェルムザー軍が数ヶ月、マントヴァ城に籠っていたので、オーストリア軍のアルビンツィ将軍と合流させないように防御した。

○第一月第十三日「コロナ」ニ在リケル味方ノ斥候「ポスト」敵ノ大軍ニ襲ハレソコニ止ルヿ能ハズ其将「ヨウヘルト」其前地「リホリ」ニ移リタルノ注進至リケレバ「ナポレヲン」千七百九十七年第一月第十三日ノ夜急ニ爰ニ到ル此時敵将「アルヒンセ」ガ兵味方ノ将「ヨウベルト」ガ兵ニ一倍シ其上「エッソ」河ノ谷中ヨリ「バタイルロン」（陣隊ノ名）四隊ヲ引取リマタ「エッツ」河ノ谷中ニ尚ホ兵アリテ拂郎察軍ノ右翼ニ當リケリ「ナポレヲン」胸中ニ知畧ヲ貯ヘ之ヲ一ト呑ニセントノ意アリケリ此時敵ノ軍半月様ニカマヘテ味方其中ニ包レ動モスレバ取巻ントスル勢ナリ[二-九]「ナポレヲン」敵ノ陣取ヲ變ゼシメントノ謀畧ヲ企テ遂ニ打克チ大ニ之ヲ破ル此ニ於テ敵兵死傷生擒トナル者多シ其殘兵「テイロル」ノ山中ニ逃去ル味方尚北ルヲ逐テ生擒スルヿ其數勝テ計フベカラズ「ナポレヲン」尚勝ニ乗ジテ敵将「アルヒンシ」ヲ撃ツ此時敵将「プロヘラ」「エッツ」河ヲ渡來リ拂郎察ノ離レ在ル斥候軍ヲ打破リ急ニ「マンチェア」ニ趣キ其圍ヲ破リ兵糧ヲ入レントゾシケル味方ノ将「アウゲレアウ」一軍ヲ率テ馳來リ「プロヘラ」ヲ支テ之ヲ却ケ、リ爰ニ又「ヲーステンレイ

キウラー子ン」（地名ナラン）ノ一校拂郎察軍第九番目ノ「レギメント・ダラゴンデル」（隊卒ノ名）「エスカンドロン」（騎隊ノ名）ニ呼ハリケルハ爾等降ルベシト拂郎察「エスカンドロン」ノ校「ドヒヒール」爾等意アラバ吾等ヲ執ヘヨト返答ス

○（一七九七年）一月一三日コロナ（地名 Mezzocorona メッツォコロナ トレンティーノ＝アルト・アディジェ州トレント県のトレントの北にあるアディジェ川とその支流ノーチェ川の間の町）にいた味方の斥候［ポスト］（前記 歩哨）は敵の大軍に襲われて、そこに留まることはできず、その斥候兵の将軍ヨウヘルト（人名 Barthelemy Catherine Joubert 1769-1799 バルテルミー・カトリーヌ・ジュベール）は、その前線の基地リヴォリに移ったとの連絡があったので、ナポレオンは一七九七年一月一三日の夜、急にここに到着した。この時、敵将アルビンツィの兵は味方のジュベールの兵の二倍にして、その上、アディジェ川の谷中よりバイタルロン［陣隊の名］（前記 蘭語 歩兵、工兵）の四隊を引き取り、また、アディジェ川の谷中に、尚も兵があってフランス軍の右翼に対峙した。ナポレオンは胸中に智略を貯えて、これを一呑み（一気に攻略）にしようとの意志があった。その時、敵の軍は半月間も同様に構えて味方はその中に包まれ、動（やや）もすれば取り巻こうとする勢いであった。ナポレオンは敵の陣取りを変えさせようと謀略を企て、遂に打克って大勝した。ここに於いて敵兵で死傷生擒（捕虜）となる者が多く、その残った兵はチロルに逃げ去った。味方の兵は尚も逃げる敵兵を追って捕虜とすること、勝て（多くて）数えることができないほどであった。ナポレオンは勝に乗じて敵将アルビンツィを追撃した。その時、敵将プロヘラ（人名　前記）はアディジェ川を渡って、フランス軍の離れてあった斥候軍を打破ってマントヴィに赴き、その包囲を破って兵糧を入れようとした。味方の大将オージュローは一軍を率いて馳せ参じてプロヘラ軍を防御してこれを却（しりぞ）けた。ここにまた、オーストリアウラーネン［地名ならん］（地名　Austria Wien　オーストリア　ウィーン）の一校（校は部隊の将校の意?・）が、フランス軍の第九番目のレギメント・ダラゴンデル［隊卒の名］（レギメントは前記で連隊の事、ダラゴンデルは蘭語　Dragonder　龍騎兵、銃を持った騎兵）、エスカンドロン［騎隊の名］（蘭語　Eskader　騎兵中隊）に呼ばれた（大声で叫ぶ）ことは、「お前たちは降参すべき」と。フランスのエスカンドロン（騎兵中隊）の将校ドヒヒール（人名　Louis Baraquey d`Hilliers　1764-1813　ルイ・バラギュイ・ディリエール、リヴォリの戦いに参加、占領したヴェネチェアの総督）は「お前たちにその意志があるならば吾等に討取られ降参せよ」と返答した。

巻二上

右両校各其屬トノ兵ヲ止置キ自ラ互ニ手ヅメノ勝負トナル敵ノ校佩刀ニテ疵二ツ得タリ夫ヨリ兵卒モ互ニセリ合ヒトナリサテ敵味方大合戰トナリ味方ノ将「アウゲレアウ」「ヲーステンレイキ」軍ノ後軍ヲ盡ク俘ニシタリ敵将「プロヘラ」尚兵ヲ進メテ第十五日「マンチェア」ノ首都「ミントギヲルギヲ」ノ前マデ至リケレトモ此都ハ兼テ我ガ方ニテ取置タレバ緊ク固メ置キ故ニ爰ニ入ルヿ能ハズ拂郎察勢之ニ火砲ヲ打カケ防ギケレバ「プロヘラ」タマリカ子テ味方ノ固

メ「ハホリテ」ト「シントアントニオ」ノ二箇所ハ弱シト見テ之ヲ撃テ「マンチェア」ニ入リ「ウュルムセル」ト合セントス「ナポレヲン」早ク之ヲ悟リ急ニ「シントアントニオ」ニ來テ之ヲ固メタリ翌第十六日早朝ニ敵ノ大將等一時ニ攻カヽルヲ「ナポレヲン」之ヲ破リ斬首虜極テ多シ「ウェー子ン」人ノ虜ノ中ニ一侯「モンテキュキュリ」ト云フ者アリ「ナポレヲン」問ク子ハ良將「モンテキュキュリ」ノ子孫ニ非ズヤ虜ノ曰ク然リト「ナポレヲン」之ヲ赦メ曰ク子ハ其子孫ホドノ德アリト〔二一一〇〕

右の（オーストリアとフランスの）両将校はその所属兵を留め置いて、自ら互いの手詰め（厳しくつめよる）の勝負となった。敵の将校は佩刀（はいとう）（刀を帯びること）にて疵（きず）を二か所負った。それより、兵士もお互いに競り合いとなって、敵味方の大合戦になった。味方の大将オージュローはオーストリア軍の後陣を儘く（ことごとく）捕虜にした。敵将のプロヘラは尚も兵を進軍させて一五日にはマントヴァの首都ミントギオルギオ（地名　マントヴァの　サン　ジョルジョ城）の前まで到着したが、この都は我が方フランス軍が取置（取囲む）して緊く警固した故にここに入る事ができなかった。フランス軍はこれに火砲を砲撃して防御したので、プロヘラは堪り兼ねて、味方の警固するハホリテ（地名　ラ・ファヴォリタ村）とシントアントニオ（地名Sant' Antonioサンタントーニオ、マントヴァのミンチョア川対岸の町）の二カ所を警固が弱いと見て、ここを攻撃してマントヴァに入りウェルムザーと合流しようとした。ナポレオンは早くこれを察知して、急にサンタントーニオに来てここを固守した。一六日の早朝に敵の大将等が同時に攻撃してきたのを、ナポレオンはこれを打破り斬り首・捕虜は極めて多かった。ウイーン人の捕虜の中には一人の侯モンテスキュー(アトナール　モンテスキュー　のちに、ロシア遠征で活躍)という者がいた。ナポレオンは「あなたは良将モンテスキュー(人名 Charles-Louis de Montesquieu 1689-1755 フランスの政治思想家　ラ・ブレードとモンテスキューの領主で男爵　著書には「法の精神」がある。フランスの王制を批判し、三権分立を唱えた)の子孫ではありませんか」と質問した。捕虜は答えて言った。「そうです」と。ナポレオンはこの捕虜を赦して言った。「あなたはモンテスキューの子孫としての徳がある」と。

○「リホリ」ノ戰并ニ「マンチェア」ヲ圍ム時ニ法皇ノ使「ウュー子ン」府ニ密書ヲ持行ル者ヲ捕ヘタリ「ナポレヲン」之ヲ天下ニ觸聞セ法皇已ニ我ト止兵ノ約ヲ結ビ向後攻戰セマジト誓ヒシニ今其約ヲ背キ斯ノ次第ナリト其罪ヲ告知セケリ

○リボリ(イタリア地名 Rivoli ガルダ湖の東方の地名)の戦い、並びにマントヴァを囲んだ時にローマ法皇の使者がオーストリアのウィーン政府に密書を持って行く者を捕らえた。ナポレオンはこれを世間に触れ聞かせて(公表して)、「法皇が既に私と止兵(休戦)の約束を結び、以後攻撃をしないと誓ったのに、今その約束に背きこのような次第である」と、その罪を告知した。

○「ナポレヲン」今度ハ「ボログナ」(羅瑪ノ近隣)ニ發向シ兵ヲ加ントス此時「マンチェア」未タ降ラザレトモ敵將「ウュルムセル」ハ「リホリ」ノ戰後兎テモ叶ハジト見テ和睦ノ取沙汰始リケリサテ「ナポレヲン」僅ノ勢殊ニソノ士卒大半意太里亞人ヲ率并寺領ニ押寄セタリ是ハ士人ニ安堵サセ其心ヲ得ンガ爲也「ナポレヲン」書ヲ作テ寺領ノ土人ニ諭告ス其辭ニ曰ク

○ナポレオンは、今度はボローニャ[ローマの近隣](地名、前記)に発向(討伐のために出向く)して兵を増加しようとした。この時、マントヴァは未だ降参してないけれども、敵将ウェルムザーはリヴォリの戦いの後に、とても敵わないと見取って和睦の取沙汰(相談の意)を始めた。さて、ナポレオンは僅かの軍勢、殊に、その大半がイタリア人兵士の軍を率いて法皇の寺領に攻め寄せた。これは土人(住民)を安堵させて、その心を得んが為であった。ナポレオンは書を作って寺領の住民に諭告した。その辞に言った。

拂郎察ノ義兵法皇ノ領地ニ入ルハ此レ宗門及ビ人民ヲ護スルガ爲也拂郎察ノ兵士一手ニ「バヨンシ子ット」(剣ノ類ニメ鳥銃ノ先ニサスモノ)ヲ執リ一手ヲ以テ縣邑ノ静謐[二一二]安全ヲ全ヲ與フ嗚呼憐ムベシ先ニ爾土人等讒黨ニ詒カレ我レ其家ヲ焼キ其身ニ兵ス是爾等自ラ禍ヲ取ル也六月ノ間ニ我師帝國ノ良兵ヲ擒ニスルᄀ十萬人火砲ヲ奪フᄀ四百旗ヲ搴ルᄀ百十軍ヲ破ルᄀ五今爾等我師ノ近ズ

クヲ見テ鐘ヲ鳴メ我ニ敵スル者ハ悉ク其家ヲ火ニシ其長ヲ殺サン諸府若シ我ガ一士ヲ殺サバ重贖ヲ以テ之ヲ火罪ニシ其人ヲ取テ質ト爲ン嗚呼爾土人我師爾ヲ仇トスルニ非ズ爾ヲ救フ也我レ爾等ヲシテ不羈タラシムルヿ是ソノ本音ナリ「モンニンゲン」及ビ「ブリーステル」共ニ僧官ノ名静止シテ只其天ニ事マツルヿヲ守ラバ則チ之ヲ安堵セン若シ我ニ敵セバ悉ク之ヲ兵セント

「フランスの正義の兵が法皇の領地に入るのは、宗門及び人民を保護する為である。フランスの兵士は一方の手にはバヨンシネット[剣の類にして鳥銃(小銃)の先にさすもの](蘭語 Bajonet バヨネット 銃槍、銃剣)を執り、一方の手には縣邑(地方)の静謐安全の全てを与える。ああ、憐れむべし。先にあなた達住民は讒(そし)る党(讒賊、人を陥れてそこなう人)に詒(欺)かれ、私はその家を焼き、その人を兵で抑えた。これはあなた達が自ら禍を犯したためである。六ヶ月の間にわが師(ナポレオン)は帝国(オーストリア)の優れた兵士を捕虜にすること十万人、火砲を奪うこと四百、旗を搴(と)ること百十、軍を破ること五、今、あなた達でわが師の近づくのを見て、鐘を鳴らして我軍に敵対する者は悉くその家に火をつけ、その家長を殺す、諸府で、もし、我一兵士を殺したならば重い贖(あがなう)(償い)を以って火罪(火刑)にして、その人を取って人質とする。ああ、あなた達住民よ、わが師はあなた達を仇とするものではない。あなた達を救うものである。私はあなた達を不羈(束縛されない、自由)にさせること、これこそ本音である。モンニンゲン(蘭語 Monnik 修道僧、修道士)及びブリーステル(蘭語 Priester 牧師)[共に僧官の名]を静止(変わらず)して、ただ、天(神)に仕る事を守れば、則ちこれを安堵せる。もし、私に敵対すれば悉くこれを兵で抑える」と。

又別ニ書ヲ作テ其寺領ニ入ルノ由ヲ知ラシム其畧ニ曰ク
法皇曾テ我ト止兵ノ約ヲ結ビ今盟ニ背テ其兵ヲ催シ人民ヲ慫慂シテ十字兵興〆我ニ敵シ又「ウェー子ン」府ト盟ヲ爲ス是ヲ以テ我師止ムヿヲ得ズシテ此ニ到ルト

また、別に書を作って、その寺領に入る理由を知らした。その概略で言った。「法皇は以前に私と休戦の約束を結び、今その同盟に背き、その兵を催して人民を慫慂して十字兵を興して私に敵対して、また、ウィーン政府と同盟をした。これを以ってわが師(ナポレオン)は止むを得ず此処に到った」と。

斯テ「ナポレヲン」寺領ニ入來レバ卽チ法皇ノ軍ヲ「セニヲ」[二一二]河邊ニ見ル拂郎ノ兵直チ「ハエンサ」府ニ押寄セケレバ城門ヲ緊ク閉ヂ縣中鐘ヲ鳴シ一二ノ法師等軍勢ヲ集テ拂郎察軍ヲ支ヘケリ「ナポレヲン」命ヲ下シテ悉ク城門ヲ破ラシム城中火砲ヲ放テ之ヲ防ギケレバ「ナポレヲン」此都ヲ屠ルヿ甚易ケレトモ唯一二ノ法師ノ勸メニテ土人ヲ敵セシメタルナレバ之ヲ屠ルヿ不

便ナリトテ虜五十人ヲ宥シテ府ニ歸ラシメテ「ナポレヲン」今度來ル所由ト若シ敵セバヒドキ目ニ逢フベキ意ヲ土人ニ諭サシム又諸僧徒及ビ信人共ヲ招テ「エハンゲリウム」(經文ノ名)根元ト「キリスチェス」(神人ノ名)ノ教トヲ説キ聞セ種々ノ義理ヲ論シテ善ニ歸セシメ又々法徒等及ビ信人ドモヲ縣邑ニ遣メ其來ル所以人民ヲ安ズル主意ヲ慇懃ニ諭サシム

斯くしてナポレオンは法皇の寺領(領地)に入って来たら、その時、法皇の軍隊をセニオ川(地名 Palazzuolo sul Senio パラッツオ・スル・セーニオ、トスカーナ州フィレンツェ県のフィレンツェ市北東にある町の近くを源流とするラモーネ川、またはその支流)の辺で見かけた。フランスの兵は直ちにハエンサ(地名 Faenza ファエンツァ ボローニャの東南東の町、一七九八年まで教皇領)に攻め寄せたのが、(ファエンツァは)城門を固く閉ざして縣中(縣内、領内の意?)に鐘を鳴らして、一、二の法師(宗教者、司教の意?)などが兵を集めてフランス軍の攻撃を防禦した。ナポレオンは命令を下して悉く城門を破ろうとしたが、城中の兵は火砲を放ってフランス軍を防いだので、ナポレオンはこの都を屠(ほふ)る(敵を破る)ことは甚だ易いことであるが、ただ一、二の法師(宗教者)の勧めで、住民を敵にするならば、ファエンツァを屠ることは不便(不利)であるとして、捕虜五十人を宥(ゆる)してファエンツァに帰して、ナポレオンがこの度来た理由と、若し敵対すれば、ひどい目に逢うということを住民に諭さした。また、諸々の僧徒と信者を招いてエハンゲリウム[経文の名](蘭語 Evangelie 新約聖書の福音書)の根元（根源）とキリスト［神人の名］（蘭語 Christus キリスト）の教えを説き聞かせ、種々の義理を諭して善に帰させて、またまた、法徒（宗教者の意？）など、及び信者たちを縣邑（地方）に遣わして、ナポレオンの来た理由、住民を案ずる主意を慇懃（丁寧）に諭させた。

此時「ウュルムセル」ハ「マンチェア」ヲ明ケ渡シタリ是第二月第二日ナリ「ナポレヲン」城中ノ将士ヲ厚ク遇シ又七十餘歳ノ大將「ウュルムセル」ニ對シテアッパレ良將ナレトモ運拙キユエニ斯ク我ニ降レリト慇懃ニ其功ヲ勞ヘリ

この時、ウェルムザーはマントヴァを明け渡した。これは二月二日であった。ナポレオンはマントヴァ城中の将校と兵士を手厚く持成し、また、七十余歳の大将ウェルムザーに対しては「天晴れ良将であるけれども、運がなかった故に斯くのように私に投降した」と、丁寧にその功績を労った。

「ナポレヲン」寺領ニ入テ日ニ進ミ「アンコナ」「ロレット」等ノ地ヲ取ル法皇ノ兵戰フ心ナク皆散リ々ヽニ逃去ル羅瑪ニ於テモ皆逃支度ノミニテ「ナポレヲン」ニ敵スル者曽テナシ「ナポレヲン」法徒ヲ厚ク遇シ宗門ヲ貴ビ所領ヲ安堵セシメ中以下ノ民ノ心ヲ安ジ逃去ルヿ莫ラシメ只高官ノ者ノミ逃去ルニ任ス「ナポレヲン」「ヘロナ」ヨリ書ヲ「カルジナール」僧官「マッテイ」名［二―一三］ニ贈テ法

皇羅瑪ヲ去ルヿヲ止ム「ナポレヲン」寺領ヲ奪ヒ法皇ヲ逐出ス意少シモ無シ是若シ如是爲シタラバ意太里亞中ノ諸侯再度兵ヲ興シ面倒ナラン故ニ穏便ニ取扱ヒタルナルベシ

ナポレオンは法皇の寺領（領地）に入って日々進軍してアンコナ（地名 Ancona アンコーナ マルケ州アンコーナ県の県都）・ロレット（地名 Loreto ロレート、マルケ州アンコーナ県のアンコーナの南の都市）などの地を占領した。法皇の兵は戦意なく皆散々に逃げ去った。ローマにおいても皆逃げ支度のみにて、ナポレオンに敵対する者は曽て(ひい)なかった。ナポレオンはその法徒（信者の意？）厚く持成し宗門を貴び所領を安堵して、中以下（身分の中流以下の意？）の民の心を案じて、逃げ去らないようにした。ただ、高官の者のみ逃げ去るのは本人の意に任せた。ナポレオンはヘロナ（地名 前記、ヴェローナ）よりカナジナール[僧官]（蘭語 Kardinaal ローマ法皇の枢機員）のマッテイ[名]（人名 Alessandro Mattei 1744-1820マッテイ枢機卿）に書簡を送って、法皇がローマを去る事を止めさせた。ナポレオンは「法皇の寺領を奪い、逐い出す意志は少しもない。これ、もし、このようなことをしたならば、イタリア中の諸侯は再度兵を興し面倒なことになる。故に穏便に取り扱うべきである」とした。

サテ「ヲーステンレイキ」ノ「アールツヘルトグ・カーレル」[官名]名ハ大軍ヲ率テ「ピヤヘ」河ト「タグリヤメント」河ノ間ニ陣シタル故ニ「ナポレヲン」申子テ「カルジナール・マッテイ」[僧名]ニ書ヲ贈テ法

皇ト和議ヲ結ブ亅ヲ急ギケリ法皇已ニ羅瑪ヲ去ントノ支度ナリケルガ「ナポレヲン」ヨリ兩度ノ書柬來リシ故ニ去ル亅ヲ止メ使者ヲ遣シテ和議ヲ結ビ第二月第十九日ヲ以テ「トレンチノ」ニ於テ和議整ヒタリ此ニ於テ法皇新ニ命ヲ下シテ拂郎察ニ敵スル亅ヲ止メ「アヒグノン」「ヘナイッシン」「ボルグナ」「ヘルラ、」「ロマグナ」ノ諸地ヲ捐テ拂郎察ニ與フ

さて、オーストリアのアールツヘルトグ[官名]（独語 Erzherzog 大公）カーレル[名]（人名 Karl von habsburg 1771-1847カール大公）は大軍を率いてピヤヘ川（イタリア語 Piave川 ピアーヴェ川 オーストリアとの国境のサッパーダにあるモンタ・ペラルバ山に源流し、ヴェネチェアの北東でアドリア海のヴェネチェア湾に注ぐイタリア北東部の川）とタグリアメント川（イタリア語 Tagliamennto川 アルプス山脈のロマウリア峠カドーレ湖の北を源流にし、ウディネの西方を流れアドリア海のヴェネチェア湾に注ぐイタリア北東部の川）の間に陣を構えた。ゆえに、ナポレオンはカナジナール[僧官]マッテイ[名]（前記 マッテイ枢機卿）に書簡を送って法皇との和議を結ぶ事を急いだ。法皇はすでにローマを去ろうと準備していたが、ナポレオンより二度の書簡が来た故に、去る事を止めて、使者を遣わして和議を結び、二月一九日トレンチノ（地名 Trentino トレンティーノ＝アルト・アディジェ州のトレンティーノ県の全般を一般的には言うが、ここでは州都トレント市）に於いて和議書に調印した。これにより法皇は新たに命を下してフランスに敵対する事を止め、アヒグノン（地名 Avignon アヴィニョン

フランス南東部ノヴォクリューズ県の県都、ローマ教皇領）、ヘナイッシン（地名 Venasque ヴナスク フランス南東部ノヴォクリューズ県の村、ローマ教皇領 住民の呼称はValreassiens）、ボルグナ（前記、ボローニャ）、ヘルララ（前記、フェラーラ）、ロマグナ（地名 Romagna ロマーニャ、エルミア＝ロマーニャ州のアドリア海に面した地方）の諸々の地を損（すて）てフランスに与えた。

巻二上

○法皇ト和議整テヨリ「ナポレヲン」「ボログナ」ニ歸テ專「ヲーステンレイキ」ノ兵ヲ打ツ用意セリ第三月第十二日「ナポレヲン」「ピヤヘ」河ヲ渉テ敵軍ヲ河上ニ打テ大ニ克チ之ヲシテ「テイロル」ノ兵ト相合スルヿヲ得ザラシム此「ピヤヘ」河ヲ渉ル時一人波ニ引カレテ流ル、者アリケリ一婦人川ニ飛込テ游ギツキ之ヲ救ヒタリ「ナポレヲン」此女ヲ賞シテ金ノ風領（クビノカザリ）ヲ與ヘタリ

法皇との和議調印を終えてよりナポレオンはボローニャに帰ってオーストリア軍を攻撃する準備をした。三月一二日はピアーヴェ川を渉って敵軍を川上で攻撃して大勝して、これによって（敵軍が）チロル軍（フランス軍）と相合わせざるを得ないようになった。このピアーヴェ川を渉る時に一人波に引き込まれ流される兵士があった。この時、一婦人が川に飛び込んで泳ぎ着いてこれを救った。後日、ナポレオンはこの女を賞して金の風領［首の飾り］を与えた。

此月第十六日橋ナクシテ「タグリメント」河ヲ渉ル[二一四]殊ニ出水シテ六箇敷所ヲ渉リタレバ敵兵之ヲ見テ大ニ懼レタリ已ニ之ヲ撃テ河上ヨリ却ケタリ第十九日「イソンソ」河ヲ渡リ直チニ進ミ「カラチスカ」縣及ビ「ゴルス」「テリースト」等ノ要地ヲ取ル尚敵ニ休息セシメズ之ヲ追ヒ「スチールマルテン」ト「カリンチヤ」ヨリ逐出ス尚追テ險山ニ至リ苦モナク之ヲ通リ「タルヒス」ノ邊ニテ獨乙都ト「ダルマ子ーン」ヲ見ワタス嶺ノ上ニテ合戰セリ抑コノ山中處々雪三尺餘ノ所有テ甚難義セリ「テリースト」ヲウバフ二二日前ニ敵ノ閒者拂郎察軍中ニ雜リ在ルヲ見出メ之ヲ捕ヘ戮セントスル時閒者何卒佛郎察ノ大將軍ニ見エ一言シテ死セント願ノ「ナポレヲン」之ヲ前ニ引出サシメケレバ閒者曰ク某「カーレル」ノ直命ニ依テ拂郎察軍ノ樣子ヲ伺ヒニ來レリト述ベケレバ「ナポレヲン」軍中ノ樣子ヲ委シク示シソレヲ免シテ歸ラシメ且ツ之ニ言テ曰ク「アールツヘルトグ・カーレル」（官名）名良士ヲ遣シテ我ガ軍中ヲ看セシメタリ我ハ少シモ敵ニ匿スヿナシト語レト云フ

この月（一七九七年三月）の一六日、橋のない所のタグリアメント川を渉った。殊に水が出て難しい所を渉ったので、敵兵はこれを見て大変懼れた。既にこれを攻撃して川上より退却させた。一九日イソンゾ川（イタリア川名　Isonzo川　スロヴェニア川名　Soca　スロヴァニアのトリグラフ山の西よりイタリアのゴリツィアを流れ、モンファルコーネ郊外でアドリア海に注ぐ）を渉って、直ちに進軍させてカ

巻二上

ラチスカ県(Kranjska Goraクランスカ・ゴーラ、オーストリア・イタリアとの国境にあるスロヴァニアの町)およびゴルス(地名詳細不詳)、テリースト(地名 詳細不詳)などの要地を占領した。なお、敵を休息させないで、これを追いスチールマルテン(オーストリア地名 Steiermark シュタイアーマルク州)とカリンチヤ(オーストリア地名 独語 Karnten 英語 Carinthia 日本語はケルンテン オーストリア南部の州)より追い出した。なお、追って険しい山に至り苦労もなくこれを通り、タルヒス(地名 タルビシオ Tarvisio イタリアのフリウリ=ヴェネチュア・ジュリア州ウーディネ県のオーストリアとの国境の町)の辺りにてドイツ(オーストリア)とダルマーネン(地名 テルル=マグラーン、オーストリアのアルノルトシュテインとコッカウ ヴァリコの間にある町)を見渡す嶺の上(コッカウ ヴァリコの峠)にて合戦をした。抑もこの山中は處々に雪が三尺余り(約一メートル)の所が有って甚だ難義した。テリーストを奪う一、二日前に敵の間者(スパイ)がフランス軍中に潜入しているのを見つけ出して、これを捕え戮(ころ)そうとする時に間者の「何卒フランスの大将軍に一度お目にかかって、一言云ってから死にたい」と願いに、ナポレオンはこれを引き出さしたら間者は言った。「私はカールの直命に依ってフランスの軍の様子を伺いに来た」と述べたので、ナポレオンは軍中の様子を委しく示し、この間者を赦免して帰らして、かつ、この間者に言った。「アールツヘルトグ[官名]カール[名](共に前出、カール大公)は良き兵士を遣わしてわが軍中を見させようとした。我が軍は少しも敵に匿すことはないと語れ」と言った。

○拂郎察軍勝ニ乘シテ「ヲーステンレイキ」ノ諸地ニ攻入ル拂郎察方ニテハ最早血ヲ濺クヿヲ止メタキ主意ニテ是マデ力ヲ竭セトモ「ヲーステンレイキ」服セズ此時「ナポレヲン」右一章ノ件々ヲ書シテ拂郎察ノ主宰官ニ申シ贈リタレバ拂郎察ノ主宰官ヨリ「ナポレヲン」右ノ事ヲ勉テ遂ゲヨトノ新命ヲ下セリ因テ「ナポレヲン」第三十一日書ヲ「カーレル」ニ贈テ曰ク

○フランス軍は勝に乗じてオーストリアの各地に攻め入り、フランス方には最早血を濺（そそ）ぐ事を止めたいとの主意にて、これまで力を竭（つく）(尽くす)したけれどもオーストリアはこれに服せず、ナポレオンは右の一章の件々(各条、各件)をフランス政府の主宰官に書面にして送ったら、フランスの主宰官より「ナポレオンは右の事を勉めて成し遂げよ」との新たな命令が下った。依ってナポレオンは三一日に書簡をカール大公に送って言った。

[二一一五]

「ナポレヲン」再拜シテ書ヲ大將軍「カーレル」執事ニ呈ス吾ガ軍士遠征爰ニ至ル皆和睦ヲ願フ此戰ヒ始リテヨリ今茲ニ至ル已ニ六年公生靈ヲ殺シ其力ヲ役スルヿ尚足ラズヤ生靈ノ悲歎ノ聲四方ニ相唱和ス歐羅巴諸邦我ニ敵スル者今ヤ既ニ和ヲ結ブ獨貴邦ノミ猶兵ヲ進メ彌益々血ヲ濺ントス嗚呼「カーレル」君位諸侯ノ上ニ在テ萬國ノ政事ニ參ス豈生民ニ幸シ獨逸國（○即チ止テ出ル獨乙都）ヲ救フノ名ヲ得ルヿヲ欲セザランヤ然トモ不佞ヲ以テ之ヲ觀ルニ兵ノ力ヲ以テ斯ノ如クセン

ト欲スルトモ決シテ得ベカラズ假令執事戰克テ其欲スル所ヲ得ル共反テ獨逸國ヲ荒スヿ百倍ナラン今吾ガ兩軍兵ヲ罷メバタトヒ之ガ爲ニ一人ノ命ヲ救フトモ戰克テ譽ヲ得ルヨリ其能萬々ナリト「カーレル」之ヲ復スル書ノ畧ニ曰ク國人戰ヲ欲ス予之ヲ制スルヿ能ハズ予固ヨリ之ヲ止ルノ力ナシ運ヲ天ニ任セテ勝負ヲ決スルヨリ外ナシト然ルニ此返書ヲ遣シタル後一時ニシテ「カーレル」方ヨリ些時ノ間止兵センヿヲ申越シタリ是ハ其間ニ敵將「スポルク」ト合セントノ謀計ナリ「ナポレヲン」之ヲ辭シ日夜兵ヲ進メテ「ヲーステンレイキ」[二―一六]軍ヲ逐フ

ナポレオンは再拝して書簡を大将軍カール執事（首席、敬称の意）に呈した。「我兵士、遠征してここに至った。皆和睦を願っている。この戦い、始まってより、ここに至るに既に六年が経った。公（カール大公）、生霊（人民、生民）を殺し、その力を役する（従軍をするの意）事、尚、まだ、足りませんか。生霊の悲歎の声は四方（世の中）に唱和（囁くの意？）されている。ヨーロッパ諸国でフランスに敵対する国は、今や既に和を結んだ。独り貴国のみが、なお、兵を進めて、彌益々（弥増し）に血を濺がんとしている。ああ、カール君位（君主の位）は、諸侯の上に在りて万国の政事に参与した。どうして、生民に幸いして、ドイツ国民（オーストリアはドイツ民族の地域として考えられていた）［〇即ち、止めて（休戦を申し）出るドイツ］を救うという名（名誉）を得る事を望まないのですか。しかし、不佞（才知のない）を以って、この事を観るのに、兵の力を以って斯くの如くしようと欲しても、決して得る事はできない。仮令、カール大公執事は戦いに勝って、その欲する所を得ても、反ってドイツを荒廃させる事は百倍になる。今、我が両軍が兵を罷れば、これが為に一人の命を救うとも、戦いに勝って名誉を得るより、その能（効果）は万々（はるかに勝っている）である」と。カール将軍はこれの復する書簡（返書）に略して言った。「国人（国民）は戦いを望んでいる。私はこれを制する事はできない。私は固よりこれを止める力もない。運を天に任せて勝負に決するより他にない」と。しかし、この返書を遣わして、のち、直ぐにして、カール大公方より些時（少しの時）の間、止兵（停戦）することを申し越してきた。これはこの間に敵将スポルク（人名　ロシア軍のアレクサンドル・スヴォーロフ将軍のことか？）と合流するための謀計であった。ナポレオンはこれを拒否して、日夜兵を進軍させて、オーストリア軍を追った。

是ニ於テ「ヲーステンレイキ」軍遂ニ止兵ヲ乞フ千七百九十七年第四月第七日ヨリ第十三日マデ止兵ノ議ヲ講ス此時ノ間ニハ和睦ノ約議決シカ子テ遅滞セリ「ナポレヲン」約議ヲ募ルヿ以前ヨリ重シ敵方ニテ之ヲ難ジタレバ「ナポレヲン」答テ曰ク我先ニ十タビ爾ニ和睦ヲ談ジ約議甚ダ緩カリキ而ルニ爾之ヲ辭セリ今ノ約議重シト雖トモ爾之ヲ辭スルヿ勿レ吾ガ本國ノ二將「ホーセ」「モレアウ」新ニ兵ヲ率テ已ニ「レイン」河ヲ渡ルナルベシ爾此兵ヲ禦ク日當アリヤ今新ニ拂郎察二十萬ノ兵ヲ以テ「ウェー子ン」府ニ亂入セバ二月ニ過キズシテ爾等殆ト盡滅スベシ我等既ニ人血ヲ費スヿ多シ今又新ニ之ヲ濺ガシムルヿ勿レトナリ

これに於いてオーストリア軍は遂に停戦を乞いてきた。一七九七年四月七日より一三日まで停戦の議を講じた。この時の間には和睦の約議は決着しかねて遅滞した。ナポレオンは約議を募る事は以前よりも重い（厳しい）。敵方よりこれを難じた（難癖をした）のでナポレオンは答えて言った。「私は先に十度あなたに和睦を相談して、約議も甚だ緩やかである。然るにあなたはこれを拒否した。今回の約議は厳しいと雖もあなたはこれを拒否すべきでない。私の本国の二人の将軍ホーセ（人名　詳細不詳）とモレアウ（人名　Jean-Victor-Marie Moreau1763-1813 ジャン＝ヴィクトル＝マリエ・モローのちにナポレオンと対立し追放されて、ロシア軍に入り一八一三年ドデスデンの戦いでナポレオンと戦い戦死）は新たに兵を率いて既にライン川を渡った。あなたはこの兵を禦ぐ目当てがありますか。今回、新たにフランスは二〇万の兵を以ってウィーンに乱入したならば、二ケ月も過ぎない内に、あなたたちの殆どを尽滅（滅び尽きる）する。私たちは既に人血を費やし事が多い。今回、またも新たにこれを濺（そそ）がす事はない」と。

「ヲーステンレイキ」帝ヨリ二貴人ヲ遣シテ質ト爲シ以テ「ナポレヲン」ガ心ヲ安ンズ「ナポレヲン」之ヲ恭ク遇シ且ツ厚ク饗シ之ヲシテ國ニ歸ラシム別ル、時ニ之ニ言テ曰ク爾歸テ爾ガ君ニ告ヨ若シ天子ノ言質ヲ以テ固ムベクバ爾二人何ヲカセン苟モ天子ノ言質ヲ要スルㇾナクバ爾我ニ質タルㇾ無益ナリトオーストリア皇帝より二人の貴婦人を人質として遣わし、以ってナポレオンの心を安んじようとした。ナポレオンはこれを恭(うやうや)く待遇して、且つ厚く饗(もてな)しこれを帰国させた。別れる時にこの人達に言った。「あなた達は帰ってあなた達の君主に告げて下さい。もし、天子の言質(げんち、後日の証拠となる言葉)を以って固める(固く約束する)ならば、あなた達二人をどうこうするが、苟も天子の約束を要する事がないならば、あなた達は私に人質になる事は無益である」と。

サテ和睦ノ約議久々決セザル處「ナポレヲン」是マデ軍ノ物入ノ料百「ミルリウ子ン」(〇「ミルリウ子ン」百萬也百「ミルリウ子ン」ハ百々萬即チ一億ナリ蓋シ大數ヲ擧テ莫大ノ費ヲ云ナラン斤爾等ノ目ヲ稱セザルハ當時通用ノ人皆知ル所ノ者ナルヘシ百萬斤ヲ百萬ト稱シ十萬石ヲ十萬ト(一一一七)稱スルガ如キカ)ヲ責メケレバ「ヲーステンレイキ」方此一條ニ至テ彼此遅滞シケレバ「ナポレヲン」呼ハリテ曰ク人吾等商ヲ談ズルト謂ン拂郎察國ハ和議ハ講スレトモ商ハ講セズ去ラバヨシ〳〵ト云テ遂ニ約議ヲ定メタリ卽チ「レヲベン」ノ「エッチンワルデン」城ニ於テ第四月第十八日ニ和睦ノ箇條ヲ記シタリ又其約定ハ第一帝及ビ王「ベルギーン」(地名)ヲ拂郎察ニ與フ第二拂郎察ノ界ハ「レピュブレイキ」(〇「ケメー子ベスト」ト同ジ共和國ヲ云フ即チ「フランス」ノ會治ナリ)ノ法ニ依テ之ヲ定ムベシ第三「ロムバルデイン」(國名)ニ獨立ノ會治ヲ立ツ

さて、和睦の約議は長い間決められないところ、ナポレオンはこれまでの軍の費用百ミルリウネン(蘭語 milioen 百万)〔〇ミルリウネンは百万である。百ミルリウネンは百々万、即ち一億である。まさしく大数を挙げて莫大な費用を言うのであろう。ポンドなどの目方を称せないのは当時通常の人の皆知っているところである。百万ポンドを百万と称し十万石を十万と称するが如くか」を責(せが)めれば、オーストリア方はこの一條に至っても、あれこれ遅滞したのでナポレオンは呼び寄せて言った。「人々は我等(フランスとオーストリア)は商談をしていると言っている。フランスは和議を講ずるけれども商談はしない。去らば(然らば)縦し縦し(どうなろうとも)」と言って遂に約議を協定した。即ち、レオベン(独語 Leoben オーストリアのシュタイアーマルクの都市)のエッチンワルデン城(オーストリアの城 Schloss Eggenberg シュタイアーマルク州クラーツ市の西方にある城)に於いて四月一八日に和睦の箇条を記した。また、約定は第一、帝及び王(オーストリア皇帝)はベルギーン[地名](国名 蘭語 Bergie ベルギー)をフランスに与える。第二、フランスとの境界はレピュブレイキ(蘭語 Republiek 共和国)法[○ケメーネベスト(前記)と同じ共和国を言う。即ちフランスの会治である]。第三、ロンバルデア[地名](前記 イタリアのロンバルディア州)に独立の会治を建てる。

○和睦談講ノ時「ヲーステンレイキ」ニテ種々禮儀榮華ヲ言立テ且盟主(「ホールシッチング」)タルコヲ欲ス「ナポレヲン」之ヲ許シ且ツ曰ク吾ガ拂郎察會治ハ自ラ其等ノ上ニ位スルナレバ容易ク之ヲ許スト「ヲーステンレイキ」和睦ノ箇條ヲ記スル時第一ノ箇條ニ「ヲーステンレイキ」拂郎察ノ會治ヲ許スト「ナポレヲン」曰ク其箇條ハ削リタシ拂郎察會治ハ許サレズトモ自ラ會治ヲ立ツ是日ニ

光ヲ賞スルガ如シ盲人ニ非ルヨリハ誰カ之ヲ疑ハント此ニ於テ「ヲーステンレイキ」ノ戰先ヅ是ニテ了リタリ

○和睦の話し合いの時にオーストリアから種々の礼儀、栄華を言い出し、且つ盟主「ホールシッチング」(蘭語 Hoofd Schutting 一番の包囲同盟)であることを要望した。ナポレオンは許し且つ言った。「我フランスの会治は自ずからそれ等の上に位するので容易にこれを許す」と。オーストリアは和睦の箇条を記す時に、第一箇条に「オーストリアにフランスの会治を許す」と。ナポレオンはその箇条は削除したいと言った。「フランスの会治は許されなくても自然に成立する。これは日々に光を賞するが如くで、盲人でなければ誰がこれを疑わん」と。ここにおいて、オーストリアとの戦は先ずこれで終わった。

而ルニ是ヨリ先キ「ヘ子チヤ」ノ土人元ヨリ拂郎察ニ敵抗シケルガ拂郎察漸ク勢ヲ得テ此地ヲ畧シケレバ「ヘルガモ」「フレスシヤ」等ノ諸府皆「ヘ子チヤ」ノ〔二一八〕「アリスーカラチー」府ヲ叛テ獨立ス此ニ於テ「ヘ子チヤ」ノ惡黨共之ヲ怨テ今度ノ新法ヲ立ル者ヲ殺シ并ニ拂郎察ヨリ遣シ置ル人々ヲ闇討ニシタリ「ナポレヲン」此時深ク獨逸ノ地ニ在リケルガ此事ヲ聞テ「ユデンビュルグ」(地名)ノ本陣ヨリ書ヲ以テ第四月第九日ニ「ヘ子チヤ」ノ「ドーゲ」(公ト云フ義)ニ贈テ曰ク吾今深ク獨逸ノ地ニ在ルヲ以テ吾爾ニ兵ヲ加ル事能ハズトオモヘル乎吾ガ兵意太里亞ニ在ル者吾一度之ヲ命

ズル時ハ吾ガ命ヨリ恨百倍ニメ之ヲ報ゼントス今吾一將ヲシテ「ブリガーデ」陣隊ノ名ノ將タラシメテ吾ガ意ヲ示ス軍カ和睦カ唯爾ガ欲スル所ニ任ス爾急ニ一揆ヲ鎮ルノ策ヲ運ラシ張本ノ人々ヲ執テ予ガ手ニ付與セバ予爾ヲ打ツヿヲ止ン否ズハ速ニ兵ヲ加ヘントスト

しかし、これより以前にベネチェアの土人(住民)は初めよりフランス軍に敵対抵抗していたが、フランス軍も漸く勢いを得て、この地を攻略したのでヘルガモ(地名 Bergamo ベルガモ ロンバルディア州ベルガモ県の県都)、フレンシア(地名 伊語 Firenze 蘭語 Frorence トスカーナ州の州都、フィレンチェ県都、フローレンスと表記されることもあるが、以後はイタリア語のフィレンチェで記す)などの諸都市は皆ベネチェアのアリスーカラチー(蘭語 Alliantie 同盟?・)に叛いて独立した。ベネチェアの悪党共(反共和制者)はこれを怨み、この度の共和制の新法を立てる者を殺し、並びに、フランスより派遣した人々を闇討ち(暗殺)した。ナポレオンはこの時、深くドイツの地(現オーストリア)に在ったが、この事を聞いてユーデンブルグ[地名](独語 Judenburg 現オーストリアのシュタイアーマルク郡の郡庁所在地)の本陣(駐屯地)より四月九日書簡をベネチェのドーゲ[公と言う意](蘭語 doge 共和制の総督)に送って言った。「私は今、深くドイツ(オーストリア)の地に在るので、私はあなたに兵を加える(攻撃)事はできないと思うのですか。我イタリアに駐在する兵は、私が一度攻撃を命ずる時は我命令に依って恨み百倍にして悪党共(反共和制者)に報復する。今、私は一将軍、ブリガーデ[陣隊の名」（前記　旅団）の将として私の意志を示す。進軍か和睦か、あなたの望むところに任せます。あなたが急に一揆（叛乱）を鎮圧する策を施して、張本人の人々を捕らえて、我が方に差し出せば、私はあなたを攻撃する事を止める。そうでなければ速やかに攻撃する」と。

○「ヘ子チヤ」ノ徒黨等ノ主意ハ「オーステンレイキ」ニ攻入リタリシ拂郎察軍ノ後ヲ絶チ意太里亞ニ止ル拂郎察軍并ニ「アケンテレ」[土人ノ名カ不詳]ヲ殺シ意太里亞ノ新法ヲ滅シ新法ニ與ミスル黨ヲ追拂ントナリ「ヲーステンレイキ」未ダ「マンチェア」府ヲ失ハザル間ハ「ヘ子チヤ」ノ惡黨等アラハニ拂郎察ニ敵セザルワケハ若シ此時拂郎察ニ敵セバ「マンチェア」危急存亡ノ時ナルニ[二一九]「ベルガモ」「ブレスシヤ」「ヘロナ」ノ諸府皆一時ニ叛キテハ「マンチェア」難義ニ及バント猶豫センガ今ハ「マンチェア」モ落チ「ベルガモ」「ブレスシヤ」「ヘロナ」モアラハニ叛キタレバ兎テモ頼ミナシト決シテ「ヘ子チヤ」兵ヲ起シ「ヲーステンレイキ」帝ニ與ミシ「テイロル」中ノ拂郎察ニ叛ル黨并ニ「ヲーステンレイキ」ノ将「ラウドン」ヲ合シテ軍ノ前觸レモナク先ヅ「テイロル」ニ亂入ス

○ベネチェアの徒党（反共和制者）などの（叛乱）の主意は、オーストリアに攻め入ったフランス軍の後方を絶ちて、イタリアに駐留するフランス軍並びにアケンテレ［住民の名か不詳］（蘭語　Agent　警官）を殺し、イタリアにおける新法（共和制）を廃止して、新法に組する党を追い払う事であった。

オーストリアがまだマントヴァを失なわない間はベネチェアの悪党(反共和制者)たちは露骨にフランスに敵対しない理由は、若し、この時にフランスに敵対すればマントヴァが危急存亡の時にベルガモ、ブレスシヤ(イタリア地名 Vicenza ヴィツェンツァ ブレンダ川東方の都市)、ヘロナ(イタリア地名 Verona ヴェローナ)の諸都市が一時に皆叛いたならば、マントヴァに難義が及ばんと猶予したが、今はマントヴァも降伏してベルガモ、ヴィツェンツァ、ヴェローナも露骨に叛いたならは、とても頼みにならんと決めて、ベネチェアは挙兵してオーストリアの帝国に組んで、チロルに駐在するフランス軍に叛する党、並びにオーストリアの将軍ラウドン(人名 ヨーハン・ルートヴィヒ・アレクシス・ラウドン、ウィーンにあるラウドン宮殿のエルンスト・ギデオン・フォン・ラウドンの甥)を合わせて軍の前触れもなくチロルに侵攻した。

巻二上

「ペスキーラ」并ニ「ヘロナ」ニ在ル拂郎察ノ備ヘ甚弱ク「サロ」ニ於テ「スラホニー」〇「ヲーステンレイキ」中ノ王國ノ名ノ兵押來リ又「ヲーステンレイキ」ノ將「ラウドン」「チリトンテ」ト「ロヘリート」ニ到ル時「ヘ子チヤ」國中大騒動トナリ「フリアウル」ヨリ「ベルガモ」ニ至ルマデ拂郎察ノ備ヘ皆ウチ負テ或ハ殺サレ或ハ生擒ラル拂郎察ノ將「バルラント」其處ノ城中ニ引入リ第十八日敵將「ラウドン」ト止兵ノ約ヲ結ブ然ル所第十九日ヨリ第廿三日マデ百姓兵四萬人ニ圍マル味方ノ將「キルマイ子」急ギ六萬人ヲ集メテ「エッツ」河ヲ渡來テ之ヲ救フ「ナポレヲン」「ヲーステンレイキ」ト和ヲ結ブ爲

二手間ドリテ斯クマデ「ヘ子チヤ」ノ兵ヲ増長セシメタリ

ペスキーラ（地名　Pescara　イタリアのアブルッツォ州ペスカーラ県の県都）並びにヴェローナに駐在するフランス軍の備えは甚だ弱くサロ（地名　Salo　サロ、ロンバルディア州ブレシア県の都市）に於いてスラホニー［〇オーストリア中の王国の名］（地名　蘭語　Slavonia　スラヴォニア王国、現クロアチア東部地方）の兵が攻めて来て、オーストリアの将軍ラウドン（人名　前記）、チリトンテ（人名　詳細不詳）とがロヘリート（地名　Rovereto　ロヴェレート　トレンティーノ＝アルト・アディジェ州トレント県の都市）に到着した時にベネチェアの国内大騒動となり、フリアウル（地名　Friuli　フリウリ　フリウリ＝ヴェネチェア・ジュリア州の北東部のウーディネ等を含む地域）よりベルガモに至るまでフランスの守備兵は皆打ち負けて、或いは殺され或いは捕虜にされた。フランス軍の将軍バルランド（人名　詳細不詳）は其所の城中に引入って敵将ラウドンと停戦の約束を結んだ。一九日より二三日まで百姓兵四万人に囲まれた。味方の将軍キルマイネ（人名　詳細不詳）急ぎ六万人を集めてアディジェ川を渡って来てこれを救った。ナポレオンはオーストリアとの和睦を結ぶために手間取って、このようなまでにベネチェアの兵を増長させてしまった。

和睦ノ議スムト直ニ「ナポレヲン」其總軍ヲ引テ獨逸ヨリ歸リ第四月ノ末第五月ノ始ニ「ヘ子

巻二上

チヤ」ノ總國陣取リシ「ヘ子チヤ」ノ府ヲ圍ミ「ペルマノウハ」ノ地ヨリ千七百九十七年第五月三日斯様ノ譯ニテ軍スルト云フ觸狀ヲ造テ贈ル其辭ニ云々　「ヘ子チヤ」ノ府ニ聞エケレハ〔二-一〇〕「ヘ子チヤ」ノ「ドーゲ」（公義）ノ大ニ諸吏ヲ會メ之ヲ議ス久々考察セシ上ニテ「ドーゲ」左ノ旨ヲ發言ス「ヘ子チヤ」只今ノ治ハ民ノ爲ニ不便ナリ之ニ因テ府ノ諸吏悉ク官ヲ辭シ大將「ナポレヲン」ノ擇ミニテ長官（「コムミッシー」）ヲ立テ其裁許ヲ以テ吏ヲ申付ルヿヲ爲スベシト云フ七百人同意シ只五人不同意ノ者アリ其中執政三人ヲ禁獄メ全ク治體ヲ改革シ其觸出シハ土地ノ掟ニ任セラル

和睦が締結されたら直にナポレオンはその総軍を率いてドイツ（現オーストリア）より帰って、四月末から五月初めにベネチェア総国軍の陣取っているベネチェアの市街を囲み、ベルマノウハ（地名 Belluno ベルーノ　ヴェネット州の都市）の地より一七九七年五月三日に、このような訳で進軍するという触れ状を造って送った。その辞に云々。ベネチェアの政府に聞き届けられたのでベネチェアのドーケ（前記　総督）は大至急に諸官吏を集めて会議した。長い間考えた後にドーゲは左のような発言をした。「ベネチェアの現在の治世は国民のためには不便（不弁　貧しい）である。因って政府の諸官吏は悉く辞官して大将ナポレオンの擇み（抜擢）にて長官［コムミッシー］（蘭語　commissaris　長官）を立て、その裁許を以って管理を申し付ける（任命する）ことと為すべきである」と言った。七百人は同意し、ただし、五人不同意の者があった。その中の執政三人を禁獄にして、そのほかは全て統治体制の改革をし、その触れ出し（触書　庶民への法令）はその土地の掟（規則）に任せた。

○「ナポレヲン」夫ヨリ「ミラー子ン」ニ赴ク爰ニテ諸事申達シ夫ヨリ「モンテベルロ」ニ着シ此ニテ意太里亞會治ノ次第并ニ學藝ノ世話致シ夫ヨリ「ゲニュア」ニ於テ民ノ爲ニ改革ヲ建ツ

○ナポレオンはそれよりミラノに赴き、此処で諸事の申し渡しをして、それよりモンテベルロ（地名Montebelluna　バッサーノの東の都市）に着任した。ここでイタリア会治の次第（実施）、並びに学芸の復興を致し、それよりジェノヴァ国民のために改革の政府を樹立した。

○爰ニマタ拂郎察本國ニテハ王族ノ等「ウェットゲーヘンデフルカーデリンブ」（一種ノ執政官ノ黨ノ義）ニ迫リ再タビ争亂起リ「ウェットゲーヘンデマクト」（一種ノ執政官ノ威勢ノ義蓋シ官名ナルカ未詳）ト「オイトフーレンデマクト」（觸役ノ威勢ノ義蓋シ官名ナルカ不詳）ト争論起リタリ是等ノ騒動ニテ「ヲーステンレイキ」ト和睦ノ相談大ニ延引シケリ

○ここに、また、フランス本国においては王族の等（輩、階級）はウエットゲーヘンデ（蘭語　Wetgevend　立法院　フルカーデリンブ　蘭語　詳細不詳）［一種の執政官の党の義］の党内で勢力迫り、再び争乱が起こり、ウエットゲーヘンデ　マクト（蘭語　Wetgevend　立法院　Macht　勢い、政権、党）［一種の執政官威勢の義蓋し官名なるか未詳]とオイトフーレンデ マクト(蘭語 Uitvorend 権力実行の Macht 勢い、政権、党 ここでは総裁政府の五人の執政官のことか?)[触役の威勢の義蓋し官名なるか未詳]と争論が起こった。また、これらの騒動にてオーストリアとの和睦の相談も大変延期された。【フリュクティドール一八日のクーデター。オーストリアの支援を受ける王党派に対してバモス、ルーベル、ラ・ルヴェリエールの共和派が軍部オージューローの協力で起こした一七九七年九月四日のクーデター】

又「ヲーステンレイキ」ニテハ段々日ヲ延ル間ニ是ヨリ六月前ニ記シタル約ヲ破ントゾ計リケル「ナポレヲン」之ガ爲ニ「モンテベルロ」ニ止ルヿ總夏中ナリサテ拂郎察本國ノ騒動第九月第四日マデニ方付タレバ今ハ和睦ノ手詰ニ及ビケリ此時「ナポレヲン」「パッセリアノ」ニ止リ「ヲース[二一二]テンレイキ」帝ノ使者ハ「ウヂ子」ニ止リ日々兩國相會シテ評議スレトモ「ヲーステンレイキ」ノ使者兎角グヅぐ引ヅリテ兼テ約シタル定ヲ變ゼントス此時「ナポレヲン」大ニ怒リ躍起テ曰ク何如ニ公等未ダ事ヲ決セザルカ六月前ニハ爾等震慓シテ我ニ和ヲ乞ヘリヨシく然ラバ爾等ガ願ヲ聽入レ又ゾモトくニシテヤル諸民ノ難義ヲ憐メバコソ斯マデ猶豫シタレイデ物見セント鬼神ノアバレタル如キ顔色ニテ使者ヲ白眼ツケテ机上ニ在合フ已ガ蓋(サカ)ヲ取テ地上ニハタト擲ツケタリ「ヲーステンレイキ」ノ使者共之ヲ見テ大ニ畏レ惶キ「ナポレヲン」ガ前ニ屈伏メ將軍陣屋ニ歸リ玉ヘ如何ニモ命ノ如ク和睦ノ約ヲ定ムベシ迚千七百九十七年第十月第十七

日「カムボホルミド」ニ於テ兩國和議整ヒケリ

また、オーストリアは段々日を延期される間に、これより六ヶ月以前に記したる約束を破ろうとした。ナポレオンはこれが為にモンテベルナに留まることは総て夏中となった。フランス本国の争乱は九月四日までに片付けたので、今は和睦の大詰めになった、この時、ナポレオンはバッセリアノ(地名 Bassano der Grappa バッサーノ ヴェネット州ヴィチエツァ県の都市)に留まり、オーストリア皇帝の使者(コベンツル)はウジネ(地名 Udine イタリアのフリウリ=ヴェネチェア・ジュリア州ウーディネ)に留まって日々両国相会して評議したけれども、オーストリアの使者は兎角グズ〳〵引きずって、兼ねて約束した協定を変更しようとした。この時、ナポレオンは大いに怒り躍起して言った。「如何に公等(あなたたち)は、未だに事を決められないのか。六ヶ月前あなたたちは震慄(しんりつ)(恐れて震え上がる)して私に和睦を乞いた。よしよし、そうであるならば、あなた達の願いを聞き入れて、またぞ、もともとにしてやる。諸民の難義を憐れめばこそ、斯くまでも猶予して物見せん」と、鬼神の暴れたるが如き顔色にて使者を白眼視(冷淡に扱う)して、机上に在り合わせた蓋[カサ](実はコベンツルがロシア女帝エカテリンナからもらったコーヒー・セット)を取って地上にハタと投げつけた。オーストリアの使者共はこれを見て、大いに畏れ惶きナポレオンの前に屈伏して将軍の駐屯地に帰り給いて如何にも命の如く和睦の協定を定むべきであるとして、一七九七年一〇月一七日カルポ・フォルミド(地名

Campo-Formio前記のウーディネ市郊外のカンポ・フォルミオ村）において両国の和睦は成立した。【この一七九七年一〇月一八日のカンポ・フォルミオ条約により、ベネチェア共和国とジェノヴァ共和国は消滅した】。

○和議終テ「ナポレヲン」士人「モンゲ」ト大將「ベルチール」ト（○大將ノ列士人ノ上ニアルヘクオモハル卽チ下ノ書中ニハ「ベルチール」ヲ「モンゲ」ノ先ニ序デタリ此ニ「ベルチール」ヲ後ニセルハ恐クハ誤倒セシナラン去レトモ何ゾ「モンゲ」ヲ先ニスル義アリテ斯クナセルヿ有ルモ知ラサレハ姑ク原寫ノマヽニ依テ後ノ考ヲ俟ツ）兩人ヲ使トシテ和睦ノ章ヲ「パレイス」ニ遣シ且ツ「ヂレクトイレ」（總宰官巻三ニ註ス）ニ書ヲ贈テ曰ク

○和睦を終えてナポレオンは士人（人士、教育や地位のある人）モンゲ（人名 Gaspard Monge 1746-1818 ペリューズ伯爵ガスパール・モンジュ フランスの数学者で微分幾何学を開発した。軍事面では大砲鋳造や火薬製造法を開発して、フランス革命時は海軍大臣も務めた。この時にはローマ法王からフランスに譲渡された絵画や彫刻を受け取るためにイタリアに派遣されナポレオンと知り合った）と大将ベルチール（前記 フランスの将軍ベシェール）と［大将の列が士人の上にあるべく思われる。即ち下の書中にはベシェールをモンジュの先に序ありて斯くなせる事あるも知らざれば姑（しばら）く原写のままに依って後の考察を俟つ］（本書出版者の松岡台川がモンジュのことをよく知らなかった為にこのような註を付けたと思われる）。両人を使者として和睦の文章をパリに遣わしジレクトイレ〔総宰官巻一に注す｝（前記　総宰官）に書簡を送って言った。

那波列翁再拜メ書ヲ「ビュルゲルヂレクトイレ」○按スルニ「ビュルケル」ハ譯メ城内街ノ士民トス素姓正シキ民ノ城内ニ在テ事アル時ニハ兵士トナリテ王ヲ守護スル者ヲ云フ也之ヲ「ヂレクトイレ」ニ冠メ稱スルハ蓋シ「フランス」騒擾ノ時「ビュルゲル」等ノ義團ヨリ會（[二一―二二]）治ノ立タルナランサテ「ヂレクトイレ」ハ其黨ノ總宰ナレバ「ビュゲルヂレクトイレ」ト稱スルヿ猶市令ヲ「ビュウゲルホーフド」書長ヲ「ビュルゲルメーステル」ト云ノ類ノ如キカサレトモ固ヨリ杜撰ノ考ナレバシカトハ言ヒガタシ尚識者ニ就テタヅヌベキナリ足下ニ上ル今大將「ベルチール」ト士人「モンゲ」トヲシテ和睦ノ會盟ヲ案下ニ報ゼシム「ベルチール」ハ才智勇猛愛國ノ三ツ備レリ實ニ國ノ棟梁干城也渠レ徵シセバ意太里亞ノ軍幾ンド捷サラン不佞渠ト親友莫逆ナルヲ以テヤ或ハ兩人功ヲ争テ互ニ禍心ヲ懐リト讒スルアリ我レ斯言ヲ患ヘズ渠ガ國ノ爲ニ忠ヲ効スヿ勝テ計フ可ラズ國史當ニ其事ヲ記メ千載ニ傳フベシ天下モ亦ソノ功ヲ稱セン士人「モンゲ」ハ術學兼備ノ一士ナリ渠ノ意太里亞ニ在テ國忠ヲ効スヿモ亦少ナカラズ渠レマタ新發明ヲ以テ國家ノ益ヲ顯スヿ多シ案下厚ク斯二人ヲ遇メ國家ノ用ニ備ヘヨ是願フノミ

ナポレオンは再拝して書簡をビュルゲル（蘭語 Burger 平民、市民）、ジレクトイレ（前記 総宰官）［○案じるにビュルケルは訳して城内街の士民とする。素性正しき民で城内にあって事ある時には兵となって王を守護（護衛）する者を言う。ジレクトイレに冠して稱するのは、まさしくフランス騒擾〈フランス革命〉の時に、ビュルゲル（市民）等の義団より会治を成立させた。ジレクトイレはその党の総宰なれば、ビュウゲル　ジレクトイレと称する事は猶、市令（市長）をビュウゲル　ホーフド（蘭語　Provoost 市長）、耆長をビュルゲル　メーステル（蘭語 Meester 親方、長、頭）と言う類の如くか。されども固より杜撰の官がなればしかと言いがたし。尚、識者に就いて尋ねるべきなり」。足下（書簡の敬語　貴殿）に呈上した。「この度、大将ベシェールと士人のモンジュとをして和睦の会盟を案下（机下）に報告させます。ベシェールは才智、勇猛、愛国の三つを備えて国の棟梁、干城（軍人）である。渠（彼）を徴（呼び出す）せたならばイタリアの軍は幾度も捷（勝）せられた。不佞者は彼と親友莫逆（ばくげき）（意気投合して極めて親密な関係）な関係になる事を以って、或いは両人が功を争って互いに禍心（禍害をくわえようとする心）を懐りと譏（そし）る者があった。私はこのような言葉を恚えず彼が国のために忠誠を施す事が勝って計るべきではない。国史に当るに其事を記して千載（長い年月）に伝えるべきである。世間もまたその功績を称賛するであろう。士人モンジュは術学（芸術と学問）兼備の士である。彼のイタリアに在って国への忠誠の功績となる事はまた少なくない。彼はまた新発明を以って国益を顕著にする事が多い。案下（机下）厚くこの二人を待遇して国家のために備えよと願うのみである」。

巻二上

「ナポレヲン」和睦ヲ取替セ書ヲ以テ拂郎察ニ歸リ之ヲ「ヂレクトイレ」ニ上ル其届書ニ曰ク拂郎察ノ民諸國ノ王ト戰テ此獨立ヲ致シ千七百年來ノ惡弊ヲ矯テ此間然スルコ無キ良政ニ復セリ僧侶采邑［レーンステルセル］王侯歐羅巴ヲ呑ムコ殆ンド二千年［○僧侶采邑王侯云々語意ノ少シク足ラサルヲ覺ユ恐クハ脱字アラン］今ノ和睦以來更始

ノ始年トス吾ガ大邦今也天ノ賦スル所[二一三]ノ封彊ニ復セリ豈愉快ナラズヤ今予「カムポ・ホルミド」ニ於テ帝ト相講セル和睦ノ書ヲ案下ニ呈ス何ノ榮カ之ニ如ン

ナポレオンは和睦の取決書を以ってフランスに帰り、これをジレクトイレ（前記　総宰官）に呈上した。この届出書に曰く。

「フランスの国民は諸国の王と戦ってこの独立を致し、千七百年来の悪弊を矯正して、この間、今までにない良政に復した。僧侶、采邑（領地）［レーンステルセル］（蘭語　Leensteisel　封建制度）、王侯、ヨーロッパを呑む（支配する）事、二千年［僧侶、采邑、王侯云々語意の少し足らざるを覚えるに恐らく脱字あらん］。今日の和睦以来、更始（古いものを改め、新しく始める）の始め年とした。わが大国、その時である。天から与えられた所の封彊（領土の境、国境）に復した。何で愉快でないものか。カルボ・フォルミオに於いて皇帝と相講じる和睦の協定書を机下に呈上する。何と光栄な事か。これの如くであります」。

「オイトフーレンド・ベウインド」（「ナポレヲン」執政ノ最官トナリ改革セシヨリ以前立ル所ノ國■ノ名ノ）頭取此書ヲ受取リ且之ニ「ナポレヲン」ノ軍功ヲ書添テ府庫ニ納メタリ且ツ「バルラス」「ナポレヲン」歐羅巴諸州ノ靜謐ヲ致シ諸民ノ安全ヲ致シ國家無窮ノ休ヲ爲セリト之ヲ稱賛シ尚之ヲ勸テ「ポー」河「レイン」河「ナベル」河ヲ打破リタル軍士ノ頭トシ航海シテ令名ヲ著セヨト云フ

オイトフーレド・ベウインヅ［ナポレオンが執政の最官となり改革するより以前に立てられた国■の名］（蘭語　前記オイトフーレド　ベウィンド　蘭語　Uitvorend　権力実行の　Bewind　管理、命令、統治する。ここでは総裁政府の五人の執政官のことか？）の頭取（議長）は、この書状を受け取り、且つ、この書状にナポレオンの軍功を書き添えて府庫（藏）に納めた。且つ、パオリ（人名　前記）は「ナポレオンがヨーロッパの静謐（世の中が穏やかに治まる）に致し、諸国民を安全に致し国家無窮（無限）の休戦を為した」と、これを称賛して、「なお、ポー川、ライン川、ナイル川を打破る兵士の頭として航海して令名（名声）を著せよ」と言った。

巻二上

○「ナポレヲン」「パレイス」ニ歸ルヤ野心ノ者アリテ之ヲ毒殺セントス竊ニ之ヲ訴ル者有リ「ナポレヲン」之ヲ口外スナト戒メ其夜ハ熟睡シ翌朝膳ニ就ク相伴ノ歴々並居タル所ニ「ナポレヲン」毒ヲ進メタル者ニ向ヒ言テ曰ク爾吾ヲ毒殺スルカト其人霹靂ニ打レタル如ク恐惶シテ地ニ伏シ一言モ出ス所ヲ知ラズ「ナポレヲン」猶其由ヲ糾明シ早速暇ヲヤリタリ時ニ「ナポレヲン」「ヂレクトイレ」ヨリ英吉利亞ヲ伐ツ大將ヲ命セラレ專其支度ナリケリ

○ナポレオンはパリに帰ると野心の者があって毒殺しようとした。密かにこれを訴える者が有りナポレオンはこれを口外するなと戒めてその夜は熟睡して翌朝膳に就いた。相伴う同席の歴々の人の並び居る所にナポレオンに毒を勧めたる者に向って言った。「お前は私を毒殺するか」と。その人は霹靂（急激な雷鳴）に打たれた如く恐惶（おそれかしこみ）して地に伏し一言も言うべきことを知らず、ナポレオンはその理由を糾明して、早速暇を出した。時にナポレオンはジレクトイレ（前記　総宰官）より、イギリスを征伐する大将を命じられ、専らその支度に専念した。

「ナポレヲン」「ヲーステンレイキ」ト會盟整テヨリ「パレイス」ニ凱歸シ今度ハ阨入多（國名「エジツト」）ニ發向ス爰ニ其諸説區々ナル中ニ左ノ説ヲ言フ者多シ「ナポレヲン」本國ノ爲ニ大功ヲ立テレバ萬民ノ仰望モ殊更ナレバ後ニハ何如ナル大事ヲ起スマジキニモアラズト諸執事竊ニ議メ今度ノ役ヲ命ジタリ若シ幸ニメ捷タバ「ブリタニヤ」（國名〇即英吉利亞）ノ威力ヲ剉ギ本國ノ洪益ヲ興スベシ若シ打負バ渠ガ滅亡ヲ手ヲ濡サズシテ致スナリ又一説ニハ左ニアラズ今度ノ役ハ専「ナポレヲン」ガ胸中ヨリ出タルヿニテ己不朽ノ名ヲ萬代ニ垂レ英吉利亞ノ印度中ノ威ヲ挫ギ本國ヲシテ「ブリタニヤ」ノ如ク東方諸國ノ商賈ヲナサシメン大志ナリト去レバ何レニモセヨ「ナポレヲン」〔二一四〕百九十四艘餘ノ軍艦ヲ調ヘ一萬九千人ノ軍卒并ニ夥多ノ學者術者ヲ以テ千七百九十八年第五月「トウロン」ノ港ニ備ヘタリ此度ノ軍ヲ驍勇不可當兵（「オンフルウィン子レイキレーゲル」）ト名ヅケタリ「ナポレヲン」軍ニ誓言メ曰ク

ナポレオンはオーストリアとの会盟（盟約）を整えてよりパリに凱旋して、今度は阨入多［国名エジェット］（蘭語 Eghpte エジプト）に発向した。ここにその諸説区々（まちまちある）なる中に左の説をいう者多い。ナポレオンは本国の為に大きな功績を立てたので、万民の仰ぎ望者も殊更なれば、後には如何なる大事を起こさないとも限らないと諸執事は密かに議論して今度の役を命じた。もし、幸に勝てばブリタニア［国名即ちイギリス］（蘭語 Britannie ）の威力を剥ぎ、本国の溢れる利益を興す、もし、打ち負ければ彼の滅亡を手を濡らさずして致すことである。また、一説には左様ではない。今度の役はナポレオンの胸中より出たる事でして、己の不朽の名を万代に垂らし、イギリスのインドへの威力を挫（くじ）き、本国にイギリスの如く東方諸国と商売を致そうという大志あると。されば、何れにせよ、ナポレオンは百九四艙艘余の軍艦を調え、一万九千人の軍卒並びに夥多の学者術者を以って一七九八年五月ツゥーロンの港に準備した。この度の軍を驍勇（ぎょうゆう）（勇ましく強い）不可当兵（不可能な困難に当る兵士の意？）［オンフルウィンネ レイキレーゲル］（蘭語 Onfeilbaar 欠点なき、誤らない Winnen 勝つ Legioen 軍隊 Regel 規則 無欠常勝軍団、無敵軍団の意味？ 小関三英はオンフルを不可當 Onredelijk 不可当な、敵対できないと訳している）と名付けた。ナポレオンは軍に誓言して言った。

嗚呼我將校并ニ士卒今ヲ去ルㄱ二年前予爾等ヲ率テ「ゲニュア」ノ河ニ到シ時糧食竭キ資

乏クメ爾等ガ佩ル所ノ時辰表ヲ賣テ糧ニカヘタルコト有リ予當時ニ爾等ニ意太里亞ニ入ラバ諸持物山ノ如ク得ベキコトヲ論シタリナニト予カ約セシ通リニ參ラザランヤト此時軍士同音ニ然リ〳〵ト呼ハリタリ「ナポレヲン」重子テ誓言セルハ

「ああ、将校並びに兵士諸君、今を去る事二年前、私は諸君を率いてジェノヴァの川に到った時に糧食竭き物資乏しくして諸君が佩る（おび）（心細くなる）所の時、辰表（不詳）を売って食糧に代えた事もあった。私は当時に諸君にイタリアに入れば諸持物は山の如く得られる事を論じた。何と私が約束したことをしなかったことがあろうか」と。

この時、兵士が同音に「そうだ〳〵」と叫んだ。ナポレオン重ねて誓言し事は。

巻二上

活刷　那波列翁傳初編

巻二下

［二―二五］

爾等本國ニ事ルヿ未ダ足ラズ本國モ亦爾等ニ報ズルヿ未ダ足ラズ今予爾等ヲ率テ一國ニ赴ク爾等ヲシテ已前顯ハセシ勲功ヨリモ尚倍スル大功ヲ著ハサシメン爾等此不可當兵ノ名ヲ空クスルヿ勿レ今舟工等爾等ガ勇ニ及バズト雖トモ其志共ニ本國ノ利ヲ效スニ在リ爾等心ヲ同クメ忠ヲ本國ニ竭スベシ爾等宜ク舟工ニ習テ海陸共ニ功ヲ致スベシ

此誓ヲ聞テ軍士同音ニ行ケヤ不朽ノ會治ノ人々ヨト唱ヘ種々ノ軍歌ヲ謡ヒ發船シタリ

「兵士諸君はフランス本国に仕える事はまだ足りない。また、本国も諸君に報いる事まだ足りない。私は諸君を率いて一国(エジプト)に赴く。諸君が以前に顕わした勲章功績よりもなお、倍する大きな功績を著わさせよう。この不可当兵(前記)の名を空しくする事はない。今、舟工(舟大工)たちは諸君の武勇には及ばないが、その志は共に本国に利益を持たらす事であって、諸君と心を同じくして、忠誠を本国に竭(尽)くすべきである。諸君は宜しく舟工に習って海陸共に功績を致すべきである」。この誓いを聞いて兵士たちは同音に「行くぞ、不朽不滅共和国の会治の人々よ」と唱え、種々の軍歌を謡い舟は出港した。【ナポレオンのエジプト・シリア遠征とは一七九八年五月一九日の五万人の兵を率いて、フランスのトゥーロン港を出港してから八月のネルソン率いるイギリス軍とのナイルの海戦(アプキールの海戦)、シリアへの侵攻して、一七九九年二月のトルコ軍との戦い、アブキールの陸戦などがあり、フランス国内事情もあり、一七九九年八月二三日にエジプトを離れ、コルシカ島に立ち寄りフランスのフレージュ港に帰国するまでの事。ナポレオンはエジプト遠征でトルコ・イギリスのエジプトにおける影響力の排除とアジアへの進出という目的は果たせず、エジプト遠征は失敗に終わったが、しかし、約四百人の学術調査団はその責任を充分に果たし、ナポレオンは一八〇二年に「エジプト誌」を刊行した。エジプト学を確立させたことは、かれの学術的な功績であった】。

斯テ軍艘「マルタ」島ニ着シ島ノ太守ニ舟中ノ薪水ヲ乞ヒケルニ太守ヲ之ヲ辭シタレバ總軍一同ニ上陸シテ襲ヒカヽル二日ニメ太守大ニ敗北シ和睦ヲ請フ此ニ於テ左ノ約ヲ定ム第一島ノ「リッテル」（高位ノ官人ノ名蓋シ國主ニ代テ政柄ヲ執ル）ノ輩此島并ニ「ゴソ」島「キュミノ」島ヲ以テ拂郎察ノ手ニ屬スベシ第二島ノ太守ハ年貢金三十萬「レフレス」（量名〇我ニ匁ニ分六厘六毛餘）ヲ取リ拂郎察ノ「リッテル」ハ毎人七百「レフレス」ヲ得ベシ第三島ノ「リッテル」ノ輩ト住人ト各自ノ家賃各自ノ分限各自ノ宗門ヲ守ルベシト八日ノ間ニ於テ右ノ一件并ニ島ノ改革法ヲ立テ島ノ司ヲ大將「ハウボイス」ニ托シ爰ヲ發船シテ亞弗利加指シテ急ギケルガ第六月第三十日ニ［二一―二六］「アレキサンドリヤ」ノ沖ニ碇着ス此ニ於テ「ナポレヲン」其軍士ニ誓言ヲ下メ曰ク

斯くして軍艘（軍船）はマルタ島（Malta島、地中海イタリアのシシリア島の南にあるマルタ共和国最大の島、首都はバレッタ）に着いたので、島の太守（領主、統治者、マルタ島騎士団長フェルディナン・ド・ホン

巻二下

ペッシュ)に船中の薪水の補給を頼んだが、領主はこれを拒否したので、総軍一挙に上陸して攻撃したら、二日にして領主側は大敗北して和睦を願い出た。ここに於いて左の条約を定めた。第一条、リッテル(蘭語 Ridder 勲男爵士 勲位と爵位の官吏)[高位の官吏の名称 まさしく国主に代わって政柄(政治上の権力)を執る]の者は、この島(マルタ島)並びにゴゾ島(Gozo島 マルタ島の北にある島)とキュミノ島(Kemmurna島 ゴゾ島とマルタ島の間にある島)をフランスの所属にする。第二条、領主は年貢金(税金)三〇萬レフレス(仏語 Franc フラン)[量名○我二匁二分六厘六毛余り](一匁は小判一両の六十分の一、分は匁、厘は分、毛は厘のそれぞれの十分の一)を徴収して、フランスの勲爵官は全員七百フランを得る事。第三条は、島の勲爵官の者と住民は各自の家資産、各自の身分、各自の宗教を守る事。八日間で右の一件、並びに島の改革法を立て、島の司(官職、司令官)を大将ハウボイス(ナポレオンがマルタ島の統治を託したヴォーボア司令官のことか?)に託し、この島を発船してアフリカを目指して急いだが、六月三〇日にアレキサンドリア(地名 英語 Alexandria 古代アレクサンダー大王が名付けたエジプト第二の都市)の沖に碇着した。ここでナポレオンはその兵士に誓言を下して言った。

嗚呼吾ガ軍士今爾等企ル所ノ征伐ハ全世界ノ良俊ノ爲全世界ノ互市ノ爲ナリ爾等英吉利亞ニヒドキ攻撃ヲ加ヘ後々ハ死ヌホドノ目ニアハスベシ「マメリュック」○「マメリュック」ハ元奴婢ノ稱ナルヲ都爾格ノ俗ノ名トス因テ都爾格ニ隷スル「エギプテ」國ノ人ヲ呼デ「マメリュック」ト云フナリ「エギプテ」國ハ即チ阨入多ノコトナリ**ノ「ベイ」**○「マメリュック」ノ國ヲ主宰スル酋長ノ稱ナリ**等ハ英吉利ト格別ニ互市シ我國ノ商賣ニハ種々ノ經蔑ヲ**

加ヘ「子イル」地名人ヲ悪ク取扱ヘリ吾ガ軍至ラバ日ナラズメ彼等ヲ族滅セン此土地ニ於テ爾等ニ附合フ俗ハ皆「マホメット」宗門ノ名人ナリ決シテ其宗門ヲウツヿ勿レ其僧徒ヲ敬スルヿ吾ガ國ノ僧徒ノ如クスベシ○此土地ノ風俗我邦トハ大ニ相違セリ爾等宜ク此風俗ニ馴ル、様ニスベシ此國ノ婦女子ハ我邦ト違ヒ行儀正シカザルヿアリ去レトモ婦女ヲ奸婬スルヿハ何レノ國ト雖トモ皆曲事ニ定ム宜ク之ヲ愼ムベシ○掠奪ハ纔ノ人數ヲ利スルヿアルモ反テ我國ヲ辱カシメ其民ヲ仇トシテ親附セザラシム宜ク之ヲ禁ズベシ○我等第一ニ侵入スル都ハ卽チ「アレキサンデル」大王○所謂歷山王ノ創メシ所也此都ハ舊跡多シ爾等往々懐古感慨メ英風ヲ欽セン

「ああ、わが兵士、今、諸君の企てる征伐は全世界の良俊（才智優れた人）の為、全世界の互市（外国との交易）の為である。諸君はイギリスに酷き攻撃を加え、後々は死ぬほどの目に合わすべきである。マメリュック［○マメリュックは元奴婢の稱であり、トルコの俗名とする、因ってトルコの隷属国のエギプテ国の人を呼んでマメリュックと云う。エギプテ国は即ちエジプトのことである］（マムルーク Mamalik イスラム世界における奴隷身分の軍人。トルコ系の奴隷で、十三世紀から十九世紀にかけて、しばしば権力を握りエジプトを支配した。以下マメリュックはマムルークと訳す）のベイ（英語　Bey トルコ・エジプトの高位・高官の人に対する称号）［○マメリュックの国を主宰する酋長の稱である］などは、イギリスと格別に交易して、我国の商売には種々の軽蔑を加え、ネイル［地名］（Nile ナイル川）の住民

を悪く取扱っている。我軍が到着すれば、いく日もたたないで彼等を一族残らず滅ぼすであろう。この土地に於いて兵士諸君と付き合う人はみなマホメット（英語 Mahomet アラビア語 Muhammad イスラム教の教祖）［宗門の名］（イスラム教）人である。決してその宗門を非難してはならない。その僧徒を敬うことは我国の僧徒の如くするべきである。○この土地の風俗は我国とは大変違っている。諸君は、よくこの風俗に馴染むようにするべきである。この国の婦女子は我国と違い礼儀正しくないこともあるが、婦女子を奸婬（犯したわむる）することは、どこの国といえども、みな曲事（不正なこと）に定られているので、よくこれを慎むべきであう。○掠奪は纔（わずか）の人数の利することはあるが、反って我国を辱かしめて、その民を仇として親附（しんふ）（親しみつくこと）しなくなるので、よくこれを禁止すべきである。○我らが最初に侵入する（出会う）都は、アレキサンダー大王［所謂歴山王］（アレキサンダー大王、巻一に前出）の創った都市である。この都は旧跡が多い。諸君は諸所方々（ところどころ）に懐古感慨（昔の事をなつかしく感じて心を動かす）して、すぐれた徳風（徳が人を感化するさまを草が風になびき伏すさまのたとえ）を見出すであろう」。〈「ナポレオン言行録」岩波文庫　（兵への布告）参照〉　〈前掲「ナポレオン自伝」　一七九八年六月二二日の項参照〉

［二—二七］
「ナポレヲン」ハ英吉利亞ノ兵俄ニ襲來ンヿヲ恐テ其夜上陸ノ用意ヲ申渡シ□闕夜上陸シテ大將「ケレベル」「ボン」「メノウ」「マルモント」等手分シテ四方ヨリ「アレキサンデリヤ」ニ襲懸ル此

時大將「ケレベル」額ニ鐵砲疵ヲ得シカドモ其士卒益々氣ヲ得テ力戰ス其翌日(日)未ダ没セザルニ其府并ニ城兩港ヲ乗取タリ此時「ナポレヲン」今度征伐ニ來ル由ト阨入多(エジット)ノ民ノ心得トヲ書タル觸狀ヲ阨入多ノ民ニ諭シ聞カス其文ニ曰ク

ナポレオンはイギリスの兵が俄かに襲来することを恐れて、その夜に上陸の用意を申し渡し□夜上陸して大将ケレベル(人名 クレーベル、Jean-Baptiste Kleber 1753-1800 後述のように一八〇〇年六月一四日カイロで暗殺、以後クレーベルで記す)、ボン(人名 ボン・アドリアン・ジャノー・ド・モンセー Bon Adrien Jeannot de Moncey 後述のモンセーと同じ)、メノウ(人名 ジャック=フランソワ・メヌー Jacques-Francois Menou)、マルモント(マルモン Auguste Frederic Louis Viesse de Marmont 1774-1852 エジプト遠征で将軍になった)等が手分けして四方よりアレキサンドリアに襲い懸った。この時、大将クレーベルは額に鉄砲疵を負傷したけれども、その兵士(部下)は益々気力を得て力戦した。その翌日、未だ(日の一字欠か?)没しない内に、その府(市街)並びに城と両港を占領した。この時、ナポレオンはこの度、征伐(遠征)に来た理由と阨入多[エジット](エジプト)の民の心得とを書いた触状をエジプトの民に諭し聞かしたその文に言った。

拂郎察民府ノ一吏總督「ナポレヲン」謹デ阨入多ノ民ニ諭ス夫レ阨入多ヲ押領スル所ノ「ベイ」

（見前）等我ガ國人ニ傲スルヿ久シ吾ガ商賈ヲ葅醢スルヿ甚シ今渠等罰ニ處セラル、時至レリ渠等又「カウシュス」又「ゲオルギヤ」ノ民ヲ買テ奴僕ト爲シ世界ノ美國ヲ暴虐シ盡ス今天之ヲ惡ミ其滅亡ヲ來サシム人將タ爾ニ告ン吾ガ師爾ガ宗門ヲ滅センガ爲ニ來ルト必ズ然ラズ吾ガ來ルハ爾等ガ科役ヲ緩クシ無道ナル慘虐ヲ制シ「マメリュック」人ヨリハ「ゴット」并ニ其「アルコラン」（○「ゴット」ハ天神ナリ此ハ蓋シ教祖ヲ指テ云フカ「アルコラン」ハ經文ノ名ナリ）ノ有ガタキヲ敬セシメンガ爲ニ來レリ是其賢良德義ヲ以テ衆ニ勝ルナリ「マメリュック」人何ノ賢良德義アリテ結構ナル福ヲ得ルヤ茲ニ美地アレバハヤ「マメリュック」人［二一二八］ニ屬シ茲ニ良僕良馬美宅アレバ「マメリュック」人ニ屬ス昔爾ガ國大縣邑航スベキ大川アリ大商アリ「マメリュック」人皆之ヲ破ル（○爾ガ國大縣邑云々少シク讀ガタキヲ覺ユ恐クハ脱字有ン）◯我ハ「マホメット」宗信人ノ友ナリ法皇曾テ「マホメット」宗ノ信人ヲ討ント要ス我既ニ法皇ヲ制伏セリ「マルタ」島ノ「リッテル」（見上）共亦「マホメット」宗ノ信人ニ兵ヲ加ルハ「ゴット」（天神ノ名）ノ意ナリト云フ我既ニ之ニ打克テリ我ハ永世大君（「ゴット」ヲ指ス）ノ親友ナリ故ニ大君ノ仇ヲ仇トス「マメリュック」人曾テ大君ノ命ヲ蔑ニシ已ガ我意ヲ縱ニス右我今「マメリュック」人ヲ征スル主意ナリ然ルニ爾等誤テ「マメリュック」人ヲ助テ我ニ敵セバ滅亡近キニ在リ第一我ガ師ノ近ヅク所三里ニアル邑ハ我ニ使ヲ遣ハシテ其臣服ヲ告ゲ且ツ白青赤三色ノ旗（○拂郎察國ノ徽號）ヲ建テ其服從ノ徵ヲ表セヨ第二我ガ師ニ敵スル村々ハ悉ク之ヲ燒クベシ第三我ニ加勢セント欲スル村々ハ其徵ノ旗ヲ大君（「ゴット」ヲ指ス）ノ旗ノ側ニ建テ之ヲ表セヨ大君等ノ友也第四「デ・セイクス」（未詳蓋シ官名カ）ハ「マメリュック」人ニ屬セル荷物家宅諸有（○此下脱文アルニ似タリ）「デ・セイクス」「デ・カ

デイス」「デ・イマンス」共ニ未詳蓋シ官名カ**ハ各其官ニ是マデノ通リニ留ルベシ土人ハ其家ニ安堵スベシ**

「フランス政府の一官吏で総司令官のナポレオンは謹んでエジプトの民に諭す。エジプトを押領（兵卒を監督、統率すること）するベイ［前出］等は我国の人に傲する（侮る）こと久しく、我が商売を葅醢（殺戮・切り殺す）すること甚だしい。今、彼等は罰に処せられる時に至った。彼等は、又、カウシュス（地名　Colchis　コルキス、現ジョージア西部の黒海側）、又、ゲオルギヤ（ラテン語　Gerogia　現ジョージア　旧グルジア）の民を買って奴隷と為し、世界の美しい国を暴虐し尽した。今、天はこれを憎み、その滅亡させる人が、将にあなた達に告げる。わが師はあなた達の宗教を滅ぼす為に来たと。決してそうではない。私が来たのは、あなた達の科役（課役、租税一般）を緩やかにして、無道な惨虐（みじめで、しいたげる）を制して、マムルーク人（当時のエジプトの支配者）以上にゴット並びにアルコラン［○ゴットは天神である。ここでは教祖を示して言うか。アルコランは経文の名である］（ゴット　蘭語　God　神　コーラン　蘭語　Koran　イスラム経典）の有難さを敬わせる為に来たのである。これはその賢良徳義（賢く善良で道徳上の義務）を以って衆（大勢の人）に勝っている。マムルーク人はなんの賢良徳義があって結構（充分）な幸福を得られるや。ここに美地（肥えた土地）があればマムルーク人に属し、ここに良僕、良馬、美宅あればマムルーク人に属する。昔はあなた達の国は大縣邑（広大な流域の意味か?）を流れる大河あり、大商業地があった。マムルーク人は皆これを破った。［○あなた達の国、大縣邑云々は少し読み難く思える。恐らくは脱字があろう」。○私はマホメット宗教徒の友である。(ローマ)法皇は、かってマホメット宗教徒を討とうとした。私は既に法皇を征服した。マルタ島のリッテル[前出](勲爵士)共もまた、マホメット宗教徒に兵を加えるのはゴット[天神の名](神キリストのことか)の意であると言う。私は既にこれに打ち勝てた。私は永世大君[ゴットを指示]の親友である。故に大君の仇を討とうとする。マムルークはかって大君の命(言付け)を蔑ろにして、おのれの我が意を縦にした。右の事が、私が今、マムルーク人を征伐する主意である。もし、あなた達が誤ってマムルーク人を助け、我が軍に敵対すれば近い内に滅亡がある。第一に吾軍師(ナポレオン)は三里の近くにいる。邑(君王の直隷地)は我が軍に使者を遣わして、その臣服(臣下として服従すること)を告げて、且つ、白青赤の三色旗[○フランス国の徽号(ここでは国旗の意)]を建て、その服従の徴を表せよ。第二に吾軍師に敵対する村々は悉くこれを焼きつくす。第三に我が軍に加勢せようと望む村々は、その徴の旗を大君[ゴットを指す]の旗の側に建ててこれを表せよ。大君などの友である。第四にデ・セイクス[未詳、蓋し官名か](蘭語 Schach ペルシャの君の称。首長の事)はマメルーク人に属せる荷物、家宅、諸有[○以下脱文があるように見える]。デ・セイクス、デ・カデイス、デ・イマンス[共に未詳、蓋し官名か]は、各その官にこれまで通り留まるべきである。(前掲「ナポレオン自伝」一七九八年七月二日の項には「もっとも賢明なひとたち、もっとも教養を積んだひとたち、もっとも有徳なひとたちが、統治にあたることであろう」とある)。住民はその家に安堵すべきである」。

〈前掲「ナポレオン言行録」布告参照〉

[二一二九]既ニ「アレキサンデリヤ」府ヲ取テ「ナポレヲン」法令ヲ立テ民ヲ撫循シ又諸港諸府ヲ固メシテ急ニ師ヲ率テ「カイロ」ニ發向ス是ハ敵ノ襲來ルノ用意ヲ挫ンガタメ又「カイロ」ノ府庫ノ物ヲ収運バセサランガ爲也

既にアレキサンドリアを占領してナポレオンは法令を立て、民を撫循(手なずける)した。また、諸港、諸都市を警固して、急に師(師団のことか)を率いてカイロ(地名　英語　Cairo　エジプトの首都)に発向した。これは敵の襲来の用意(準備)を挫くため、また、カイロの府庫の物を収め運ばせるためである。

第七月第七日「アレキサンデリヤ」ヲ發シ廣漠大熱ノ處水ナキ處ヲ難義メ通リ翌日「デメンホウル」ニ着ク夫ヨリ「カイロ」ニ發スル途中ニテ味方ノ將「デサイキ」「マメリュック」ガ七百人ノ兵ト行逢テ戰ヒケリ然トモ劇ク火砲ヲ以テ防ギケレバ敵等大半討レテ退キケリ次ニ「セブレイッセ」村ニ至レバ「モウラット・ベイ」(敵將ノ名〇「ベイ」ヲ稱スルヲ見レバ「マメリュック」酋長ノ種族ナル𪜈知ルベシ)夥多ノ騎兵ヲ率テ來ルニ逢フ此ニ於テ劇キ戰トナリ敵兵勢強クシテ味方ノ左右翼ヲ取圍レ巳ニ危急ニ至ル所漸クニ防ギヲフセタリ其後モ敵度々襲カヽリシカドモ遂ニ打負テ退キタリ此時敵兵死傷合テ三百人ナリ次ニ當

巻二下

月第廿日「デ・ピラミテン」ニ於テ戰ヒ始ル「モウラット・ベイ」勇猛ノ「ベイ」(上見)等ヲシテ精兵ヲ擇デ之ヲ以テ味方ニ襲掛ラシム味方夥ク火砲ヲ以テ之ニ當リ敵尚進ントスル處ニ味方大砲ヲ放テ之ヲ撃ケレバ敵軍大ニ敗北ス拂郎察勢北ルヲ逐テ敵地ノ城々ヲ撃チ殺戮スルコ勝テ計フベカラズ敵軍又「子イル」河ニ溺死スル者過半ナリ爰ニ於テ味方駱駝四百匹火砲五十ヲ獲ル敵兵死スル者二千人「ベイ」等モ大抵死傷ス拂郎察ノ兵ハ僅ニ二三十人死シ百二十人傷ク〔二一三〇〕其夜「マメリュック」共其煩手ノ乘ル「パッテイラ」(小舟ノ名)「コルヘッテン」「ブリッケン」(共ニ舟ノ名)加之「フルガット」(軍艦ノ名)サヘ燒捨テ「カイロ」ヲ引去リケリ

七月七日アレキサンドリアを発向して荒漠大熱(果てしなく広く、非常に熱い)の処、水なき処を難義して翌日デメンホウル(地名　英語Damanhur　ダマンフール　ブハイラ県の県都。アレクサンドリアの東南東にある都市)に着いた。それよりカイロに向う途中で味方の大将デサイキ(人名　仏語 Louis Charles Antoine Desaix de Veygoux 1768-1800　ルイ・シャルル・アントワーヌ・ドゼード・ブロイ　エジプト、第二次イタリア遠征での功績によりフランス革命期の功労者として凱旋門の表面に刻銘されている。以後ドゼーと記す)はマムルークの七〇〇人の兵と行き会って戦った。然れども、激しく火砲で防いだので、敵の大半は討たれて退却した。次にセブレイッセ村(地名　Shubra Kheit　スプラフィト、アレキサンドリアの東のナイル川沿いの町　スプラフィトの戦い)に至ったら、モウラット・ベイ[敵将の名○ベイと称することを見れば、マムルークの酋長の種族である事を知るべき]（ムラード・ベイ Murad Bey 1750-1801 イブラハム・ベイと共にマムルークの指導者）大勢の騎兵を率いて来たので、ここで激しい戦いとなった。敵兵の勢力強くて、味方の左右両翼を取り囲まれて、既に危急になったが漸くに防ぎ果せた。その後にも敵は度々攻撃して来たけれども遂に敗北して退去した。この時、敵兵の死傷者は合わせて三百人であった。次に当月二〇日（実際には七月二一日）デ・ピラミデン（蘭語 Pyramide ピラミッド ここではピラミッドの戦いのこと）に於いて戦いが始まった。ムラード・ベイは勇猛なベイ[前出]などにして精鋭な兵を選択して、この兵で味方の兵に襲い掛らせた。味方は夥しい火砲でこれに応戦して、敵は尚も進もうとするところに、味方が大砲を放って敵を攻撃したので敵軍は大敗北した。フランス軍は逃げる敵を追って、敵地の城々を攻撃して殺戮したことは、勝って計らう（手加減する）ことはなかった。敵軍で、また、ナイル川で溺死する者は過半であった。ここで味方はラクダ四〇〇匹（頭）、火砲五〇砲を獲得した。敵兵の死者は二千人、ベイなども大抵死傷した。フランスの兵は僅かに二、三十人の死者で百二十人の負傷であった。その夜、マムルーク共は熕手（大砲の打ち手）の乗るパッテイラ（ポルトガル語 Bateira 小舟）［小舟の名］、コルヘッテン（詳細不詳、舟のこと）、ブリッケン（蘭語 Brigantijn 大檣に桁のない二檣の船）［共に舟の名］、これに加え、フルガット（蘭語 Fregat 巡洋艦、軍艦）[軍艦の名]さえ焼き捨てて、カイロを引き去った。

當月第廿二日拂郎察「カイロ」ヲ取ル總軍萬歳ヲ唱テ「ナポレヲン」「カイロ」ニ入府ス拂郎察軍既ニ「カイロ」ヲ撃取リ「ナポレヲン」暫ク爰ニ滞留シテ諸事固メヲ爲シ夫ヨリ阨入多ヲ取ン企ニテ「イブラヒム・ベイ」(○亦酋長ノ名ナリ)ガ其兵ヲ以テ「シリヤ」ヲ指テ北ゲタルヲ逐掛タリ此時「イブラヒム・ベイ」ハ數多ノ亞剌比亞人ヲ率テ「エルハンカ」ニ在リ味方ノ將「レ・クレルク」之ト戰ヒケリ「ナポレヲン」更ニ其將「レイニール」ニ命メ「エルハンカ」ニ至リ「レ・クレルク」ヲ援テ「イブラヒム・ベイ」ヲ撃タシム味方ノ將「レ・クレルク」敵ノ野卒ヲ殺スヿ五十人亞剌比亞人ヲ殺スヿ夥多ニシテ「エルハンカ」村ヲ取ル「ナポレヲン」又其將「ラス子」「ゲュギュア」ニ命メ各其兵ヲ以テ爰ニ趣カシム

当月(七月)二二日フランス軍はカイロを取った。総軍は万歳を唱えて、ナポレオンはカイロに入った。フランス軍は既に撃ち取って、ナポレオンは暫くここに滞留して諸事を調えて、エジプトを取る企てにて、イブラヒム・ベイ[○また酋長の名である](英語 Ibrahim Bey 1735-1817 ルラード・ベイとともにエジプトの支配者)が、その兵を連れてシリア(地名 Syrian 歴史的なシリアは現在のシリア、レバノン、ヨルダン、パレスチナ、イスラエルを含む地域のこと)に逃げたので、ナポレオンは追いかけた。この時、イブラヒム・ベイは数多くの亜剌比亜人(アラビア 英語 Arabia 西アジア地域の人、アラブ人)を率いてエルハンカ(地名 Shubra EL-Kheima ショブラ・エル・ケイマのことか? カルビーヤ県の県都でカイロの北にあるエジプト第四の都市。ナイルデルタの先端でカイロ県とカルビーヤ県の界にある）にいた。味方の大将レ・クレルク（人名　前記　ケレベル　クレーベルのことか？　以後クレーベルで記す）はこれと戦った。ナポレオンは更に味方の大将レイニール（人名　Jean-Louis-Ebenezer Reynier 1771-1814 ジャン・ルイ・エベネルゼル　レイニエ）に命令してエルハンカ（ショブラ・エル・ケイマ）に至り、クレーベルを援けてイブラヒム・ベイを攻撃させた。味方の大将クレーベルは敵の野卒（兵士のこと？）を殺す事五〇人、アラブ人を殺す事数多くで、ショブラ・エル・ケイマを占拠した。ナポレオンは、また、その将軍ラスネ（人名　Jean Lannes 1769-1809 ランヌ。以後、本文中にランニュス、ラニュス、ランネスとあるがランヌの誤記か？）とゲュギュア（人名 詳細不詳）に命じて、その兵を以ってここに赴かせた。

○「ナポレヲン」亦自ラ發〆度々「イブラヒム・ベイ」ト戰ヒ克チ遂ニ「シリヤ」ニ至ル此時「ナポレヲン」「ベルベイス」ニ至ル途中ニテ「ノッカ」ノ羣商一隊亞剌比亞人ノ爲ニ劫カサレテ沙漠ノ地ニ退クヿ二里許リナルヲ救ヒ警固ヲ添テ「カイロ」ニ送ラセタリ又「ロウルシン」ニ於テモ羣商等「イブラヒム・ベイ」カ爲ニ劫カサレ從テ亞剌比亞人ニ掠奪セラル、ヲ救取リ亦「カイロ」ニ送ラセタリ此羣商等一人ノ上ニテ二十萬「ギュルデン」錢貨ノ名〇我四五匁許ニ準スホドノ貨物ヲ亞剌比亞人ニ奪ハレタリト云フ此國ノ風俗ニテ羣商各其妻ヲ率テ往來スルナリ「ナポレヲン」渠等ニ食ヲ賜ヒ其上駱駝ヲ與テ「カイロ」マデ送遣リタリ渠等皆其面ヲ覆フヲ俗トスナポレオンは自らも出陣して度々イブラヒム・ベイと戦い、勝って遂にシリアに至った。この時、ベルベイス(地名　Belbeis　シャルキーヤ県ベルベース)に至る途中でノッカ(地名　詳細不詳)の群商一隊(隊商、砂漠で隊伍を組んでラクダなどの背に商品を積んで行く商人の一団)がアラブ人に脅かされて、砂漠の中を二里ほどに退いているところを救って、警固をつけてカイロに送らせた。また、ロウルシン(地名　詳細不詳)に於いても群商などがイブラヒム・ベイの為に脅かされ、従ってアラブ人に掠奪せられるのを援けて、また、カイロへ送らせた。この群商の一人は二十万ギュルデン[銭貨の名○我四五匁ばかりに値する](ギルダー　蘭語　Guldenn　二〇〇二年まで使用されていたオランダの通貨)ほどの貨物をアラブ人に奪われたと言った。この国の風俗にて群商はその妻と一緒に行動している。ナポレオンは彼らに食事を賜ひラクダを与え、カイロまで送り遣わした。彼らは皆、顔を覆する風俗である。

○「ナポレヲン」已ニ「サレヒク」ニ至ル此地ハ「エジツト」ノ邊ニシテ沙漠ノ始ル處ナリ此沙漠ハ「シリヤ」ト「エジツト」ヲ界スル處ナリ此時「イブラヒム・ベイ」ハ急ニ其軍兵貨財婦女子ヲ以テ此ヲ引去リケリ「ナポエヲン」ワヅカノ騎兵ニテ之ヲ逐フ然ルニ亞剌比啞人ノ一隊百五十人ニテ拂郎察軍ニ襲カヽル拂郎察方ニテ彼等ガ大砲ニツ駱駝五十其外種々ノ貨財陣屋ヲ奪フ此時「マメリユツク」等勇ヲ振テ衝カヽリケリ味方ノ將「エストレース」大創ヲ被リ「ナポレヲン」ガ「アジウダント」将校ノ名ニシテ其務ハ「レギメント」隊ノ三番目ノ大將ヲ佐ク「シユルコウスケ」ハ七八箇所ノ刀瘢并ニ數多ノ砲創ヲ得タリ其他

ノ将校創ヲ得ル者多シ此時「イブラヒム・ベイ」ハ廣漠ヲワタリ來テ其兵器貨財等ヲ救ヒタリ然トモ躬創ヲ得タリ

ナポレオンはすでにサレヒク（地名 Zaranik ザラニク バルダウィール湖の東の町）に至った。この地はエジプトの辺にて砂漠の始まる所である。この砂漠はシリアとエジプトの界をなす所である。この時、イブラヒム・ベイは急にその軍兵、財貨、婦女子と共に、ここを引き去った。ナポレオンは僅かの騎兵でこれを追撃したが、しかし、アラブ人の一隊が百五十人にてフランス軍に襲い掛かった。フランス軍は彼らの大砲二門、ラクダ五十頭、その他種々の貨財、陣屋（軍営）を奪った。この時マムルークは勇気を振るって襲い懸った。味方の将軍エストレース（人名 詳細不詳）は大怪我を被り、ナポレオンのアジウダント（蘭語 Adjudant 副官、将官）［将校の名でその任務はレギメント隊（前記 連隊）の三番目の大将を佐けた］シュルコウスケ（人名 詳細不詳）は七、八カ所の刀瘢、並びに数多くの砲傷（火砲による負傷）をした。その他の将校も負傷した者多く、この時、イブラヒム・ベイは広い砂漠を渉って来て、兵器、貨財を護ったが、しかし、躬（自ら）負傷した。

○「ナポレヲン」其将「レイニール」ヲ「サレヒタ」ニ止置キ之ニ「ヂヒシー」（陣隊ノ名）ト「インゲニウール」（城ヲ造ル工人）［二―三二］一兩輩ヲ添置キ此地ニ城ヲ築テ守ルベキヲ命令シテ其身ハ第八月第八日「カイロ」ニ發シ

タリ而ルニ「サレヒタ」ノ地ヲ去ルᄀ猶二里ニ至ラザルニ味方ノ将「ケルベル」ガ「アジウダント」将校ノ名註見上來テ拂郎察ノ舟師英吉利亞ノ大將「子ルソン」ガ舟師ト戰ヒ不利ナルノ急ヲ告ゲタリ此ニ於テ「ナポレヲン」「カイロ」ニ歸リ諸事仕方立ヲツケ「シリヤ」ヲ撃ントスシケリ所々ニテ「マメリュック」人并ニ亞刺比亞人ト戰ヒ打勝タリ

○ナポレオンはその将軍レイニール（前記　レイニエ）をザラニクに留め置いてヂヒシー［連隊の名］（師団）とインゲニウール［城を造る工人］（蘭語　Ingenieur　機関兵、工兵、技師）の両輩（両軍団の意？）を、ここに添え置いて、「城を造って守れ」と命じて、ナポレオン自身は八月八日カイロに発向した。しかし、サラニクの地を出発して、まだ、二里に至らないうちに、味方の将軍ケルベル（前記　クレーベル）のアジウダント（前記　副官）［将校の名、註見上（前記）］が来て、フランスの舟師はイギリスの将軍ネルソン（人名 Horatio Nelson 1758-1805 ホレーシオ・ネルソン　一七九八年八月のエジプトのアブキールの海戦でフランス軍に勝利。一八〇五年一〇月二一日のトラファルガル沖の海戦にも勝利したが本人は戦死）の舟師と戦い不利であるとの危急を告げた。ここに於いて、ナポレオンはカイロに帰り、いろいろな事の対策を立て、シリアを撃つために出発した。ナポレオンは所々でマルムーク人（前記）並びにアラブ人と戦い打ち勝った。

味方ノ大将「ビュギーリス」ハ「ブリガーデ」（六千人ノ隊）十八隊半（十一萬一千人ノ軍勢）ノ中ヨリ「バタイルロン」（六百人ノ隊）一隊ヲ抜キ之ヲ率テ第八月第十六日「メノウス」ニ到ル是ハ「ガルビー」（地名）ノ都府「モハル・エル・テベル」ニ赴ントナリ然ルニ「メノウス」ノ野人等其通行ヲ支ヘタリ之ト戰フヿ半時許ニシテ敵ヲ殺スヿ二百人許遂ニ此ヲ通リ抜ケタリ又味方ノ將「ヂュマス」ガ「バタイルロン」（陣隊ノ名）モ「ゴメン」ニ於テ亞剌比亞軍ノ一隊ニ撃レケルガ是モ遂ニ之ニ打勝チ逐散シタリ又「ボンデ」村ニモ亞剌比亞ノ一隊陣取テ在リケリ是ハ此節「子ール」河洪水ヲ頼テ必ズ克ツベシトヒカヘタリ味方ノ兩將「ミュラット」「ラニュス」少々鳥銃ヲ打カケテ之ニ當リ散々ニ打破リ其馬駱駝輜重等ヲ奪取ル敵或ハ打レ或ハ溺死スル者二百人

味方の将軍ビュギーリス（人名Gilbert-Desire-Joseph Bachelu 1777-1849 ジルベール＝デジレ＝ジョゼフ・バシュリュ）はブリガーデ［六千人の隊］（前記、旅団）の十八隊半［十一万一千人の軍勢］の中よりバタイルロン［六百人の隊］（前記 蘭語 Bataljon工兵、歩兵の大隊軍隊）の一隊を選抜して、これを率いて八月一八日メノウス（地名 Menphis メンフィス、カイロの西、ギザの近く古代エジプトの中心地。メンフィスとその墓地遺跡はの最初の調査はエジプト遠征に従軍した科学者によって行われた）に到着した。これはガルビー［地名］（Gharbia エジプト北部、ナイルデルタの中央にあるガルビーヤ県）の都府モハル・エル・テベル（地名 Al-Mahalla Al-Kobla エル＝マハッラ・エル＝コブラ）に赴くためである。しかし、メンフィスの野人(在野に人、民間の人)などが、その通行を妨げた。これと戦う事半時(一時間)ばかりで、敵を殺す事二百人ばかり、遂にここを通り抜けた。また、味方の将軍ヂュマス(人名 Tomas-Alexandre Dumas 1762-1806 デュマ。ハイチ出身で、イタリア遠征でナポレオンの信頼を得たが、エジプト遠征中にナポレオンを批判して強制送還されたが、嵐でイタリアに漂着。「三銃士」の著者アレクサンドル・デュマ・パールの父)のバイタロン[陣隊の名]もゴメン(地名 詳細不詳)に於いてアラブ軍の一隊に攻撃されたが、これも遂にこれに撃ち勝って追散らした。また、ボンデ村(地名 詳細不詳)にもアラブ軍の一隊が陣取っていた。これはこの時節はナイル川の洪水を頼みにして克つべきと控えていた。味方の両将軍ミュラット(人名 Joachim Murat-Jordy 1767-1815 ミュラ。以後、ミュラと記す)とラニュス(人名 前記ランヌ)は少々の鳥銃(小銃)を撃ちかけて、これによって散々に打ち破り、その馬、ラクダ、輜重(しちょう)(軍隊に付属する食糧、衣服、武器、弾薬などの軍需品の総称)などを奪い取った。敵で或いは撃たれ、或いは溺死する者二百人であった。

巻二下

味方ノ大将「デサイキ」ハ當月第十六日「ガレーゲン」二艘「アドヒス・ヤフテン」六艘(共ニ軽舸ノ名)ヲ以テ「カイロ」ヨリ上「エジット」ニ發シ「ヘヒュエサ」ニ於テ兵糧陣屋火炮四ヲ載セタル舟十四艘ヲ奪ヒタリ「デサイキ」爰ニ打克テ歸ル途中「セヂマン」ニ於テ「マメリュック」共斧鳥銃手銃ヲ以テ襲ヒカ、リシカドモ味方之ヲ打破リ遂ニ其城火炮輜重ヲ奪取タリ敵「ミュラット・ベイ」(「イブラヒム・ベイ」ノ如シ註見前)[三―三三]

ノ手ノ者三人死シ二人傷ク其他精兵死スル者四百人味方死傷合テ十六人

味方の将軍ドゼーは当月(八月)一六日ガレーゲン(蘭語 Galjoen 船、櫂船)二艘、アドヒスヤフテン(蘭語 Afduwen 橈で岸をついて舟を出す Jachten 急ぐの意か?)六艘[共に軽舸(軽快な小舟)の名]を以ってカイロより上エジプト(南部エジプトの事。古代よりエジプトは上下エジプトで表され、メンフィス、ギザ、ヘリオポリス=現カイロより下流のナイル川流域を下エジプト、それより上流のナイル川流域を上エジプトとした)に発向して、ヘヒュエサ(地名 八月八日のエルフィールの戦いか)に於いて兵糧陣屋火砲四砲を載せた舟十四艘を奪った。ドゼーは爰に撃ち勝って帰る途中にセチマン(地名 セディマム)に於いて、マルムークどもは斧、鳥銃、小銃で襲いかかって来たけれども、味方はこれを打破り遂にその城、火砲、輜重を奪い取った。敵のミュラット・ベイ[イブラヒム・ベイの如し、註前出](人名 Murad Bey 1750-1801 ムラード・ベイ、フランス軍にピラミッドの戦いで敗れ、上エジプトに逃れゲリラ戦を挑んだがドゼーに倒された)の配下の者三人死し、二人負傷した。その他精兵の死者四百人で、味方の死傷者は合わせて十六人であった(一七九八年一〇月七日のセディマムの戦い)。

○扠第十月ノ中旬「カイロ」ニ一亂起レリ其レハ都兒格「トルコ」人徒黨シテ弓鐵砲ヲ以テ大キナル寺院ノ傍ニ集リタリ味方ノ将「チュポイス」之ヲ制セントシテ大創ヲ得遂ニソレガ爲ニ死シ

タリ「ボナパルテ」即チ「バタイルロン」（陣隊ノ名）ヲ寺院ニ差向ケ一二ノ「ボムベン」（炮碌丸ノ名）ヲ放タシム之ニ由テ徒黨等大ニヒルミタリ又別ニ一「バタイルロン」ヲ分チテ數隊ト爲シ所々ノ寺院ニ徒黨等集リタルニ差向ケタリ此時都兒格人死スル者六千人徒黨遂ニ平定ス

○さて、一〇月の中旬カイロで一乱が起こった（一七九八年一〇月二一日のカイロの反乱）。それは都兒格［トルコ］人が徒党して弓、鉄砲を持って大きな寺院（アル＝アズハル・モスク）の側に集まった。味方の将軍チュボイス（人名　デュビュイ）これを制しようとして大怪我をし、それが為に死んだ。ナポレオンは即時バタイルロン［陣隊の名］（前記　歩兵、工兵の隊）を差し向け一、二のボムベン［炮碌丸の名］（蘭語　Bom　爆弾、手榴弾　ben　炭入れ、籠）を放させた。これによって徒党などは大いに怯（ひる）んだ。また、別にバタイルロンを分けて数隊にして、所々の寺院に徒党などが集まっているのに差し向けた。この時のトルコ人の死者は六千人になった。徒党を遂に平定した。

○此時英吉利亞「ボルテ」ト相合シテ我ヲ伐タバ陸地ノ事甚ダ危キニ至ルベシ「ナポレヲン」爰ヲ察シ「シリヤ」ニ發スルヿヲ決シタリ此時專ニ當ルベキハ「パハ・ハン・アレク」「アクメット・ヂーッサル」（共ニ地名）ナリ是ハ最モ拂郎察ニ敵セルナレバナリ「ナポレヲン」右ノ用意［三一―三四］ヲ爲シ先ヅ千五百人ヲシテ大砲二ツヲ以テ廣漠ヲ渡リ第十二月第八日「シュエス」（地名）ヲ奪ヒ取ラシム「ナポレヲン」同月

第廿三日ニ此ヲ發メ「シュエス」ニ趣ク又舟將「ペルエー」ニ命メ夜間竊ニ「フレガット」軍艦ノ名三艘ニ火砲ヲ乘セ之ヲ「ヤッハ」ニ送ラシム是ハ廣漠ヲ運送ルヿ難キ故ナリ「アクレ」ノ「パク」○ペイノ誤カハ二千人ヲ以テ「ヱル・アリス」ヲ固メタリ味方ノ將「レグニール」攻テ遂ニ「ヱル・アリス」ヲ奪フ夫ヨリ「ガサ」ニ向ヒケルガ「ガサ」ノ土人早ク「ナポレヲン」ニ使ヲ遣ハシテ降ヲ乞フ拂郎察軍乃チ此府ニ入テ餘多ノ糧食等ヲ取リ且ツ「ナポレヲン」此府并ニ其所屬ノ塲處ニ治令ヲ下シタリ

○この時、イギリスがボルテ(地名　蘭語 Porte トルコ政府)と相合わせ、我が軍を征伐せれば、陸地の戦いは甚だ危機になる。ナポレオンはこれを察してシリアに行くことを決めた。この時に専に当る(到達する)べきはパハ・ハン・アレク(アクレ　イスラエル地名　英語Acre　イスラエル北部の西ガリラヤ地方の東地中海の港湾都市)とアクメツト・ヂーツサル(地名　アラビア語　al-Quds蘭語　Jeruzalem　エルサレムのことか?・)[共に地名]である。これはフランスに最も敵対するからである。ナポレオンはフランス軍に右の準備をして、先ず、千五百人と大砲二門で広漠を渡り、一二月八日シュエス[地名]（地名　英語　Suez　スエズ　エジプト東部のスエズ県の県都)を奪取(占領)させた。一二月二三日、ナポレオン自身もこの地(カイロ)を発してスエズに赴いた。また、海軍の将軍ペルエー(人名　L`Amirral Dupperre デュペレ)に命じて密かにフレガット(前記)[軍艦の名]三艘に火砲を載せて、これをヤッハ(地名　Jaffa ヤッファ　現在のイスラエルのテルアビブ市南部の地域)に船で送らせた。これは広漠を運送する事が困難のためである。アクレのパク［ベイの誤りか］（パクはパシャのこと。提督、太守の尊称であるが、ここではアクレのパシャとあるので、ナポレオンとアクレ攻防戦を戦ったジャッザール・パッシャ Jezzar Pasa 1720-1804 のこと）は二千人を以ってエル・アリス（地名 El Arish エル・アルッシュ エジプト東部、シナイ半島の北シナイ県の県都でイスラエル、パレスチナ国境に近く、現在はガザ地区への人道支援の拠点）を固守しようとした。味方の将軍レグニール（前記 レイニエ）は攻めて遂にエル・アリッシュを奪った（一七九九年二月八日にここの城壁を包囲し一一日後に攻略した）。それよりガサ（地名 Ghazzah 一五一七年以来、ナポレオンの一時的な占領を除き、オスマン帝国トルコの支配が四百年続いた）に向かったが、ガザの住民は早くナポレオンに使者を遣わして降参を乞うた。フランス軍は乃ち（忽(たちま)ちの誤字か）ガザの街に入って、数多の食糧などを取り、ナポレオンはその街、並びにその所属の地区に統治令を施した。

○次ニ「ヤッハ」府ヲ圍ミ之ヲ奪フ此地ハ拂郎察軍ノ糧食等ヲ給スル大便利ノ處ナレバ「ナポレヲン」之拒守ルベキノ命令ヲ下シタリ

○つぎにヤッファを囲みここを奪った。この地はフランス軍の糧食を補給するのには便利な所であるので、拒守（防ぎ守る）すべき命令を出した。

○夫ヨリ「アクレ」ヲ圍ミケルニ敵再三城ヲ出テ襲懸ルヲ再三之ヲ打返シケリ然ルニ敵方ニテハ「イブラヒム・ベイ」ノ「マメリュック」軍并ニ「ヤニサーレン」「ダマスシュス」「ヂレッヂス」「アレペイ子ン」「マウガラベイ子ン」等ノ軍兵相合メ一軍トナリ「ヨルダーン」河ヲ渡テ亞剌比啞人并ニ「ナブロウシヤ」人ト相合シ「アクレ」府ノ前ニ出テ其時「アクレ」府ニ栖籠レル「ヂーツサル」劇ク出テ拂郎察ノ寄手ニ撃カヽリ英吉利啞ノ兵不意ニ出テ之ヲ援ル仕組ナリシガ其兵已ニ「ヤコウブ」橋ヲ越テ「ヨルダーン」河ヲ渡リ又一軍ハ「ギス・エル・メカニート」ノ橋ヲ越テ右ノ河ヲ〔二—三五〕渡リ啞剌比亞人ハ「ナフロウシヤ」ノ山ニ近ツキ「タバリヤ」「ゲニン」ノ二地ニ於テハ夥ク兵糧ヲ貯ヘタリトノ注進拂郎察方ニ達シケレバ「ナポレヲン」其將「ユノット」ニ命シテ「ナサレット」ニ行テ敵ノ様子ヲ伺ハシムルニ敵已ニ「ロウビ」村ニ押來リ最早襲來ンヿヲ報ズル間モナク敵已ニ押來リケレバ「ユノット」直チニ之ト戰ヒ克チ高處ヲ越エ〱「ナサレット」マデ到リケリ此時敵死スル者六百人

○それよりアクレを囲んだが、敵は再三にわたり城を出て襲いかかってきたが、フランス軍も再三これを撃ち返した。しかし、敵方にはイブラヒム・ベイのマムルーク軍並びにヤニサーレン（蘭語 Janitsaar トルコの近衛兵）、ダマスシュス（シリア地名 Dimashq ダマスカス シリアの首都）、ヂレッヂス（地名 蘭語 Tigris チグリス、トルコ南部のアルメニア高原の山岳地帯からシリア、イラクの当時ト

巻二下

ルコの支配下にあったバグダットを経て、ユーフラテス川と合流地チグリス川流域の軍の事か?)、アレペイネン(地名　英語Mount Arbei アルベル山　ディベリアの北東のガラリア湖畔の山)、マウガラベイネン(地名 Magrase Natura Reserve のあるガラリア湖北で、ヨルダン川が流れるゴラン高原の地方のことか?)の軍兵が相合わせて一軍となって、ヨルダン川(英語 Jordann River ヨルダン川　アンチレバノン山脈やゴラン高原からガラリア湖を経て死海に注ぐヨルダン、、パレスチナ、イスラエル国境の川)を渡り、アラブ人並びにナブロウシヤ(地名 Nahal アクレ北東、ガラリア湖北のナハル地方の事か?)人と相合わせてアクレ市街の前に出て、その時、アクレ市街に立て籠もっていたヂーツサル(ジャッザール・パッシャ Jezzar Pasa)軍の激しく出てフランス軍の攻撃軍に撃ちかかり、イギリスの兵も不意に出てこれを援ける仕組みであったが、その兵は既にヤコウブ橋(「イエス伝」のヤコブの浅瀬の橋)を越えてヨルダン川を渡り、また、一軍はギス・エル・メカニート(地名　詳細不詳)の橋を越えて右の川を渡り、アラブ人はナフロウシヤの山に近付きタバリヤ(地名 Tiberias ディベリア　アクレ、ハイファの東のガリラヤ湖北西岸の都市)、ゲニン(地名　詳細不詳)の二地に於いては夥く兵糧を貯えているとの注進(報告)がフランス軍に持たらされたので、ナポレオンはその将軍ユノット(人名　詳細不詳)に命じてナサレット(地名　英語Nazareth ナザレス　アクレの南東、ガラリア湖の南西にある都市)に行って敵の様子を伺わせたが、敵は既にロウビ村(地名　詳細不詳)まで押し寄せて来て、もうすぐに襲い来ることを知らせる間もなく、敵は既に攻めて来たので、ユノットはこれと直ちに戦い克って高い処を越え〳〵ナサレスまで到着した。この時、敵の死者は六百人であった。

○味方ノ将「グレペル」敵「ロウビ」村ニ押奇セ戰始ルト聞クヤ「ロウビ」村ヲ去ルㇾ四半里許リ「セド・ヤルラ」村ノ小高キ處ニ陣取リタリ敵之ヲ撃ントシ進來ル所之ヲ迎ヘ撃チ「セド・ヤルラ」村ヲ無二無三ニ奪ヒ敵ヲ「ヨルダーン」河邊ニ追遣リタリ然トモ火藥ツキテ之ヲ追詰ルㇾ能ハズシテ止ミヌ

○味方の将軍グレペル（前記 クレーベル）は敵がロウビ村に押奇（寄の誤字か？）せ戦いが始まると、ロウビ村から離れる事四半里（四分の一里、約一キロ）ばかりのセド・ヤルダ村（地名 詳細不詳）に陣取りをした。敵は之を攻撃しようと進軍してきたが、これを迎え撃ってセド・ヤルラ村を無二無三に奪い、敵をヨルダン川辺りまで追いやった。しかし、火薬が尽きて、これを追詰める事はできないで止めた。

○「ナポレヲン」敵等北邊ニテ軍シカケ村縣ヲ荒スヲ笑止ニ思ヒ一時ニ之討亡サントシ「タボル」山下ト「ヱスブレロン」ノ原ニ於テ大ニ之ヲ撃タシム乃チ「ミュラット」「クレベル」ノ二將ハ巳ニ敵ヲ逐詰テ大軍ヲ以テ之ヲ押ヘケリ「ナポレヲン」第四月第十六日「アクレ」ヲ攻メ□闕ル陣所ヨリ發シテコヽニハ「ヂヒシー」（陣隊ノ名）ニ一隊ヲ殘シ置キ騎兵并ニ一「ヂヒシー」火炮八口ヲ以テ爰ニ到

ル早朝「クレベル」已ニ敵ト戰ヲ始メケリ「ナポレヲン」爰ニ到リ命令メ敵ヲ厳シク圍ミ他ノ援[二―三六]兵ト糧道トヲ絶タシム爰ニ於テ敵軍大ニ敗レ一分ハ「タボル」山下ニ逃ゲ一分ハ「ヨルターン」河ヲ渉ントテ溺死シタリ此時敵兵死スル者五千人又輜重駱駝軍艦等拂郎察ニ取ラル「ナポレヲン」思フマヽニ敵ニ打勝テ「アクレ」ヲ圍メル本陣ニ凱歸セリ

○ナポレオンは敵軍が軍を仕掛けて北辺の村縣を荒らす事を笑止（大変な事）に思い、一気にこれを撃ち亡ぼそうとタボル山下（山名 Tabor 現イスラエルのガリラヤ湖の西方にある山）とエスブロレン（イスラエル地名 英語 Jezreel ギリシャ語エスドラエロン、北はタボル山、南はギルボア山、西はカルメル山、東はヨルダン川までの平野をエズレル平野と言う）の平原に於いて、大いに、これを攻撃させた。乃ちミュラット（前記 ミュラ）とクレベル（前記 クレーベル）の二将軍は既に敵を追詰めて、大軍を以ってこれを押え込んだ。ナポレオンは（一七九九年）四月一六日にアクレを攻め□闕る陣所より発して、ここにはヂヒシー［陣隊の名］（師団）二隊を残して、騎兵並びにヂヒシー一隊、火砲八口を以って此処に到着した。早朝、クレーベルは既に敵と戦いを始めていた。ナポレオンはここに到って命令して敵を厳しく囲み、他の援軍と兵糧を送る道を絶った。これに於いて敵軍は大敗し一部はタボル山下に逃げ、一部はヨルダン川を渡ろうとして轢死した。この時、敵兵の死者は五千人であった。また、輜重、ラクダ、軍艦などフランス軍に取られた。ナポレオンは思うままに敵に撃ち勝ってアクレ市街を取り囲んでいる本陣に凱旋して帰った。

○「ナポレヲン」再タビ「アクレ」ヲ攻ムト雖トモ容易ク抜クヿ能ハサレバ此ヲ棄テ退陳スルガ便ナリト決定シケリ抑「ナポレヲン」今度ノ征戰ノ本望成就シタレバ此上モ無キ也蓋シ其軍亞弗利加亞細亞ノ界ナル廣漠ヲ渡リ諸難ヲ犯セシナドト云フヿハ亞剌比亞人ニモ勝レリ卽チ廣漠ノ水井ヲ防ク所ノ諸城ヲ打取リ「ヱスドレロン」ノ原野及ビ「タボレ」ノ山ニ於テハ亞細亞ノ諸地ヨリ出テ「エジット」ヲ浸ントスル騎兵二萬五千人ヲ討チ又「トルコ」ノ軍兵ヲ載テ阨入多ノ諸港ヲ侵ントスル舟三十艘ヲ却ケテ「アクレ」ニ退カセ再タビ來ルヿ得ザラシメタリ又「ナポレヲン」一萬ノ兵ヲ以テ「シリヤ」ノ中地ニ止ルヿ三月火炮ヲ奪フヿ四十口殺虜合テ七千人旗ヲ搴ルヿ五十「ガサ」「ヤッハ」「カイツハ」「アクレ」ノ諸城ヲ破壊シ阨入多ヲ取ントテ押來ル敵兵ヲ滅シ其輜重駱駝ヲ取リ其將ヲ擒ニセリ又此時侯ハ舟ヲ着スルニ宜キ時[二一三七]節ナレバ敵襲來ルノ恐レアリトテ阨入多ニ歸ルヿニ決シタリ又此時「シリヤ」ニ於テ疫病行レ拂郎察軍死スル者七百人右ノヿヲ考合スレバ「アクレ」ノ城ヲ取ルトモ失フ所得ル所ニ若カザル故ニ「ナポレヲン」圍ヲ解テ阨入多ニ歸リタリ其途中敵處々ニテ仇セルヲ打返シ第六月第十四日「カイロ」ニ入府セリ

巻二下

○ナポレオンは再びアクレを攻めようとしたけれども容易に攻め抜く事は出来なかったので、ここは放棄して退陣するのが良策であると決定した。（アクレ包囲戦、ナポレオンはオスマン帝国のアクレを包囲したが、結局は失敗に終わり、エジプト・シリア戦役の分岐点となった）。そもそも、ナポレオンはこの度の征戦（敵地に出かけての戦い）の本望は成就したのでこれに勝るものはない。まさしく、その軍はアフリカとアジアの界である広漠を渡り、諸々の困難をこえて他国に侵入したことはアラブ人よりも勝れている。即ち、広漠の水井を防ぐ所の諸城を討ち取り、エスドレロンの原野（地名 前記 エズレル平野）及びタボル山に於いては、アジアの各地より出てエジプトに侵攻しようとする騎兵二万五千人を討ち、トルコの軍兵を載せてエジプトの諸港を侵攻しようとした舟三十艘をアクレの港に退却させて、再び侵攻して来ることを出来なくさせた。また、ナポレオンは一万の兵を以ってシリアの中地（内地）に留まる事三か月、火砲を奪う事四〇口、殺した兵士や捕虜は七千人、旗を搴る事五十、ヤッハ、ガザ、カイツハ（地名 Haifa ハイファ テルアビブの北方にある地中海に面した港町）、アクレの諸城を破壊して、エジプトを取ろうとして侵攻して来た敵兵を滅ぼし、その輜重、ラクダを取り、その大将を擒にした。また、この時、気候は舟を着岸させるのに良い時節であったので、敵が襲って来る恐れはあったが、エジプトに帰る決心をした。また、この時、シリアに於いて疫病が流行して、フランス軍の死者七百人であった。（ナポレオンはハイファにて傷病兵を安楽死させた）。右の事を考え合わせればアクレの城を取ろうとも失う所、得る所に若かざる（及ばない）、故にナポレオンは囲みを解いてエジプトに帰った。敵は所々で戦って来たが打ち返して六月一四日カイロに入った。

○「ナポレヲン」推察ノ通リ舟師ニ宜キ時節故ニ第七月第十二日「トルコ」ノ軍艦百餘艘「アレキサンデリヤ」ノ前ニ來リ「アボウキル」ノ近處ニ碇着ス第十六日ニハ敵上陸シテ無二無三ニ「アボウキル」ノ城塞ヲ奪ヒ野炮ヲ舟ヨリ上ゲテヨキ丘ヲ撰テ陣取シ右ハ海ニ據リ左ハ「マーチー」湖ニ依テ固ンス「ナポレヲン」此體ヲ觀ルニ敵勢追々加ルベキ様子ナレバ之ヲ早ク撲滅スルニ若カズト一決シ其陣所ヲ去テ「デヒラミーデ」ニ來リ其中軍ヲ「ピルカット」ニ置ク爰ハ「ナポレヲン」敵ヲ目下ニ下瞰スルニ便ナレバ也味方ノ將「ミュラット」ハ前軍ノ將トナリ味方ノ將「ランニュス」ニ援ケラレテ其騎兵ヲ以テ敵ノ兩翼ノ間ニ衝入テ之ヲ破リ兩翼相助ルヿヲ得サラシム是ニ由テ敵軍大ニ敗績シ其船ニ飛乗ントテ溺死スル者數ヲ知ラズ其殘兵力ヲ盡シテ我ニ敵シタレトモ叶ハズシテ敗北ス又拂郎察ノ騎兵ハ「アボウキル」城ト味方ノ第二番目ノ「リーニー」(陣隊ノ名)ノ間ニ陳シテ敵ニ當リケルガ敵敗走メ海中ニ逐込レ死スル者數ヲ知ラズ此時旗ヲ取ル〔二一三八〕二百陣屋ヲ奪ヒ又火砲ヲ取ルヿ四十「キユツセイ・ミュスクタハ」ト云ル者「ナトリヤ」ノ「バツサ」(官長)タリ是ハ曾テ把理斯ニ使セル者ノ侄ナリシガ今度敵ノ總將トシテ打負ケ其屬下ノ將校ト共ニ悉ク生擒ラル此時ノ戰最劇クシテ野ニ蒔キタル如ク屍ヲ積タリ「トルコ」ノ死スル者六千人餘ナリ拂郎察方ニテハ死スル者百人許傷ツク者五百人ナリ味方ノ將「ミュラット」「ヒュ

巻二下

ギーリス」モ傷ツケラル今度ノ捷ハ「ミュラット」大功アリトテ「ナポレヲン」「ヂレクトイレ」(總宰官ノ名巻一二註ス)ノ命ヲ推テ「ヂヒシー」(陣隊ノ名)ノ将ノ位ニ任ゼシム「ベルチール」ハ今度ノ軍中不斷忠勇ヲ振ヒシトテ美飾ノ佩刀ヲ賜リタリ第七月第廿七日ニハ「ナポレヲン」「アボウキル」城ヲ渡セト催促ス「パツサ」(官長)ノ子其「キァイヤ」(将ノ義)并ニ諸将校皆城ヲ明ケ渡サント同ジケレトモ軍士等肯ンゼズ拂郎察軍再タビ「ボムベ」(炮碌丸)ヲ放テ之ヲ攻メ且ツ其糧道ヲ絶チケルニ因テ城中飢餓メ死スル者多シ是ニ於テ城中ノ将士甲ヲ脱デ味方ニ降リ助命ヲ乞ヒケリ「パッサ」ノ子其「キァイヤ」并ニ二千人虜ニセラル城中ニ在テ疵ヲ得倒ル、者二百人屍千八百人此度「トルコ」ノ兵ヲ失フヿ一萬八千人火砲ヲ失フヿ其數ヲ知ラズ爾來阨入多平定シテ亂ヲ謀ル者ナク靜謐ニナリタリ「ナポレヲン」阨入多ノ役是切リナリ

○ナポレオンの推察の通り舟師(船長)には良い時節である故に、七月一二日にトルコの軍艦百余艘がアレキサンドリアの前に来て、アボウキル(地名 Abu Qir アブキール　アレキサンドリアの北北東のアブキール湾西にある町。この町は東西約一キロ幅の半島の真ん中にある町　英語名Aboukir アボーキルの陸戦)の近い所に碇泊した。一六日に敵軍は上陸して遮二無二に城塞を奪い、野砲を船より荷揚げして、良い丘を選んで陣取った。右は海に拠り左はマーヂー湖(地名 アブキール湾沿いでLake Idikの間の湖でAl Miaddiyahの町がある)に依って固守しようとした。ナポレオンはこの体制を観て、敵

の勢力が追々増加される様子ならば、これを早く撲滅するに若かず(及ばない)と、一決してその陣営を去ってデヒラミーデ(地名　前記ピラミッドの地か?・)に来て、中軍(本軍)をピルカット(地名　アレキサンドリアとアボキールの間にある町)に置いた。ここはナポレオンが敵を眼下に下瞰(かかん)(見下ろす)するのに便利であるからである。味方の大将ミュラット(前記　ミュラ)は先陣の大将となって、味方の大将ランニュス(前記ランス)に援けられて、その騎兵を以って敵の両翼に間に衝き入って、これを破り両翼が相助けることを出来なくした。これに依って敵軍は敗績(大敗)し、その船に飛び乗ろうとして溺れ死ぬ者の数知れず、その残りの兵は力を尽くしてわが軍に敵対したけれども叶わずして敗北した、また、フランス軍の騎兵はアボーキルの城と味方の第二番目のリーニー[陣隊の名](蘭語　Lyddit ヒクリン酸による破裂弾の部隊の意味?・)の間に陣取って敵対したが、敵は敗走して海中に追い込まれ死んだ者は数知らず、この時、旗を取る事二百、陣屋を奪い火砲を取る事四十であった。イウウセイ・ムスクアハ(人名　サミール・ムスタファ・パシャ　Mustafa Ⅳ　1779-1807　ムスタファ四世のことか?・)と言う者、ナトリヤ(地名　トルコのアナトリア半島、Anatoria　北は黒海、西はエーゲ海、南西は地中海に接し、東はジョージア、アジェルバイジャン、イラン、南東はイラク、シリアに接する半島)のバッサ[長官](蘭語　Bassa　トルコ人の尊称、トルコ人の総督)である。この人は以前にパリに出仕した者の侄(しつ)(姪の俗字)であるが、この度は敵の総大将として打ち負けて、その配属下の将校とともに悉く生き擒られた。この時の戦いは最も激しくて、戦場に巻き散らばされたようなトルコ軍の死者は六千人余りであった。フランス軍側の死者は百人ばかりで負傷者は五百人であった。味方の将軍ミュラとヒュギーリス(前記　バシュリュ)も負傷させられた。今度の捷軍(しょうぐん)(勝戦)はミュラ将軍の大きな功績であるとして、ナポレオンはヂレクトイレ[総裁官の名、巻一に註する](蘭語　Directie　総裁官)に推薦してヂヒシー[陣隊の名](前記　師団)の将軍の地位に任命させた。ベルチール(前記　ベシェール)はこの度の戦場での勇敢な振舞いによって美飾り佩刀(帯刀)を賜った。七月二七日にはナポレオンはアブキールの城の明渡しを催促した。バッサ[長官]の子キャイヤ[将の名]並びに諸侯たちは皆城を明け渡そうと同意したけれども兵士どもは賛成せず、フランス軍は再びボムベ[炮碌丸](前記)を放ってこれを攻め、且つその糧道(兵糧を送ろ道)を絶った事に依って、城中は飢餓して死ぬ者も多かった。これに於いて城中の兵士は甲を脱いで(武装を解除して)降参して命乞いをした。バッサの子キャイヤ並びに二千人は捕虜にせられた。城中にあって傷をして倒れる者二百人、死者千八百人。この度トルコ軍は兵を失う事一万八千人、火砲を失う事その数は知れず。以後、エジプトは平定されて、反乱を謀る者はなく、静謐(太平)になった。ナポレオンのエジプト遠征はこれで終わりである。

巻二下

[二―三九]

是ヨリ把理斯ニ歸陣ヲ催シタリ是ハ拂郎察本國ニテ諸執事等確執起リ危クナリタルノ便度々アリケレバ「ナポレヲン」之ヲ靖メン爲ニ歸陣セルナリ「ナポレヲン」既ニ拂郎察國境ニ著スルコ「ヂレクトイレ」總宰官ヨリ兩執政一八五百人ノ議政官ニメ政令ヲ草造スルコヲ司ル一八古老ノ執政ニ告ゲ、レバ兩執政等大ニ悅ビケリ「ナポレヲン」已ニ把理斯府ニ至リ見レバ國ノ形勢誠ニ亂レタリ此時「ヂレクトイレ」ト「ウェット・ゲーヘンデ・マクト」（○此語前ニ出タリ執政ノ威勢ノ義也蓋シ執政中ノ一官名ニメ五百人ノ執政官ヲ指スカ）ト確執ニ及ビ是ヨリシテ政教亂レ「ウェット・フーレンデ・マクト」（執政官ノ名カ）ノ威勢衰微シ律令立タズ命令行ハレズ只奸謀己ガ利ヲ求ル徒之ニ乗ズ爰ニ於テ一方ノ黨ハ他ノ一方ノ黨ヲ抑ヘ相打亡サント謀リ國ノ破滅ヲ顧ミザルヿニナリタリ「ウェットゲーフル」（律令ヲ司ル官ノ名）ノ徒ハ只放慢ニメ外飾ヲ飾リ己ノ治ルノ心ナク金糧乏絶シ民耕ヲ止メ商賣都テノ事業ヲ廢シ只一揆ヲ起スノ計ノミナリ「ナポレオン」之ヲ恢復セントノ志ニテ種々ニ心配シ智畧ニ賢レタル者ト相議メ第十一月第九日ノ遷黜ノヿヲ工夫シタリ即チ第九日ノ朝古老ノ執政左ノ箇條ヲ決定ス一ニ曰ク兩執政（古老ノ執政ト五百人ノ執政ヲ云フ）「シント・コロウド」【二―四〇】（把理斯ノ近所ニ在ル別宮ノ名）ニ移ス二ニ曰ク兩執政ハ「シント・コロード」ノ兩翼ニ會集ス三ニ曰ク明日兩執政「シント・コロウト」ニ到ル而メ彼等ノ評議ハ夫迄ニ延引ス四ニ曰ク「ナポレヲン」其決定ノ申渡シヲ司ル「ナポレヲン」第一ノ「コンシュル」（執政ノ最上官）トナリ英吉利亞王ニ書ヲ贈テ其拂郎察第一ノ執事タルヲ告知ラシメ且ツ向後軍ヲ罷テ歐羅巴ノ民ヲ息ハントノ議ヲ申遣ス

これよりパリに帰陣（帰国）を催された。これはフランス本国において、諸執事間に確執が起こり、国内情勢が危機になるとの書簡が度々あったので、ナポレオンはこれを靖じる（安泰にする）がために帰国した。ナポレオンは既にフランスの国境に到着した事がヂレクトイレ［総裁官］（前記）より両執政官[一人は五百人の議政官にして政令を草案する事を司る執政官、一人は長老の執政官]に告げたので両執政官は大変悦んだ。ナポレオンが既にパリに到着してみれば、国の形勢は誠に乱れていた。(五人の執政官の内、二人は王政派、三人は共和制派であった) ヂレクトイレ(前記 総裁官)とウェット・ゲーヘンデ・マクト(前記 蘭語 Wetgevend Macht 立法院議員で五〇〇人の議員の事か)[〇この語は前に出た執政の威勢の意味である。まさしく、執政官中の一官名にして五百人の執政官を示すものか]とが確執(意見の対立)に及び、これによって政教(政治と宗教)は乱れて、ウェット・フーレンデ・マクト(蘭語 Wethouder Macht 行政官の勢力)[執政官の一つの官名か]の威勢は衰微(すいび)(盛んでなくなる)して、法律は立てられず、命令は行われず、ただ、奸謀(悪だくみ)で自分の利益を求める者がこれに便乗した。これに於いて一方の党は他の一方の党を抑えて打ち滅ぼそうと謀り、国の破滅を顧みない事態となった。ウェットゲーフル(蘭語 Wetgever 立法官)[律令(法典)を司る官の名]の徒は、ただ、放漫にして外飾(外見)を飾り自分を治める(研鑽する)心はなく、金糧は乏絶して、農民は耕作を止め、商売人はすべての事業を廃止して、ただ一揆を起こす計画のみである。ナポレオンはこれを恢復(回復)しようとの志で種々の心配して、智略に賢じたる者と互いに協議して一一月九日の遷黜(意味不詳、クーデターの事か)の事を工夫した。即ち、九日の朝、古老の執政が左記の箇条を決定した。一に曰く、両執政[古老の執政と五百人の執政のことをいう]をシント・コロウド[パリの近くにある別の宮殿の名] (仏語 Saint-Cloud サン・クルー宮殿 五世紀の聖クロドアルドの住んだ場所で、一六五八年にオルレアン公フィリップ一世がサン・クルー城と庭園お造り、一七八五年にはルイ一六世がマリー・アンソワネットに買い与えた。ナポレオンもエジプトから帰還後はここに住んだ。ベルサイユ宮殿と共にフランス史では重要な場所）に移す。二に曰く、両執政はシント・コロウド（サン・クルー宮殿）の両翼に会集する。三に曰く、明日両執政はシント・コロウド（サン・クルー宮殿）に到り、それから、かれらの評議はそれまで延引する。四に曰く、ナポレオンがその決定の申し渡しを司る。ナポレオンは第一のコンシュル（蘭語　Consul　執政官）［執政の最上官］となり、イギリスに書簡を送り、フランス第一の執事である事を告知して、且つ、以後、軍を罷りて（大きな力と支配のもとで出入りする）、ヨーロッパの国民を息（安息）わんとの議（相談）を申し遣わした。

聖多格魯鳥度會

千七百九十九年第十一月第九日（拂郎察暦「ブリュマイレ」ノ十八日也「ブリュマイレ」ハ蓋シ月名）ノ朝故老ノ執政ノ決定ニ依テ兩執政（註見前章）ヲ聖多格魯鳥度（「シント・コロウド」）ノ會所ニ徙スベシ兩執政右ノ館ノ兩翼ニ會スベシ彼等明日其所ニ到ルベシ勿論評議ハ其節マデ延引スベシ「ボナパルテ」右ノ決定ノ申渡シヲ司ルベシトナリ又「ボナパレテ」ヲ諸軍ノ總將トシテ自ラ軍令ヲ司ラシム右ノ趣諸人ニ命ジテ心得シム又諸士ニ諭シテ第一ニ「ナポレヲン」ノ威徳ニ依テ共ニ勇壮ニナレガシト云フ

巻二下

聖多格魯烏度（シント・コロルド　サン・クルー）の会

一七九九年一一月九日［フランス歴ブリュメールの一八日である。ブリュメールは月の名］（フランスの革命歴 Brumaire 霜月　一八日　西暦一七九九年一一月九日）の朝、古老の執政官の決定に依って、両執政官［註見前章］（ここでは元老院と五百人の立法院の事）を聖多格魯烏度［シント・コロルド］（サン・クルー）の集会所に徙（遷す）す事、両執政官（両議員）は右の館の両翼に会す事、彼らは明日其所に到る事、勿論、評議はその時まで延引する事。ナポレオンは右の決定の申し渡しを司る事となった。また、ナポレオンをフランス軍の総大将として、自ら軍の司令となり、右の趣旨を多くの人に命じて心得させた。また、また、多くの兵士に諭して、「第一にナポレオンの威徳（人を畏服させる威徳と人を心服させれ徳）に依って、共に勇壮になれ」と言った。

此ニ於テ「ナポレヲン」ヲ執政ノ許ニ召シテ右ノ決定ノ趣ヲ心得違背ナキノ誓ヲ立シメ又五百人ノ執政ト「ヂレクトイレ」（執政ノ最高官巻二ニ註ス）**ニモ右ノ趣ヲ承知セシメ其後右決定ノ趣ヲ梓ニ上セ張付テ衆ニ示シ終テ急使ヲ以テ之ヲ會治中ノ諸會所ニ贈告ゲシム**

これに於いて、ナポレオンを執政のもとに召して、右の決定の趣旨を心得て、違背しない誓いを立てさせて、また、五百人の執政とヂレクトイレ（前記　総裁官）［執政の最高官、巻一に註す］にも右の趣旨を承知させて、その後、右の決定の趣旨を上梓させて、貼付けをして民衆に示し、終わりに急の使いを以って会治中の多くの会所に贈り告げた。

右決定ノ趣ヲ「ナポレヲン」ニ讀聞セ其申渡シヲ命ジケレバ〔二―四二〕「ナポレヲン」其趣ヲ申渡スヿ左ノ如シ
嗚呼會集ノ諸君會治衰微ニ傾キタルヲ公等能會得シテ今度ノ決定ニ依テ右衰微ヲ救フヿニハナリヌ彼ノ争亂顚覆ヲ好ン輩ハ誠ニ憫ムベシ予今大將「レビュル」大將「ベルチール」并ニ諸ノ予ガ軍友ノ力ニ籍テ彼等ヲ防ギ申ベシ公等往時ノ放縦ニ習フヿ勿レ近來ノ形勢ニ肖ルヿ勿レ公等ノ才智ニ依テ此度ノ決定ヲ立ラル吾ガ臂力能クソレヲ成就仕ルベシ我等獨立シテ安民ノ會治ヲ願フ吾ガ名并ニ吾ガ軍友ノ名ニ籍テ右獨立ヲ保續仕ルベシ

右の決定の趣旨をナポレオンに読み聞かせ、その申し渡しを命じたので、ナポレオンがその趣旨の申し渡した事は左の如くであった。
「ああ、ここに会集された諸君へ、会治(総裁政府)は衰微して傾いている事を諸侯はよく会得理解して、今度の決定に依って右の衰微を救う事になる。この争乱転覆(クーデター)を好まない輩は憫(あわれ)む(憐れむ)べきである。私は今、レビュル(人名 Charles Victor-Emmanuel Leclerc 1772-1802 シャルル・ヴィクトル=エマヌエル・ルクレール　ナポレオンの妹ポリーヌ・ボナパルトと結婚した。ハイチで反乱軍を鎮圧したが黄熱病で死去）大将とベルチール（前記　ベシェール）大将と諸々の私の軍友の協力に籍（藉の誤字か。力を借りる）て彼等（この事を好まない輩）を妨げます。諸侯は往時の放縦（今までと同様の意）の事に習う事はない、近来の形勢に肖る事はない、諸侯の才智に依って此度の決定を確立せられる。私の臂力（何か事をする能力）は能くそれを成就する。私達は独立して安心できる民衆の会治を願う。私の名と私の軍友の名に藉て右の独立を保ち続ける」。

夜四ツ半時ニ館ノ諸門闔ヂタリ會止ミタルナリ「ボナパルテ」ソコニ在合フ所ノ兵士ヲ閲シ且ツ之ニ觸書ヲ以テ申渡シケルハ

嗚呼諸ノ義士此度古老ノ執政ノ格別ナル決定ハ律令第百二三章ノ箇條ニ異ナルヿ無シ予此決定ニ參議シ且ツ都府并ニ軍兵ニ都督タルノ命ヲ蒙ル此ヲ以テ吾專ラ安民ノ律令ヲ補佐ス夫レ會治ノ政教二年來頽敗ニ傾リ汝等予ガ歸國シテ之ヲ良政ニ復センヿヲ希望スルヿ久シ今汝等一同ノ喜ビサゾ深カルベシ是吾ガ今安民ノ良政ニ勤苦スルヿヲ甘ンズル所以ナリ嗚呼汝義士等[二一四二]忠勇橈屈セズ是吾ガ毎ニ觀ル所也是ヲ以テ己ヲ脩メ己ガ大將ヲ佐ケヨ凡ソ會治ヲメ古ヘ歐羅巴中ニ冠タルノ昌盛ニ復スルニハ獨立メ人ニ羈ラス驍勇ニメ物ニ屈セズ輯睦ニシテ爭ハザルヲ要ス若シ又迷ヲ取リ或ハ敵ニ内應スルヿアラバスナハチ衰敗スルノミ也右ノ趣相心得共ニ精忠ヲ盡スベシ穴賢

會治ノ義士衆中

「ボナパルテ」識ス

夜四つ半時(午後十一時)に館の諸門は閉じた。[会止めになる]ナポレオンはそこに居合わせた兵士を観閲して、且つ、触書を以って申し渡した事は。

「ああ、義士(堅く正義を守り他人のために尽くす。ここでは兵士)諸君へ、この度の古老の執政官の格別な決定は法令の一二三章の箇条に異なる事はない。私はこの決定に参議(参与、関わる)して、かつ、都府(ここではパリ)並びに軍兵を都督(統率して取り締まる)することの任命を蒙り、これを以って、私は安心できる民衆の法令を補佐(政務を総督)する。夫れ、会治の政治宗教は頽廃して傾いた。諸君は私が帰国して、これを良い政治に復興する事を希望する事久しい。今、諸君一同の喜びは、さぞかし深いであろう。これは私が今、安心できる民衆の良い政治に労苦する事を甘んずる所以(甘受する理由)である。ああ、義士(兵士)諸君は忠勇(忠義と勇気)橈屈(たわみ屈する)しない。これは私が毎に観る所である。これを以って自分の技量を高め、自分の大将を援けよ。凡そ、会治を以って古代のヨーロッパ中に冠たる昌盛(最高の繁栄)を復興するには、独立して人に羈(束縛)わず、驍勇(勇ましくて強い)にして物に屈せず、輯睦(和らぎ、つつましく)にして争わない事を要す。若し、また、迷って敵に内通することがあれば、すなわち、衰廃(衰え廃れる)するのみである。右の趣旨を相心得て共に精忠(私心を交えない純粋な忠義)を尽くす事である。穴賢

会治の義士衆中　　ナポレオン識す」

〈「ナポレオン言行録」岩波文庫　（兵に告ぐ、長老会議に於ける演説）参照〉

又「ナポレヲン」把理斯ノ士人「ナチヲナーレ・ウヮフト」（會所ノ日付役カ）タル者ニ觸書ヲ以テ古老ノ執政ノ決定ヲ告知ラセ又「ウェット・ゲーヘンド・マクト」（註見上）ヲ移スㇾ甚肝要ニシテ長ク猖獗アバレルヲ振マハシメザルㇾヲ請合ヒタリ

また、ナポレオンはパリの士人（教養や地位のある人）ナチヲラーレ・ウヮフト［会所の目付役か］（蘭語 Nationaal 国民、Voogd フォークト　領地の守護と裁判を司る領主の称号）たる人に触書を以って古老の執政官の決定を告知させ、また、ウェット・ゲーヘンド・マクト（前記 蘭語 Wetgevend Macht 立法院議員で五〇〇人の議員の事か）［註見上］（註前出）を移す事が肝要であり、長く猖獗（しょうけつ）（悪い者の勢いが盛んな事）暴れ振舞わさせない事を請け合った。

○同ク第十日五百人ノ執政再タビ聖度格魯鳥度ニ會集シタル時「ボナパルテ露頭（スアタマ）ニテ軍装セズ二三ノ「グレナヂール」（武士ノ名）是モ兵器ナシニ戸外ニ待セ「ボナパルテ」堂中ニ現レ出タリ暫時ニシテ堂中騒動シ四方ヨリ喚カ、リケルハ何ンダ個ノ「ゼ子ラール」（總大將ノ官名）何故爰ニ來レルゾ爰ニ何ヲ作サント欲スルヤ「ボナパルテ」爰ニハ個ノ「ゼ子ラール」ノ來ルベキ席ニ非ズ去レヨ個ノ「ヂクタトル」ヨト〔一一―四三〕○「ヂクタトル」トハ執政ノ最上職ニメ威勢闔國ヲ蓋ヒ廢興生殺皆其手ニ在テ他ノ執政ヨリ之ヲ是非スルヿ能ハズ且ツ軍事ヲ掌握メ進退スル者ヲ云フ上ノ「ゼ子ラール」ト此「ヂクタトル」ト皆個ノ字ヲ加テ稱スルハ暗ニ輕蔑スルノ意アリ 此時四方ヨリ「ボナパルテ」ヲ衝モドシ短刀ヲ以テサシ向ヒタリ其中ニ暴惡ナル者一人短刀ヲモチテ「ボナパルテ」ヲ刺ントス「グレナヂール」武士ノ名 一人趨來テコレヲ救フテ已創ヲ得タリ「ボナパルテ」ノ弟「リュシーン・ボナパルテ」ハ五百人ノ執政ノ頭取ナリシガコノ時呼ハリケルハ諸君先ヅ待レヨ「ゼ子ラール」「ナポレヲン」ヲ指スノ爰ニ來レルハ專ラ會集ノ執政ニ事體ヲ内談センタメニ歩ヲ進メシニ疑ヒナシト亦四方ヨリ喚カヽリテ「リュシーン」ヲモ襲ントシケレバ已ムヿヲ得ズシテ頭取ノ腰掛ヲ引離レタリ

○同月一〇日に五百人の執政官は再びシント・コロルド(サン・クルー宮殿)に会集した時にナポレオンは露頭[素頭]で何も被らず軍服も着ずに、二、三のグレナヂール(前記 擲弾兵)[武士の名]を、これに兵器もなしに屋外に待たせ、ナポレオンはシント・コロルド(サン・クルー宮殿)の堂中(議場)に現れた。暫くして、議場は騒動して非常事態になり、四方より喚(わめ)き懸るは「何故だ。個(ひとり、軽蔑の意味)のゼネラール(蘭語 Generaal 総体、総大将の職。ここではナポレオンの事)[総大将の官名]は何故ここに来たのだ。ここで何を為そうと欲するのか。ナポレオンは、ここには個のゼネラール(総大将)の来るべき席はないので去られよ。個のヂクタトルよ(蘭語 Dictator-schap 執政権、執権職)」と。[○ヂクタトルとは執政の最上職にして威勢は闔国(こうこく)(全国)を蓋し、廃興生殺は皆その手にあって他の執政官よりこれを是非する事は出来ず、かつ、軍事を掌握して進退する者を云う。上のゼネラールと此のヂクタトルと、皆、個の字を加えて称するのは暗に軽蔑する意味がある」。この時、四方よりナポレオンを衝き戻し短刀を以って差し向った。その中の暴悪な一人が短刀を持ってナポレオンを刺そうとした。グレナヂール(前記　擲弾兵)[武士の名]の一人が駆け寄って来て、ナポレオンを救ったが自分は負傷した。ナポレオンの弟リュシーン・ボナパルテ(三男リュシアン)は五百人の執政官の頭取(首席、議長の意味か)になっていたが、この時、呼びかけたのは、「会集の諸士よ、先ずは待て、ゼネラール(前記)[ナポレオンのこと]が、ここに来たのは会集の執政官に事態収拾の相談せんがためにここに歩み来たことに疑いはない」と言った。また、四方より喚き懸ってリュシアンをも襲わんとしたので、止むを得ず頭取(議長)の腰掛を離れた。

○此時大将「レヘビュレ」二三ノ「グレナヂール」ヲ引率シテ内ニ入來リ「ボナパルテ」ヲ救ハシメ巳ニ之ヲ救ヒタル時又命ジテ其弟ヲ救ハシム此時兄弟誠ニ危急ニテゾアリケル此時堂中喚呼ノ聲相亂レ互ノ語言分チ難シ斯ル處ニ遠クヨリ太鼓ノ音聞エ軍勢押寄スル音ナリケレバ之ヲ聞ク者共堂ノ戸ヲ三度開ケテ三度遁ゲテ窗ヨリ去リタリ時ニ一人ノ將夥多ノ甲士ヲ率テ入來リ大音ヲ揚テ呼ハリケルハ大將軍「ボナパルテ」堂ヲ開ケサスルヿヲ余ニ命ジタリト云フ間モ

コソアレ兵士ヅカぐ〵ト堂中ニ入込テ堂ノ前半ヲ取込ミタリ此時猶止リ在リタル人衆ハ堂ノ後半ヲ領シケルニ兵士暫シ進行ヲ休メタリ是ハ渠等ガ遁去ル便ヲ得セシメンガ為ナリ是ニ[一一―四四]於テ大抵遁去リ只十一二人遁殘テ或ハナホ議政欃ノ上ニ在リ又ハ記録役所ノ傍ニ在テ其中一人呼ハリケルハ汝兵士等ハ誰人ナルヤ嗚呼汝等ハ會集ノ守護タリ汝等靜平ヲ計ラズ悪ニ與ミセザル者ヲ襲テ快シトスルヤ其勢ニテハ已ニ刈得タル月桂樹枝ヲ汚スゾヨト〇彼邦ニ習軍ニ勝タルトキハ月桂樹ノ枝葉ヲ以テ頭ニ飾ルトイヘリ兵士等此言ヲ聞テ奇特ナリトテ鼓ヲ撃テ深ク堂中ニ入リケレバ皆々遁去リケリ

〇この時、大将のレヘビュレ（人名　前記レビュルと同じ。ルクレール）は二、三のグレナジール（前記　擲弾兵）を率いて中に入って来てナポレオンを救おうとした。既にこれを救った後に、また、部下に命令してその弟を救った。この時、兄弟は本当に危急であった。この時、議場は喚呼の声が相乱れ互いの語言は分ち難い。このような所に遠くより太鼓の音が聞こえて、軍勢が押し寄せる音であったので、これを聞く者共は議場の戸を三度開けて三度遁れて窗（窓）より逃げ去った時に、一人の大将が夥しく多くの甲士（武装した兵士）を率いて入って来て大音を揚げて呼びかけた事は「大将軍ナポレオンは議場を開けさす事を私に命じた」と云う間もなく、兵士はづかぐ〵と議場の中に入り込んで議場の前半を取り囲んだ。この時、猶も議場の中にいた人衆は議場の後方に領しける（押しやるの意味か）が、兵士は暫く進行を休めた。これは彼等が逃げ去る時を与えるためであった。これによって大抵は逃げ去った。ただ、十一、二人は逃げ残って、あるいは議政榱の上に在った、また、記録役所の傍に在って、その中の一人は呼びかけたことは、「兵士達諸君は何という人であるか。ああ、諸君は会集の守護である。諸君は平静を計(善悪の分別)らないで、悪に與せない者を襲って快しとするか。その勢いにて、すでに刈得たる月桂樹の枝を汚すか。[〇彼の国では軍の習いとして勝った時は月経所の枝葉を頭に飾るという]」であった。兵士達はこの言葉を聞いて、奇特(もっともで正しいの意か)であるとして、太鼓を撃って議場の奥に入っていったので、残党は全員逃げ去った。

巻二下

此日古老ノ執政モ共ニ會集メ評議ノ上決定ヲナシ之ヲ取極メタリ其趣左ノ如シ第一會治政教ノ形勢ト「ウェットゲーヘンデ・レゲーリング」并ニ「ウェットフーレンデ・レゲーリング」〇執政中ノ一個ノ律令ノ義也即チ其事ヲ司ル者ヲ云フカノ黨ノ放縱不法ナルニ依テ「ヂレクトイレ」執政ノ最上官巻三ニ註スノ党ノ放縱不法ナルニ依リテ「ヂレクトイレ」執政ノ最上官巻三ニ註スモ會集ノ組合モ向後故官舊法ヲ黜ケ復タ用ヒス第二今新ニ前キノ「ヂレクテウルス」執政ノ最上官ノ黨ノ名タル「ビュルヘル」由緒正シキ士人ノ稱「レーイエス」ニ「ローヘレ・チュコス」及ビ「ゼ子ラール」大將軍ノ官名「ボナパルテ」ノ工夫セル「オイトフーレンデ・コンシュロイン・コムミッシー」執政最上ノ「コンシュル」官ノ觸出ス命令ノ義ヲ良トシ用フ此輩ヲ拂郎察會治ノ「コンシュルス」執政ノ最上官衆ノ義ト唱フベシ第三此「コム・ミッシー」上ニ所謂「コンシュル」官ノ觸出ス命令ヲ云フハ「ヂレクトイレ」總宰官タルノ極テ重キ威徳ア[二一四五]且ツ之ヲ以テ殊ニ萬機ノ政道ノ順次ヲ良善ニ復シ更ニ中心ノ安寧ヲ謀リ人民和合シテ膠ノ如ク有ガタキ太平ヲ起スベシ第四「ウェットゲーヘンデ・リハーム」五百人ノ執政ト古老ノ執政ハ當月第廿日ヨリ前ニ

集會スル㆑勿レ且ツ集會スルニハ把理斯ノ内ニテ平生ノ會所ニ於テスベシ尤組合ノ安靜ハ規律ヲ照シテ之ヲ考定ム（按ズルニ次ノ申ヲ執ルヲ計ヒヲ云フ）第五評議一決セザルトキニハ其中ヲ執リ二十五組ノ和ヲ計ルベシ尤其計ヒ方ハ規律ヲ整ヘ發明スル所ヲ以テ政法ノ失ヲ補ヒ誤ヲ正シ以テ主宰官ノ佐トナリ以テ政教ノ律書ヲ編マシムル爲ニ命ゼラル、所ナリ其後「ナポレヲン」第一ノ「コンシュル」トナリ國柄ヲ手ニシテ国法ヲ立テ天下内外安穏ノ策ヲゾ施シケル

この日、古老の執政官も共に会集して評議の上、決定して取り決めた事は左のとおりである。第一に会治・政教の形勢はウェットゲーヘンデ・レゲーリング（前記　蘭語　Wetgever　立法院・Regel規則、規定、命令）並びにウェットフレーレンデ・レゲーリング（蘭語　Wethouder　行政官・Regel　規則、規定、命令）［〇執政中の一個の法律の意味である。即ち、その事を司る者を云う。この党が放縦不法なるによってヂレクトイレ［執政の最上官、巻一に註す］も、会集の組合も、今後は故官（古式の意？・）旧法を黜（しりぞ）け、また用ない。第二に今、新たに以前のヂレクテウルス［執政の最上官の党名］であるビュルヘル（蘭語　Bluffer　自慢家、誇りを持つ人、法螺吹き）［由緒正しい武士の稱］レーイエス（人名　Emmanuel-Josefu　Seeyes　1748-1836　シエイエス。政治家で総裁政府の五人の総裁のひとり、「第三身分とは何か」の著者）、ローヘレ・コンシチュコス（人名　Pierre　Roger　Ducos　1776-1816　デュコス。政治家で総裁政府の五人の総裁のひとり　）及びゼネラール（蘭語　Generaal　前記）［大将軍の官名］　ナポレオンの工夫

巻二下

したオイトフーレンデ・コンシュロイン・コムミッシー（蘭語 Wethouder consul commissie 行政執政官訓令の意か？）［執政最上のコンシェル 官の御触れを出す命令の意味］を良策として用いた。この輩をフランス会治のコンシェルス（蘭語 consuls 執政官衆）［執政の最上官衆の意味］と唱える事。第三にこのコム・ミッシー（蘭語 Commissie 委員会、命令）［上に所謂コンシュル官のお触れを出す命令を云う］はヂレクトイレ（前記）［総裁官］たる極めて重い威徳があり、且つ、これを以って天下の政治を順次良善に復し、政治の中心の安寧を計り、人々は和合して膠（にかわ）のように有り難い太平の世を起こすべきである。第四にウェットゲーヘンデ・リハーム（蘭語 Wetgevend Lichaam 立法部）［五百人の執政官と古老の執政官］は当月二〇日より以前に集会する事は禁止する。且つ、集会をするにはパリ市内にて平常の会所で行う事。尤も、組合の安静は規律を照らして考え定める事。［案ずるに次の申し事を執り計らう事を云う］。第五に評議が決定できない時はその中を執って二五組の和を計る事。 尤もその計らい方は規律を整え発明する所をもって政法（政治の治める方法、政道）が失う所を補って誤りを正し、以って主宰官の補佐となり、以って政教の法律書を編纂する為に命じられる所である。その後、ナポレオンは第一のコンシュル（前記執政官）となり国柄（国内の意）を手にして、国法を立て天下に安穏の政策を施した。

○按ズルニ其後「ナポレヲン」第一ノ「コンシュル」トナリ云々ノ事巳ニ上ノ聖多格魯烏度會ノ前

ニ第一ノ「コンシュル」トナリ英吉利亞王ニ書ヲ贈ルヿヲ出シ又第三巻首ニモ此ト同キ其後「ナポレヲン」第一ノ「コンシュル」トナリ云々ノ文ヲ出シテ英吉利亞王ニ贈シ書ヲ載セタリ重複メ前後煩雑ナルヲ覺ユ疑クハ錯簡例文アルベシ此ノ其後「ナポレヲン」云々ノ條ハ其マヽ置キ第三巻首ノ其後「ナポレヲン」ヨリ策ヲゾ施シケルマデノ二行ヲ削テ前ノ「ナポレヲン」第一ノ「コンシュル」トナリ暎吉利亞王ニ書ヲ贈ヨリ民ヲ息ハントノ議ヲ申遣スマデノ文ヲ第三巻首ニ移サバ其大蒲利太泥亞王ニ示ス文ニ曰クト云フニ續テ條理立チ事ノ始末明カナラント思ハルサレトモ未ダ原書ニ質サヾレハ強テ之ヲ言ガタシ今姑ク傳寫ノマヽニ従テ後ノ考ヲ俟ツ

那波列翁勃納把爾的傳巻二終

○案じるに、その後、ナポレオン第一のコンシュルトナリ云々の事は既に上の聖多格魯烏度會（サン・クルー宮殿の会）の前に第一コンシュルになり、イギリス国王に書簡を送る事を出し、また、第三巻の最首にもこれと同じようにその後ナポレオンは第一のコンシュルとなり云々の文を出してイギリス国王に贈った書簡を載せている。重複して前後煩雑なるを覚える。疑わしくは書簡例文の錯乱あると思える。このその後、ナポレオン云々の條はそのまま置き、第三巻最首の、その後、ナポレオンより策をぞ施しけるまでの二行を削って、前のナポレオン第一のコンシュルとなり、イギリス国王に書簡を送り国民を安息さすために協議を申し遣わすまでの文を第三巻の最首に移せば、その大蒲利太泥亜（ブリタニア、ブリテン　Bratain　イギリス)国王に示す文に曰くと云うに続いて条理が立つ事の結末が明らかになると思われるが、未だ原書で質(ただ)されないので強いてこれと言う事ができない。今は姑(しばら)く伝え写しのままに従って後の考察を待つ。

ナポレオンポナパルテ伝巻二終り

巻二下

活刷　那波列翁傳初編

卷三

〔三一二〕

那波烈翁勃納把爾的傳三

其後「ナポレヲン」第一「コンシュル」トナリ國柄ヲ手ニシ國法ヲ立テ天下内外安穩ノ策ヲゾ施シケル其大蒲利太泥亞「ゴロートブリタニヤ」○又大貌丹亞ニ作ル即チ英吉利ノ事也ニ示ス文ニ曰ク

拂郎察會治ノ第一昆緦兒「コンシュル」○漢譯岡色爾トス勃納把爾的書ヲ大蒲利太泥亞意々爾蘭土「イールランド」○漢譯愛倫ニ作ル兩國總王ノ案下ニ上ル敬テ告ク某今拂郎察國人ノ推擧ニ因テ會治ノ第一ノ執事ト爲ル鳴呼天下兵ヲ構ヘ四世界苦惱スルコ已ニ八年豈靖治ノ計無ランヤ夫レ貴國ト敝邑トノ民力歐羅巴中ニ冠タリ渠既ニ國之安泰商賈之盛眷屬ノ福有リ而メ何ノ足ザル所ニメ兵ヲ弄メ飽クコ無キ富貴ヲ求ルガ爲ニ竟ニ其身ヲ殉スルハ豈欲スル所ナランヤ此民豈和睦ノ美ナルコヲ解セザランヤ顧フニ閣下民ノ父母トシテ而メ之ヲ愛スルハ固ヨリ其所ナリ而ルニ豈兩國ノ民情ヲ以テ非トセンヤ若シ兩國猶兵ヲ止メズンバ則全世界ノ民殆ド噍類ナカラン閣下深ク之ヲ思ヘ○無噍類ハ前漢高帝紀ノ字ナリ世ニ活テ物食フモノヽ無クナルヲ云フ噍ハカム也

于時拂郎察紀元八年「ニホセ」月名第五日和蘭紀元千七百九十九年第二月第二十六日　那波列翁勃納把爾的　再拜

ナポレオンポナパルテ伝三

その後、ナポレオンは第一のコンシュル（前記　最上総裁官）となり国柄（国内の意）を手にして、国法を立て天下内外に安穏の政策を施した。（この部分は巻二下末尾と重複）。そのブリタニア（国名　英語

前記　イギリス)[ゴロートブリタニア(国名　蘭語　Groot|Brittanje　大英帝国)〇又は大貌丹亞と記する。即ちイギリスのことなり](以後イギリスで表記)に出した書簡に云った。

「フランス会治(共和国議会)の第一昆緦兒[コンシュル、漢訳は岡色爾とする]（前記　最上総裁官)ナポレオンは大蒲利太泥亞(前記　ブリタニア)と意々爾蘭土[イールランド〇漢訳愛倫と記する](英語 Ireland アイルランド)の両国(ブリタニアとアイルランド)の惣王(率いる王の意か)(イギリス国王ジョージ三世、GeorgeⅢ 1738-1820　一七六〇年一〇月二二日からはグレートブリテン、アイルランドの国王も一八二〇年一月二九日八一歳で崩御するまで兼ねた。彼の時代にアメリカ独立戦争、フランス革命、ナポレオン戦争などの大きな歴史的変革の時代)の案下に敬いて(尊敬と敬意を以っての意か)告げる。私は今、フランス国民の推挙に依ってフランス共和国議会の第一の執政官となった。ああ、天下に兵を構えて四世界を苦悩する事、既に八年(フランス革命から八年の意)、豈(決して)、靖治の計(平安の時)はなかった。それは貴国と敝邑(へいいう)(自国の謙辞、即ちフランスの事)との民力(国力)はヨーロッパ中に最も優れている。渠(彼、国王のこと)には、既に国の安泰、商売の盛栄、眷属(けんぞく)(一族)の福(幸運)がある。而して（そんなにして)、何の不足が有って、兵を弄(もてあそ)んで飽きることなく富貴を求めるが為に、竟(つい)にその身を殉ずるは、決して、欲する所ならん(本当に望むところではない)。この国民は和睦が美徳である事を理解しないであろうかと顧みるに、国王閣下は国民の父母として、これを愛する事は、もとより、その考えである。然るに、豈(どうして)に両国の国民の事情を以って非とせるか。若し、両国が休戦しなければ、即ち全世界の国民は殆ど噍類(しょうるい)(人畜の類)となる。国王閣下は深くこれを思慮されよ」。[〇無噍類は前漢高帝紀の字である。世に活きていて食う物のなくなることをいう。噍は噛(か)むである]。

時にフランス歴紀元八年 [ニホセ 月名 (フランス語 フランス革命歴 Nivose 雪月)]五日[オランダ紀元(西暦)一七九九年二月(一二月の誤り)二六日]、ナポレオン再拝 〈「ナポレオン自伝」朝日出版社(一七九九年一二月二五日)参照〉

巻三

[三—一]
英吉利亞王乃チ「グレンヒルレ」(未詳蓋シ大臣ノ官名カ)ヲシテ返書セシム其大意ニ曰ク
吾ガ王今ノ形勢ニ當テハ實ニ止ムヿヲ得ズメ兵ヲ用ルナリ此上ハ諸國ト相合シテ正シキ軍ヲ致ントス是吾ガ王其國人ノ安泰ヲ思フヿノ懇切ナル苟モ斯兵ノ起ル所以ヲ除クノ外ニハ之ヲ長クスルヿヲセズ亦其民ノ安泰治體ノ不羈ヲシカト定ルニ非レバ止メサザルナリ

イギリス王はグレンヒルレ[不詳、若しや大臣の官名か](人名 ウィリアム・グレンヴィル初代男爵 William Wyndham Grenville 1759-1834 従兄の小ピット内閣で一七九一年から一八〇一年の間は外務大臣の職にあった)に返書させた。その大意に次のように言った。

「我が王(イギリス国王)は今日の形勢に当って、実に止むを得ず兵を用いている。この上は諸国と相合わせて(協議して)正義に軍事を行使する。これは我がその国民の安泰を思う懇切(しきりに願うこと)である。苟(いやしく)もその挙兵の原因を排除する以外にこの派兵を長引かさない方法はない。また、その国民の安泰と治體(世の治め方)の不羈(ふき)(自由)を確立できなければやむを得ない」。

「ナポレヲン」右ノ書ヲ得テヨリ外ニ和平ヲ致スノ道ナケレバ此上ハ个一タビ兵ヲ起メ敵ニ克チ以テ之ヲ制服スベシト一決シタリ此時英吉利亞獨逸「ヲーステンレイキ」魯西亞皆兵ヲ擧テ拂郎察ニ敵ス「ヲーステンレイキ」ハ軍卒ヲ給ン英吉利亞ハ金ヲ給ス

ナポレオンは右の書簡を得てからは、他に和平する道はなければ、この上は个(今の誤字?・)一度、挙兵して敵に勝ち、以ってこれを征服すべきと決心した。この時、イギリス、ドイツ、オーストリア、魯西亜(英語 Russia ロシア)は、皆挙兵してフランスに敵対した。オーストリアは軍兵を出し、イギリスは金を出した。

○此度ノ軍ノ初陣ニ味方ノ将「モレアウ」ノ兵「レイン」河邊ニ於テ目醒シキ克ヲ取ル「スウヮーベン」ト「ベエイレン」トノ地ノ内數箇所奪取リ又敵兵二萬人ヲ捕獲ス意太里亞ニ差向ケヽル味方ノ將「マッセナ」ハ「モレアウ」ガ如キ大勝ニハアラズ是ハ敵大軍ナルガ故ナリ只敵兵夥多捕

獲シ退テ「ゲニュア」ニ籠城シタリ其左翼ノ将「シュセット」ト相別レテ拂郎察ノ境ニ退テ敵ヲ防ギ勇ヲ振ヒタリ

○今回の軍の初陣に味方の将モレアウ(前記　モロー、以後モローと記す)の軍兵はライン川辺に於いて目覚しい勝利をした。スウヮーベン(地名　独語　Schwabenドイツ南西部のシュヴァーベン地方)とベエイレン(地名　Bayern　ドイツのバイエルン地方)　との地の内の数カ所の地を奪い取り、敵兵二万人を捕虜とした。イタリアに差し向けていた味方の将マッセナはモローのような大勝ではなかった。これは敵が大軍であった故である。ただ、敵兵を多く捕虜にして退いてケニュア(前記　現ジェノバ)に籠城した。その左翼の将シュセット(前記　スシェト)と相分かれて敵を防いで武勇を振るった。

[三―三]
○カ、リシカバ「ナポレヲン」軍政官「ベルチール」ヲ招テ此上今度大軍ニテ東方ニ押寄スベキ計ヲ爲ス抑是ハ全歐羅巴ヲ驚カス程ノ大望ナリ乃チ觸書ヲ以テ英吉利亞ト天下靜謐ノヿヲ談ジタレトモ英吉利亞不承知故止ムヿヲ得ズ今度ノ戰ニ及ブ旨ヲ中論シ諸郡ニ命ジテ軍勢催促スル程ナク軍勢并ニ將校「デイオン」府ニ馳集ル敢戰ノ士五萬人大將「ベルチール」之ヲ司配シテ「デイオン」ヨリ「ゲ子ヘ」ニ至ル「ナポレヲン」ハ諸々國法ヲ整ヘシマリヲシテ把理斯ヲ發シ此處ニ至リ第六月第十二日「ナポレヲン」前軍ノ鑒閲ヲ爲ス是ハ「ラン子ス」之ヲ將トメ二「ヂ

ヒシー」陣隊ノ名ニテ來ル

○斯くのような状況なので、ナポレオンは軍政官ベシェールを呼んで、この上は、この度、大軍にて東方(イタリア)に押寄(侵攻)せる計画を立てた。抑も、これは全ヨーロッパを驚かす程の大望であった。即ち、触書(触状 通達の書状)を以ってイギリスと天下静謐(天下泰平)の事を相談したが、イギリスが不承知(不同意)であったので、止むを得ず、この度の戦役に及ぶ旨を(国民に)申し諭して、フランス国内の諸郡に命じて軍勢の補強を催促(早くするように促す)した。程なくして、軍勢並びに将校はディジョン(フランス地名 Dijon フランス中部の都市でコート=ドール県の県庁所在地)の街に馳集まった。敢勇(勇敢な)の兵士五万人の大将ベシェールは司配(司令の意味?)してディジョンよりゲネヘ(スイス地名 蘭語Geneva ジュネーブ)に至った。ナポレオンは諸々の国法を整備した後にパリを発向してこの地(ジュネーブ)に到着した。六月(五月? 後述のセントバーナード山越えは五月二〇日)一二日にナポレオンは前線軍の観閲をした。これはランヌ(前記)は将として、二ヂヒシー[陣隊の名](前記 旅団)にて来た。【第二次イタリア遠征。一八〇〇年五月のセントバーナード山越から一八〇一年二月のリュネヴィルの和約まで】。

翌日總軍勇々トメ○勇々ノ語イカヾ誤ニテモアルベシ**「シンド・ベルナルド」山ニ至ル先ヅ「マルヂクニ」村ヲ過テ此山ニ上**

ル抑此山ハ「ハルフイス」ト「ピーモンド」共ニ地名トノ間ニアリ而シテ「アルペン」山ノ中「アルペスブニ子ス」ト云ル山ノ一部分ナリ「マルヂクニ」村ニテ士卒大ニ渇セルヲ土人厚ク世話シテ水ヲ與ヘ又此處酒水ニ乏シキニ酒マデアタヘタリ此村ヨリ山上ノ寺院迄凡ソ八里アリ此村ヲ距ルヿ半里許ニシテ漸ク上ル道甚ダ佳ニメ「シント・ピーテルス・ピュルグ」マデハ車乗ヲ用フベシサテ煩軍ハ大將「マルモント」ヲ待ツ爲ニ「マルチグニ」村ニ暫ク止リケルガ其絡繹タルノ體高キ木ヨリ望メバ甚ダ觀ルベシ百姓等集テ軍行ノ助ケ又道ナドノ損ジタルヲ取ツクラヒタリ

翌日、総軍勇々として[○勇々の語は如何　誤にもあるべし]。シント・ヘルナルド山(現グラン　サン　ベルナール峠　仏語　Col du Grand-Saint Bernard　イタリアとスイスの国境にあるアルプス山脈の峠　セントバーナード犬の由来の地)に到着した。マルチグニ村(地名　Martigny　スイスのヴァレー州のマルティニー、ジュネーブの東方、セントバーナード山の北方の山麓の町)を過ぎてこの山を越えた。抑もハルフイス(地名　仏語Valais　スイス南部のイタリア国境の州)とピエモンテ州(前記　イタリア北西部の州)[共に地名]との間にあり、アルプス山脈の中のアルプニネスと云う山の一部分である。マルティニー村にて、兵士は大変渇水になったが、村民は手厚く持て成し水を与えた。また、ここは酒(ワイン)、水に乏しいが、酒まで与えてくれた。この村より山の上の寺院(グラン・サン・ベナール寺院　一〇五〇年、アオスタ大聖堂の助祭長ベルナール・ド・マントン　Bernard of Menthon　は峠に修道院と遭難者救助を目的のホスピスの救護院を建設して人々に宿泊や食事を提供し、後に聖人に列せられた。山の名も彼に由来）までは、およそ八里（三二キロ）あった。この村を距てる半里（二キロ）ばかりで、漸く山を登る道は甚だ佳くして、シント・ピーテレス・ピュルグ（地名　スイス　Bourg-Saint-Pierru　プール・サン・ピエール、セントバーナード山の北の町）までは車乗（車両、馬車）を用いた。さて、熕軍（砲兵軍）は大将マルモン（人名　Auguste Frederic Loise Viesse de Marmont 1774-1852　オーギスト・フレデリック・ルイ・マルモン、ラグサ公爵）を待ってマルティニー村に暫く留まっていたが、その絡繹（道路に人馬などの往来が絶え間なく続くこと）の様子を高い木より望んで甚だ（よくよく）観ると、百姓など集まって行軍の助け、また、道などの破損したところを取り繕っていた。

〔三一四〕
○「マルヂクニ」ヨリ「シント・ブロシール」村ニ至ル是ハ兩峻崖ノ間ニ在リ此上人頗ル野朴ニテ其家ハ皆閉ヂタリ旅家只兩三軒アル爰ニ入テ爽快ヲ取ルニハ價太ダ高シソレヨリ小村「リッデス」ヲ過グ其狹道アリ之ヲ「ヲダランセ」ト名ヅク爰ニ奇トスベキハ巖ヨリ巖ニ亘リタル一大木橋アリ之ヲ渡リ通ルナリ騎兵等ハ大將「マレスコット」ガ勸メニテ回リ道シテ此ヲ通ル夫ヨリ「シント・ピーテルス・ピュルグ」村ニ至ル是マデハ車乘ヲ用フベシ是ヨリ「シント・ベルナルド」山トナル山甚ダ険峻ナリ是ヨリ山上ノ寺院マデ三里許ナリ其間ノ道ハ巖石相並ビ迂曲千回シテ上ル溪流處々アリ地上ノ産物漸ク滅ジ「シンド・ピールテス・ピュルグ」ヲサルコ一里許ヨリハ

産物全クナシ只松樹アリ其レヨリ先キハ灌木ヲ見ルノミ接骨木アリト雖トモ實ナシ此山終年雪消セザル所多シ

○マルティニー村よりシント・ブロシール（地名　スイス　Sambrancher　サンブランシェ、セントバーナード山の北の町）村に至った。ここは両方が峻崖（しゅんがい）（険しい崖）の間にあり、この上、人は頗る野朴（素朴）で、その家は皆閉ざしていた。旅宿は二、三軒あった。ここに入って爽快（安息）を取るには宿賃が甚だ高価である。それより小さな村リッデス（地名　スイスLiddes　リッド、セントバーナード山北側山麓の町）を過ぎる狭い道があり、これをオダランセ（蘭語　omverdansen　倒す、毀つの意味？　又はこの時、雪崩があったので、仏語　avalanche　雪崩の意味か？）と名付けた。ここに奇妙な事に巌より巌に渡してある二つの大きな木橋があった。これを渡って通った。騎兵などは大将マルスッコト（人名　詳細不詳のちにナポレオンの命令で、マルスコット技師長によりペンデミエーウルの要塞が強化されたことがある）の勧めにて回り道をしてここを通った。それよりシント・ピーテルス・ピュルグ（前記　プール・サン・ピエール）村に到着した。これまでは車乗（車両、馬車）を用いた、これよりセント・ベルナード山となり、山は甚だ険峻であった。これより山頂の寺院（前記）まで三里（一二キロ）ばかりである。この間の道は岩石が相並び迂曲千回していて、上がる渓流が所々にあった。地上の産物は漸く減ってプール・サン・ピエール村を去ってから一里（四キロ）ばかりよりは、産物は全くなく、ただ、松の樹があった。それより先は灌木を見るのみである。接骨木（ニワトコの漢名、その花や葉、煎汁を漢方薬にする）はあるが実を付けていない。この山は終年雪が消えない所が多い。

軍卒寺院ニ至レバ天氣極テ清朗ニシテ一點ノ雲ナク四方少シノ霧ナシ不毛ノ大山雪ト暉光ノ激映スル景誠ニ妙絶ナリ「マルモント」ハ總督「ナポレヲン」ガ命ニ依テ「シント・ピーテルス・ピュルグ」并ニ其近村ニ喇叺ヲ吹カセテ百姓等ヲ呼集メ火砲ノ大小ニ随テ値ヲ定テ之ヲ雇フ百姓等馬並ニ驢ヲ牽テ爰ニ集リ軍士ト交リ二日ノ間ニ大砲二十ヲ運ビタリ又馬ヲ用ヒラレヌ場所ニテハ［三―五］「マルモント」工夫ニテ大ナル木ヲ刳リテ刳鉢ノ形トナシ之ニ大砲ヲ載セ力ヲ併セテ引上ゲ引卸シタリケリ軍士ハ二三時寺院ニ休息シタル後南ノ方「アヲスタ」谷ニ向ヒ山ヲ下レバ日大ニ暖ニシテ且清朗ナリ但シ山最峻ナレトモ花樹爛漫トシテ眼ヲ悦バシメ蛺蝶翩々トシテ飛遊ブ士卒アヲニナリテ山ヲ下ル將校モ之ニ傚ヒアヲニナリテ下ル（アヲニナルト云ヿ解シガタシ　アヲムクヿカ　サラバ花ヤ蝶ナドヲ看ツヽ仰テ山ヲ下リシヿヲ云フナラン　然トモ猶穏カナラズ誤字ナランカ考フベシ）「サイント・レミ」村ニ至ル寺院ヨリ二時行程也寺院ヨリ五里ニシテ「エトロウブレス」村ニ至ル

軍兵がセントバーナード山頂の寺院に到着したら、天気は極めて清朗（晴れて明るい）にして、一点の曇もなく、四方に少しの霧もない。不毛の大山は雪と暉光（輝光）の激映（激しく映る）する景観は誠に絶妙である。マルモンは総督ナポレオンの命令でプール・サン・ピエール村並びにその近村にラッパを吹かせて百姓等を呼び集めて、火砲の大小に依って値段を定めて、これを雇った百姓等と馬並びに驢(ろ)(兎馬、ロバの異称)を牽いて、ここに集まった兵士と交わって二日間で大砲二十門を運んだ。また、馬を使えない場所ではマルモンは工夫をして木を刳って刳鉢の形として、これに大砲を載せ、力を併せて引き上げて引き卸した。兵士は二、三時間寺院にて休息して後に、南の方角のアオスタ谷に向って山を下ったが、陽は大変穏やかで、且つ、また清朗であった。ただし、山は最峻(きわめて険しい)であるけれども、花樹は爛漫として目を悦ばし蛺蝶(蝶の仲間の総称)翩々(ひるがえる)として飛び遊んでいる。兵士等はあおになって山を下った。将校もこれに倣ってあおになって山を下った。[あおになるという事は理解し難い。仰向く事か、そうであるならば、花や蝶などを見ながら、仰いで山を下る事を言うのであろう。しかし、猶、穏やかでない(疑わしい)。誤字であるか考慮すべきである]。サイント・レミ村(地名 イタリア Saint Rhemy サイント ルエイン、セントバーナード山の南の町)に到着した。寺院より二時間程の行程であった。寺院より五里(二〇キロ)でエトロウブレス村(地名 イタリア Etroubles エトロウブレス、セントバーナード山の南東の町)に到着した。〈前掲「ナポレオン自伝」一八〇〇年五月二〇日の項参照〉

是ハ「アヲスタ」谷ノ近所ニシテ「ヲーステンレイキ」ノ前軍ニ近ケレバ爰ニテ軍士ニ止レト命ズ敵

「アヲスタ」ノ高處ニ在シガ我軍ヲ見ルヤ否ヤ進來ル而トモ我軍不意ニ出タルヿナレバ敵打負テ暫時ニ退キタリ次ニ我軍「カチルロンス」ニ至レバ敵ハ橋ト隘道ニテ我ヲ支ントス而ルニ拂郎察方ノ「グレナヂール」(武士ノ名)ト「ヒユッサレン」(騎兵ノ名)ト數人之ニカヽリアヒ敵三百人ヲ擒リ百人ヲ殺傷シ大砲二門ヲ奪フ味方僅ニ傷スル者五人

これはアオスタ谷(地名Aosta　アオスタ渓谷　セントバーナード山の南の渓谷)の近くにてオーストリア軍の前線に近いので、ここで兵士に止まれと命令して、敵はアオスタ(地名　Aosta　イタリア北西部のヴァッレ・ダオスタ特別自治州の州都)の高い所に在ったが、我が軍を見るや否や進み来た。然るにも我が軍が不意に出た事で、敵は暫時に退却した。次に我が軍はカチルロンス村(地名　Chatillon　シャティヨン、イタリアのヴァッレ・ダオスタ州のアオスタの東の町)に到着したら、敵軍は橋と隧道にて我が軍の攻撃を防ぎ止めようとした。然るにフランス方のグレナジール[武士の名](前記　擲弾兵)とヒュッサレン[騎兵の名](蘭語　Huzaar　軽騎兵)との数人がこれと関わり合い、敵兵三百人を擒に、百人を殺傷し、大砲二門を奪い、味方は僅かに負傷したものは五人であった。

○前軍已ニ「アヲスタ」ト「カチルロンス」ヲ奪フ而ルニ敵「バルド」城ニ在テ我兵「ピーモント」ニ向ントスル途ヲ支ヘタリ味方ノ將之ヲ聞テ其夜煩軍ヲ指向ケ其身モ押寄セテ暫時ニ此城ノ

要害トナル所ノ［三一六］「アルバルト」ト云ル高所ヲ取リタリ味方ノ前軍ハ敵ト相對シ居タリシガ急ニ勇士ニ命ジテ夜間敵ノ火炮ニ向テ此方ヨリモ火炮ヲ放タセケレバ敵遂ニ打負ケ味方ノ「ブリガーデ」隊ノ將「ヂュホウル」遂ニ城ヲ乗取リタリ敵更ニ「チュリン」「ピーモント」等ヨリ加勢ノ兵ヲ得テ「シウセルフ」河ノ後「ロマノ」ノ高處ニ陣取リシ歩卒五千騎兵四千大砲夥多ヲ以テ押寄セ我ニ當リケリ味方ノ將「ラン子ス」之ヲ「シウセルフ」河ノ上ニ撃テ之ヲ破ル敵散々ニ敗走ス此時敵將「パルセイ」ト云フ者騎兵ノ將トシテ戰ヒシガ其他ノ將校七人ト共ニ討死ス敵方ニテ兵五百人馬三百匹并ニ敵將「ラトウル」ガ總「レギメント」陣隊ノ名ヲ亡ヒタリ其上擒ニセラル、者六十人拂郎察方ニテハ討死三十人傷スルモノ二百人

前衛軍は既にアオスタとシャティヨンを奪った。然るに、敵はバルド（地名　イタリア　Bard　バール、アオスタの南東の町）城に在って、我が軍がピエモンテ（前記　イタリアの州名）に向うのを途中で防ぎ止めようとした。味方の将はこれを聞いて、その夜に熕軍（砲兵軍）を指し向け、自身も攻め寄せて、暫くの間にこの城の要害となる所のアルバルト（地名　イタリア　Albard　アルバール、バールの東隣の町）という高い所を取った。味方の前衛軍は敵と相対していたが、急に勇士（勇気ある兵士）に命じて夜間に敵の火砲に向けて、こちらよりも火砲を放たせたら、敵は遂に打ち負けて味方のブリガーデ（前記　旅団）隊の将デュホウル（人名　詳細不詳）は遂に城を乗っ取った。敵は更にチューリン（トリノ）、ピエ

モンテより加勢を得て、シウセルフ川（地名　詳細不詳）の後方のロマノ（地名　詳細不詳）の高い所に陣取った歩兵五千、騎兵四千、大砲夥多を以って押寄せ我が軍に戦った。味方の将ランヌはシウセフス川の川上にてこれを打破った。敵は散々に敗走した。この時、敵の将校のパルセイ（人名　詳細不詳）という者、騎兵の将として戦ったが、その他の将校七人と共に討死した。敵方にて兵五百人馬三百頭、並びに敵将ラトウル（前記　ラウドンの事か?・）は総てレギメント［陣隊の名］（前記　連隊）を失った。その上、捕虜にせられた者六十人。フランス軍にては討死三十人、負傷者は二百人であった。

○敵ハ「チュリン」ニ遁ゲ橋々ヲ破リ「オルコ」河ノ舟ヲ悉ク焼キタリ味方ノ将「ラン子ス」第三月第廿七日「シヤハッソ」ヲ取リ「ポー」河ニ於テ夥キ舟ニ米并ニ雑穀積ミアルヲ得タリ

○敵はトリノに遁れ、橋々を破壊して、オルコ川（地名　イタリア　Orco　オルコ川、北西イタリアのチェレソーレ湖に端を発してキバッソ付近でポー川に合流する川）の舟を悉く焼いた。味方の将ランヌは三月二七日シヤハッソ（地名　イタリアChivasso　キバッソ、トリノの北東のポー川沿岸の町）を取り、ポー川に於いて多くの舟に米並びに雑穀の積んであるものを得た。

○「ナポレヲン」前軍「シアッソ」ノ戰ニ骨折リタレバ暫ク休息サセ尚前軍ノ將士ヲ勞ヒケリ郎

第十二「レギメント」（陣隊ノ名）ヤーゲルス」（銃卒ノ名）ニ近ヨリ「ブリガーデ」隊将ヲ以テ其「レギメント」ニ申渡サシムルハ總督今度爾等ガ武勇ヲ大ニ稱セラレ滿足ニ思ハル今度ノ捷ハヒトヘニ爾等「カチル[三—七]ロンス」ニ於テ劇ク勇戰セシニ依ルナリ總督此度「ヲーステンレイキ」ノ騎兵ヲヒドキメニ逢ハセ其傲漫ヲ懲サントノ思召ナリシガ爾等ガ働キ實ニ意表ニ出タリト御感稱ナサル、ト

○ナポレオンは前衛軍のシアッソ（シヤハッソと同じ。キバッソ）の戦いに骨折り（苦戦）したが、暫く休息させ前衛軍の将校兵士たちを労った。即ち一二レギメント［陣隊の名］（前記　連隊）、ヤーゲルス［銃卒の名］（蘭語　Jagers　狩人、銃卒兵）に近寄り、ブリガーデ（前記　旅団）隊将としてそのレギメント（前記連隊）に申し渡した事は、「総督は今度の兵士諸君の武勇を大いに称賛し満足に思う。今度の捷（かつ）（勝利）は偏に諸君のカチルロンス（シャティヨン）に於いて激しく武勇した事による。総督は此度のオーストリアの騎兵を酷い目に逢わせ、その傲慢を懲らしめようとの思いであったが、諸君の働きは実に意表（思いの外）の出来であったと感称（感賞、功を賞する）した」と。（ナポレオンは二年後にレジオンドヌール勲章 Lordre national de legion dhonneur 制定し現在もフランスの最高勲章として存在している）。

○又第二十八ノ「ハルヘブリガーデ」（陣隊ノ名）ニ申渡シケルハ爾等其振舞殊ニ勝レタリ因テ爾等前軍ノ先ガケトナル可シ爾等二年來此山ヲ跋涉スレトモ少シモ囁々セズ是軍士第一ノ心ガケ也此

度八日ノ間爾等ガ致セシ功ハ八月ニ當ル然トモ爾等少シモ小言ヲ發スルヲ聞カズ

○また、第二十八ハルフブリガーデ[陣隊の名](ハルフ 蘭語 Half 半分、ブルガーデ 前記 旅団 ハルフブリガーデは半旅団)に申し渡した事は、「諸君のその振舞いは特に優れていた。依って諸君は前衛軍の先駆けとなるべきである。諸君は二年来、この山を跋渉(ばっしょう)(山を踏み越え、水を渡る)するとも、少しも囁(しょう)(ささやき)々せず。これは兵士の第一の心掛け(心構え)であった。この度、八日間に諸君が致した功績は八ヶ月間に相当する。しかし、諸君が少しも小言を言う事を聞かなかった」。

○右ノ如キ稱譽大ニ士卒ノ勵ミニナリ此他ノ將士等前軍ノ此稱譽ヲ得タルヲ羨ミ吾先キニ功ヲ見ハサントゾハゲミケル

○右のような称譽(賞譽、ほめたたえること)は大いに兵士たちの励みになり、その他の将校たちは前衛軍がこの称譽を得た事を羨み、我先に功績を見せんと励んだ。

○軍ノ中央「アヲスタ」谷中ニ押入リタル時味方ノ將「ミュラット」ハ「フルセルリ」府ニ入リ敵ノ上ハ番人十人ヲ擒ニシ米并ニ諸穀燕麥等○燕麥ハ牛馬ノ飼ニ備ル也ノ貯アル倉廩數箇所ヲ奪ヒ敵ノ騎兵千人ヲ

「デ・テシア」河名カニ逐ヤリタリ

○軍の中央（本隊）がアオスタ谷の中に進軍した時に、味方の将軍ミュラはフルセルリ（地名　Vercelli ヴェルチェッリ、アオスタの南東にあり、、ミラノとトリノの中間にあるヴェルチェッリ県の県都）市内に入り、敵の上は（意味不詳）番人十人を捕虜にし、米並びに諸穀燕麦［○燕麦は牛馬の餌に備える］（中央アジア原産の雑草から作物化したもので牛馬の餌）などの貯えてある倉庫数カ所を奪い、敵の騎兵千人をデ・テシア［川の名か］（前記　ティチーノ川）に追いやった。

巻三

○次ニ「サンチア」「クレッセンチノ」「ビールヲ」「ケリノ」「マッセラノ」等ノ諸府追々奪取リ「シスアルペイン」地名ノ「レギウーン」○羅馬ノ歩騎軍隊ノ名ナリ昔ハ千二百五十人後ニハ六千人トナル蓋シ「シスアルペイン」ニ屬セル兵ニメ今度「ナポレヲン」ニ歸メ其爲ニ陣スルナラン「ベテンコウルト」ハ「ドモ・デ・オッシュロ」ヲ取ル味方ノ将「ハレルロ」ニ陣取ス味方ノ将「モンセイ」ハ「レイン」河邊ヲ固メタル陣ヨリ發シテ「ゴッタルト」山ヲ越來ル是ニ於テ味方ノ諸軍一同ニ平地ニ出ケレバ相救フノ便ヲ得テ敵方ヨリ何如ナル不意ノ變ヲシカクトモ少シモ恐ル、コナクナレリ〔三一八〕

○次にサンチア（地名　anthia　サンティア　ピエモンテ州ヴェルチェッリ県にある町）、クレッセンチノ（地名　rescentino　クレシェンティーノ　ピエモンテ州ヴェルチェッリ県にある町）、ビールオ（地名　詳細不詳）、ケリノ（地名 詳細不詳）、マッセラノ（地名 Masseranoビエモンテ州ビエッラ県にある町）などの諸都市を追々奪い取って、シスアルペイン［地名］（国名 チザスピーナ共和国 伊語 Repubblies Cislpina 一七九七年から一八〇二年までイタリア北部に存在したフランスの衛星国で後にイタリア共和国、イタリア王国と改称した。以後チザルピーナと表記する）のレギウーン［ローマの歩騎兵軍の名である。昔は千二百五十人、のちに六千人となる。しかし、チザルピーナに属する軍にして、今度はナポレオンに帰属して、その為に陣営となった］（前記 レギメントと同じ）はハレルロ（地名 詳細不詳）に陣取った。味方の将ベテンコウルト（人名 詳細不詳）はドモ・デ・オンシュロ（地名 Domodossola ドモドッソラ、ミラノの北西方向のビエモンテ州ヴェルバーノ・クジオ・ドモドッソラ県の町）を奪い取った。味方の将モンセイ（人名 Bon Andrien jeannot de Moncey 1754-1842 ボン・アドリアン・ジャノー・ド・モンセー）はライン川辺に固守していた陣営を発向してゴッタルト山（地名 サン・ゴダート St,Gottard スイスのティチーノ州アイロロとウーリ州ゲシュネンの間にある峠）を越えて来た。ここに於いて、味方の諸軍は一同に平地に出たので、相互に援軍の便を得た。敵方より如何様な不意の攻撃を仕掛けられても、少しも恐れる事はなくなった。

○味方ノ将「シュラット」ハ暫クノ「フルセルレ」府ニ在シガ敵新ニ兵ヲ「ノハルレ」ニ治メタリト聞テ急ニ之ニ押寄セ何ノ苦モナク打勝テ此ヲ取リケリ第五月第三十日「ミュラット」「テシノ」河

ヲ渡テ敵ヲ追ヒケルニ其翌日早朝「ナポレヲン」「テシノ」河ノ汀ニ出ケレバ諸卒之ニ力ヲ得テ敵ヲ散々ニ打破ル敵敗テ「チュルギゴ」村ニ遁ル敵爰ニテ大ニ勢ヲ得タリ敵将「ラウドン」之ニ下知シタリ味方ノ将「ギラルド」此邊ノ山ニ陣取テ敵ノ騎兵我ガ歩兵ニ襲カヽラントスルヲ支ヘタリ已ニ夜ニ至リ「ミュラット」味方ノ将「モンニール」ニ命ジテ劇ク「チュルギゴ」ヲ伐タシム「モンニール」「シスアルペイン」ノ将「ピノ」ト合メ大ニ「チュルギゴ」ヲ伐ツ敵力ヲ極テ防戰スレトモ遂ニ敗レ味方此村ト「バヨ子ット」(槍銃ニ用ル槍ノ名)ヲ得敵討死スル者二百人擒ニセラル、モノ四百人「ミュラット」夫レヨリ「ビュハロラ」ニ發ス此處モ敵明ケ渡シタリ

○味方の将シュラット(前記　シェット)は暫くの間はフルセルリ(前記　フェルチェッリ)に留めていたが、敵軍が新たに兵をノハルレ(地名　Novara　ノヴァーラ　ピエモンテ州北東部の都市でトリノとミラノ間、ジェノヴァとスイス間の交通の交差路)に駐留させたと聞いて、急ぎこの処に攻め込んで何の苦もなく撃ち勝って、ここを奪取った。五月三〇日にミュラはティチーノ川を渡って敵を追撃したが、ナポレオンがティチーノ川の汀(なぎさ)に出たならば、兵士たちはこれに力を得て、敵を散々に打ち破った。敵は敗れてチュルギゴ村(地名　Cergnago　チェルニャーゴ　パビアのティチーノ川の西、ポー川の北の町)に遁れた。敵はここで大いに勢いを得た。敵の将軍ラウドン(前記)がこの兵に命令をした。味方の将ギラリド(人名　Maurice-Etienne Gerard 1773-1852　モーリス=エンティエンス　ジェラルト)はこの辺りの山

に陣取って、敵の騎兵が我が軍に襲い掛かろうとするのを防禦した。既に夜になりミュラは味方の将モンニール（人名　Edouard Adolphe Casimir Joseph Mortier 1768-1835 エドゥアール　モルティエ）に命令して激しくチェルニャーゴ村を攻撃させた。モルティエはチザルピーナの将ピノ（人名　詳細不詳）と力を併せてチェルニャーゴ村を攻撃した。敵も力を極めて防戦したけれども、遂に敗れて味方はこの村とバヨネット［槍銃に用いる槍の名］（蘭語　Bajonet　銃剣、銃槍）を得て、敵の討死する者二百人、捕虜にせられた者四百人であった。ミュラはそれからビュハロラ村（地名　詳細不詳）に発向し、ここも敵は明け渡した。

○第五月第三十一日ノ夜明ニ至ル迄「ギールブリュッケン」（橋ノ名）ヲ攻メケルガ遂ニ打勝テ諸軍此橋ヲ渡リ「コルペット」ニ至ル爰ハ「ミラー子ン」府ヲ去ル［三一九］三里ナリ夫ヨリ味方ノ兵「ミラー子ン」ニ押寄セタリ爰ハ「シスアルペイン」（地名）會治ノ總府ナリ此土人味方ノ前軍ノ火炮ノ響ヲ聞ケトモ敢テ防グ様子モ見エザリケレバ第六月第廿二日「ミュラット」直チニ府ノ門前ニ至リ鍵ヲ請取リ夫ヨリ「デ・シトッド」城ヲ圍ム其中ニ「ピーモント」ノ兵千五百人「ロハン」及ビ「ビュッシ」「ガレギウーン」ノ兵千五百人籠居レリ其後一時半許ニシテ「ナポレヲン」并ニ其重ダチタル將校勝驕レル數萬ノ軍士ヲ率テ府ニ入ル此土人早ク己ニ三色ノ「コカルド」（旗ノ類カ）ヲ建テ降參ノ印トセリ

○五月三一日の夜明けに至るまでギールブリュッケン[橋の名](蘭語　Guur Brug　粗雑な橋)を攻め続けてが、遂に勝って諸の軍はこの橋を渡ってコルペット(地名　Corbetta　コルベッタ、ロンバルディア州ミラノ県のティチーノ川の東、ミラノの西の町)に到着した。ここはミラノまで三里である。それより味方の兵はミラノに攻め込んだ。ここはシスアルペイン[地名]（前記　チザルピーナ）の議会の総督府(首府)である。ここの土人(住民)は味方の前衛軍の火砲の響きを聞いても、敢えて防戦する様子も見せなかったので、六月二三日にミュラ将軍は直ちにミラノ市の門前に到って鍵を受け取り、それより、デ・シトッド城(城名　ミラノ市内のSfarzesco　スフォルシェス城の事か？　現在は博物館)を囲んだ。その中にはビエモンテの兵士千五百人、ロハン(地名　詳細不詳)、及びビュッシ(地名　詳細不詳)、ガレギウーン(地名　詳細不詳)の兵士千五百人が籠っていた。その後、一時半(三時間)ばかりでナポレオン並びに主だった将校は勝ち驕った数万の兵士を率いてミラノ市に入った。ここの住民は早くも既に三色のコカルド[旗の類か](蘭語　Kokalde　徽章)を建てて降参の印とした。

○「ヲーステンレイキ」ニテハ拂郎察ヨリ今度ノ大軍至ルト云フ亊ヲバ「ミラー子ン」ノ土人等ニハ深ク秘シ置キケル故此事一晝夜前ニ始テ知リタレバ誠ニ俄ノ亊ニテ大ニ驚キタリ府人既ニ「ナポレヲン」ニ降ル此時「ミラー子ン」府ノ病院ニ「ヲーステンレイキ」軍ノ病者幷ニ疵ヲ得ル者千二百人アリタルヲ「ナポレヲン」取テ保養セシメ又貨財多ク貯ヘアル倉庫數箇所ヲ取ル

○オーストリア軍にては、フランス軍のこの度の大軍にて到着する事をミラノの住民などには極秘にしていた。故に住民は一昼夜前に初めて知らされたので、誠に俄かな事であったために大いに驚いた。ミラノの住民は既に(すすんで)ナポレオンに降参した。この時、ミラノの市中の病院にはオーストリア軍の病人や負傷者二百人あったが、ナポレオンは引き取って保養させ、また、財貨を多く貯えてある倉庫数カ所を奪取した。

○意太里亞人是マデ「ヲーステンレイキ」ノ慘刻ノ取扱ヒヲ得タリシガ今ハ「ナポレヲン」之ヲ討退ケ士人是ヨリ「ナポレヲン」ガ寛仁ノ取計ヒヲ知リヌレバ此度再タビ其手ニ屬スルヲ太ダ悦ビケリ「ナポレヲン」モ亦士人ニ是マデ「ヲーステンレイキ」ノ加ヘオケル害ヲ除ントゾ擬シケル卽チ諸「ヂヒシー」(陣隊ノ名)ノ將ニ命令シケルハ勘定奉行及ビ隊長ニ沙汰ナシニ軍用ノ爲ナリトテ士人ニ別段ノ用金ヲ申付ルヿ勿レト又勘定奉行ニ命ジテ用金ヲ出ス住人ニ害ヲ加ルヿ勿レトナリ「コムミザリス(官名)ヒダル」(名)ガ軍用ナリトテ五牛ノ價ヲ取テ已ガ利トセシヲ軍正ニ呼出シテ罰ヲ加ヘタリ僧侶ノ頭ヲ呼出シテ申談ジケルハ吾ハ宗門ヲ保護セン爲ニ此度來ルナリ吾以前此地ニ命ヲ下セシ通リ也ヿナリ「シスアルペイン」(地名)ノ士人ニ觸書ヲ以テ申渡シケルハ是迄ノ怨ハ打棄テ國家安穩ニメ國強カランヿヲ求ムベシト「ミラー子ン」中ノ智アル士人ノ中ヨリ撰テ鎭治ヲ立ツ都テ「ナポレヲン」厚キ世話ニテ國人ヲ撫遁シケレバ國人大ニ悦ビタリ[三十一]

イタリア人はこれまでにオーストリアの残酷な取り扱いをされていたが、今はナポレオンがこれを平常にして、住民はこれよりナポレオンの寛仁な取計いを知ったので、この度、再びナポレオンのフランスの手に属する事を甚だ悦んだ。ナポレオンも、また、住民にこれまでのオーストリアの加えた害を除こうと擬(凝の誤字? 工夫するの意)した。即ち、諸ヂヒシー[陣隊の名](前記)の将に命令して、勘定奉行(財務担当大臣)及び隊長に、沙汰なしに(勝手に)軍用の為などとして、住民に特別の御用金(税金)を申し付ける事は禁止する。また、財務担当大臣に命じて御用金を出す住人に危害を加える事は禁止する。コムミザリス[官名](蘭語 Commissaris 長官、司教代理)ヒダル[名](人名 詳細不詳)が軍用であるとして五牛の値(代金)を取って自分の利益にしようとしたのを軍正(いくさにかかわる事を掌る官の名)に呼出して罰を加えた。僧侶の頭(責任者)を呼出して申し話した事は、「私は宗門を保護せんが為に、この度、ここミラノに来た。私が以前この地に命を下した通りなる事である」。チザルピーナ[地名](前記)の住民に触書を以って申し渡した事は、「これまでの怨みは打ち棄てて国家安穏にして国が強くなる事を求むべきである」と。ミラノ市中の知識ある住民の中より選んで鎮治(議会の事?)を開いた。すべてナポレオンの厚い世話にて国の人を撫遁したので国の人も大いに悦んだ。

○カヽル間ニ味方ノ兵尚進デ敵地ニ攻入リ「パヒア」「ローゲ」「カッサノ」「パルド」城等ヲ取ル味方ノ将「ミュラット」ハ「ピアンセンサ」ヲ取ル又其中ニ大ナル倉庫数箇所ヲ取リ六百人ヲ擒ニシ

タリ味方ノ兵尚進デ「ポー」何（河の誤字）ヲ渡ントゾシケル此時「ナポレヲン」觸書ヲ以テ諸軍ニ命令メ尚兵ヲ進メテ敵ト戰ハズンバアルベカラザル所以ヲ告知セケリ

この間に味方の兵は尚進んで敵地に攻め入って、パヴィア（地名　前記Pavia　ロンバルディア州パヴィーア県の県都。ミラノの南のポー川の合流点近くのティチーノ川の河畔の都市）、ローゲ（地名　詳細不詳）、カッサノ（地名　Cassano d'Adda　カッサーノ・ダッダ　ミラノの東のアッダ川沿いの都市）、パルド（地名　前記）城などを取った。味方の将ミュラはピアツエンツァ（地名　前記Piacenza　ピアチェンサ）を取った。また、その中には大きな倉庫数ヶ所を取り、六百人を捕虜にした。味方の兵は、尚進んでポー河を渡ろうとした時、ナポレオンは触書を以って諸軍に命令して、尚、兵を進めて敵と戦わなければならない所以を告知した。

○此時「ヲーステンレイキ」方ハ兵粮乏ク又拂郎察勢甚ダ大ナル由ヲ誤承リタリト聞エケリ「ナポレヲン」此時ヲ幸トシテ敵將「メラス」ト天下分ケメノ軍ヲナサンゾ決シケル是卽「マレンゴ」ノ戰ナリ

○この時、オーストリア軍は兵糧に乏しく、また、フランス軍勢は大軍であると誤って聞いた。ナポレオンはこの時を幸として、敵将メラス（人名 Michael Melas 1729-1806 ミハイル・メラス）と天下分け目の戦いをしようと決心した。これが即ちマレンゴ（地名 Marengo アレッサンドリアの東南、トルタナの西の町）の戦いである。

○「ナポレヲン」第六月第八日「ミラー子ン」發シ「パヒア」ニ赴ク是ニ止ルヿ僅ニ半時バカリニシテ馬ニ上リ「ポー」河ヲ渡リ前軍ニ赴ントス此時前軍已ニ敵ト合戰ヲ始メタリ此時敵倦勞レ負足ニナリケルガ「トルトナ」ト「アレキサンデリヤ」トノ間ニアル「マレンゴ」ニテ決定ノ軍アリケリ敵已ニ「マレンゴ」ニテ打負テ一敗ストイヘドモ尚敵將「ヱルスニッツ」「ベルレカルデ」將トシテ加勢ヲ送リ味方ヲ禦ギケリ味方ノ將「ベルチール」ハ敵將「メラス」其總軍ヲ「アレキサンデリヤ」ニ集メタリト聞テ急ニ馳テ之ヲ打破ル〔三一一二〕

○ナポレオンは六月八日はミラノを発向してパヴィーア（前記）に赴き、ここに止まるのは僅かに半時（一時間）ほどだけにして、馬に乗りポー川を渡り前衛軍の所に赴こうとした。この時、前衛軍は既に敵と合戦を始めた。この時、敵は倦労（けんろう）（あきてつかれる）して負足（敗色の意？）になっていたが、トルトーナ（前記）とアレキサンデリヤ（アレッサンドリア Alessandria イタリアのピエモンテ州南部の都市）との間にあるマレンゴにて決戦があった。敵は既にマレンゴにて打ち負けて一敗したけれども、なお敵将エルスニッツとベルデカルデ（人名　共に詳細不詳）は援軍を送り加勢してフランス軍を防禦した。味方の将ベシェールは敵将メラスが総軍をアレッサンドリアに集結させたと聞いて急に馳せてこれを打破った。

○此時敵「ゲニュア」ニ發シ夫ヨリ「トスカ子ン」ニ入ルヿモナル又ハ「ポー」河及ビ「テシノ」河ヲ渡リ「マンチュア」ニ至ルヿモナル又ハ拂郎察ノ軍ヲ衝破テ「ポー」河ノ左岸ニ沿テ「チュリン」ニ入ルヿモナルナリ故ニ拂郎察方ニテハ一二ノ「ヂヒシー」(軍隊ノ名)ヲシテ「ポー」河ヲ守ラシメ又別ノ「ヂヒシー」ヲシテ「オルコ」河ヲ守ラシメ又別軍ヲシテ「ピアセンサ」府ヲ固メシメ意太里亞ノ「レギウーン」(歩騎ノ軍隊ノ名)ハ「ブレシア」ヲ固メ(味方ノ爲ナリ)自餘ノ味方ノ兵ハ「ナポレヲン」ノ下ニ屬メ敵ヲ迎ヘタリ

この時、敵はケニュア（前記　ジェノバ）に発向してトスカーナ（州名　前記）に入ることも出来た。また、ポー川及びティチーノ川（前記）を渡りマンチェア（前記　マントヴァ）に到る事も出来た。また、フランス軍を衝き破ってポー川の左岸に沿ってチューリン（前記　トリノ）に入る事も出来た。故にフランス軍は一、二のヂヒヒー［軍隊の名］（前記　師団）でポー川を守らせて、別のヂヒシーにオルコ（前記　オリコ）川を守らせ、また、別の軍隊でピアツエンツァを固守して、イタリアのレギウーン［歩騎の軍の名］（前記）はブレシア（地名　Brescia　イタリアのロンバルディア州の都市）を固守して［味方の為である］、自余

（その他）の味方の兵はナポレオンの指揮下において敵を迎えた。

○第六月第十二日早天ニ味方ノ兵「トルトナ」及ビ「カステル・ニュヲボヂ・スシリヒァ」ノ方ニ道ヲ取ル味方ノ将「ヒクトル」ハ前軍トナリテ「スクリヒヤ」河ヲ渡ル味方ノ将「ラン子ス」ハ「カステル・ニュヲホ」ヲ取ル爰ニ千五百人ハ[三—一二]已ニ平癒シテ加勢ニ加ハラントメ在リケリ（○前日「ミラー子ン」降シ時其府ノ病院ニ在シ敵軍ノ病傷千二百人ヲ「ナポレヲン」取テ保養セシメケル者等ナルベシ去レトモ前ニハ千二百人トアリテ此ニハ千五百人トアリ其人數合ハズ五ト二ト前後イヅレカ誤アランカ抑千二百人ノ外ニモ彼ノ保養セラレシ類ノ者三百人一同ニナリテ在リケルカ）味方ノ将「デサイキス」ハ「ハウテ・キュロ子」ノ前ニ陣シタリ同日我師「サン・グイリアノ」ニ發ス敵爰ヲ退テ「マレンゴ」ニ入タリ味方ノ兵又「マレンゴ」ヲ撃チケレバ敵此ヲ出テ「ボルミグ」河ノ橋際迄遁レタリ此時敵大砲二門ヲ奪レ百八十人ヲ擒ニセラル

○六月一二日の早天（早朝）に味方の兵はトルトーナ及びカステル・ニュオホチ・スシリヒヤ（地名Castelnuovo Scrivia カステルヌォーヴォ スクリーヴィア、トルトーナの北、ポー川の南にある町）の方に道をとり、味方の将ヴィクトール（人名Claude Victor 1764-1841 クロード・ヴィクトール＝ペラン ブリュヌ公爵）は前衛軍となってスクリヒヤ川（川名 Scrivia スクリヴィア川、ジェノヴァの北の辺を源としてトルトーナ、カステルヌォーヴォ スクリーヴィアからポー川に合流する川）を渡った。味方の将ランスはカステルヌォーヴォ スクリーヴィアを取った。ここには千五百人が平癒（病気やケガが治る）

して加勢しようとしていた。[〇前日ミラノが降伏した時にミラノの病院にいた敵軍の傷病兵千二百人をナポレオンは引き取って保養させ、何れか誤字であろうか、抑も千二百人の外にも彼に保養せられた類の者三百人が一緒になっていたのか]。味方の将デサイキス(前記 ドゼー)はハウテ・キュロネ(地名 詳細不詳)の前に陣取った。同日、我が師ナポレオンはサンノグイアリノ(地名 San Giullano Nuovu サン・ジュリアーノ・ヌオーヴォ、アレッサンドリアの東、マレンゴの北東の町)に発向した。敵はここを退いてマレンゴに入った。味方の兵はマレンゴを攻撃したので、敵はボリミダ川(川名 Bormidaボルミダ・ディ・スピーニョ川、ポー川の支流タナロ川とアレッサンドリアの北で合流する川)の橋際まで遁れた。この時、敵は大砲二門を奪われ、百八十人を捕虜にせられた。

〇此時敵「サン・グイリアノ」ト「マレンゴ」トノ間ニ騎兵ヲ出シテ戰ハシムレトモ此地形并ニ巳ガ軍ノ様子味方ニ呑コマレタリト察シケレバ戰フ㆑モセズ只或ハ「ポー」河及ビ「テシノ」河ヲ渡シ或ハ「ゲニュア」及ビ「ホツヒオ」ニ逃ントスル様子ニ見エケレバ味方「アレキサンデリヤ」ヨリ「ゲニュア」ノ途并ニ「ポー」河ノ左岸ヲ支ヘ敵「カサル」又ハ「ハレンセ」ニ赴クヲ支ヘケリ敵爰ニ於テ「ギュルブリュゲン」(橋ノ名)ヲ造リ急ニ「ポー」河ヲ渡リ其固メノ陣ノ「ヂヒシー」(軍隊ノ名)數隊ト合ス

〇この時、敵はサン・ジュリアーノ・ヌオーヴォとマレンゴとの間に騎兵を出して戦おうとしたけれども、この地形並びに自軍（オーストリア）の様子は、味方の軍（フランス）に呑み込まれたと察したので闘う事もせず、只、或いはポー川及びティチーノ川を渡り、ジェノバ及びホツヒオ（地名Bobbio　ボッビオ、トルトーナの東、ビアチェンツァとジェノヴァの中間の町）に逃げようとする様子に見えたので、味方の軍はアレッサンドリアよりジェノバの途（道）、並びにポー川の左岸を防禦して、敵がカサル（地名 Casale Monferrate　カサレ　モンフェラート、アレッサンドリアの北西の町）又はハレンサ（前記　ヴァレンツァ、アレッサンドリアの北の町）に赴くのを妨げた。敵はギュルブリュゲン[橋の名]（前記　粗雑な橋）を造り、急にポー川を渡り、その固守していた陣営のヂヒシー[陣隊の名]（前記）数隊と合流した。

○第六月第十三日朝味方ノ前軍敵ニ打破ラル敵尚進テ其兵ヲ悉シテ押寄セケレバ其様子明カニ知レタリ味方ノ將「ヒクトル」其兵ニ戰ノ備ヲナサシム其構ヘヤ一部分ハ中心ヲナシテ「マレンゴ」村ヲ固メ一部分ハ左翼ヲナシテ「ボルミダ」河ニ至ル味方ノ將「ラン子ス」ハ右翼トナル又餘多ノ騎兵此兩翼ノ助トナル敵ハ其兵ヲ三縦隊ニ分チ右軍ハ「ボルミダ」河ニ沿テ「ヒゴラルロ」ニ向ヒ中軍ハ大道ニ従テ「マレンゴ」ニ向ヒ左軍ハ「カステル・セリヲロ」ニ向フ [三—一三]

○六月一三日朝、味方の前衛軍は敵に打ち破られた。敵は尚進んでその兵を悉して攻め寄せて来たので、その様子は明らかに知る事ができた。味方の将ヴィクトールはその兵に戦いの備えをさせた。

その構えの一部分は中心をなしてマレンゴ村を固守して、一部分は左翼をなしてボルミダ川に到った。味方の将ランスは右翼となった。また、余多の騎兵はこの両翼の助けとなった。敵はその兵を三縦隊に分けて右軍はボルミダ川に沿ってヒゴラルコ(地名　Frugasrolo　フルガローロ、マレンゴの南、ボルミダ川の支流オルバ川の右岸の町)に向い、中軍は大道に従ってマレンゴに向い、左軍はカステル・セリオロ(地名　Castelceriolo　カステルチェリオロ、マレンゴの北の町)に向った。

○「ナポレヲン」急ギ戰ノ塲ニ至テ見ルニ敵味方劇キ戰トナル味方ノ將「カルダン子」一時ノ間敵トセリ合ヒ其騎兵甚少ナケレトモ一寸モ引カヌ勢ナリ然ルニ敵ノ左翼新手ヲ替ヘテ戰フ故ニ遂ニ「マレンゴ」ヲ乗取ラレ味方四百人ヲ虜ニセラレタリ

○ナポレオンは急ぎ戦いの場に到って見れば、敵味方が激しい戦いとなった。味方の将カルダンネ(人名　詳細不詳)は一時の間、敵と競り合いその騎兵は甚だ少なかったけれども、少しも引かない勢いであった。しかし、敵の左翼は新たな作戦に替え戦った故に、マレンゴを乗っ取られ味方兵四百人を捕虜にせられた。

○拂郎察方ノ大銃手火藥竭テ散々ニ破レ戰ノ塲ヲ引去リタリ敵勝ニ乗メ押寄セケリ味方ノ

将「ラン子ス」之ヲ禦グ敵猶勝ニ乗ジテ其左翼ニ聚リ我軍ヲ取巻キタリ此時味方ノ将「デサイクス」ガ兵未ダ備ハラザレバ「ナポレヲン」「ラン子ス」ガ「ヂヒシー」軍隊ノ名ニ來リ之ヲ退カヌ様ニ世話シタリ敵早近ヅキタレバ「ナポレヲン」第十七番目ノ「ブリカーデ」軍隊ノ名ニ種々ノ運動ヲナサシメ躬之ガ先ニ立テ敵ノ横ヲ撃ントス此時諸軍一同ニ聲ヲ揚テ大将危シ大将討タスナト呼リテ命ヲ棄テゾ防戰シケル是ニテ暫シ時ヲ移シ敵進ミ得ズ敵八十門ノ大砲有テ味方ノ軍中ニ打カケ、レトモ味方負足ニナリテモ乍チタテナホシ中々退ク氣色ハナカリケリ敵ハ必勝ト心得〔三一一四〕餘多ノ騎兵ニ騎煩軍ヲ添テ味方ノ右翼ニ當リ之ヲ取巻キタリ「ナポレヲン」ノ手回ノ「グレナヂール」武士ノ名數輩來テ右翼ヲ援ク此時敵ノ騎兵三度マデ我軍ニ割入リタリ此時味方ノ将「モンニール」ガ「ヂヒシー」軍隊ノ名來救フ味方ノ將「ベルチール」二隊ノ「ハルヘブリガーデ」軍隊ノ名ヲ率テ「カステル・セリヲロ」村ニ押寄セテ之ヲ取ル而ルニ其中隊モ左翼モ度々退キシ故ニ再タビ此村ヲ失フ

○フランス軍の多くの銃手（銃の撃ち手）は火薬が竭きて散々に破れ、戦いの場を引き去った。敵は勝ちに乗じて攻め寄せて来た。味方の将ランスはこれを防禦した。敵は猶も勝ちに乗じてその左翼に聚りフランス軍を取り巻いた。この時、味方の将ドゼーの兵が未だ備わらなかったので、ナポレオンはランヌのヂヒシー［陣隊の名］（前記）に来て、ここを退かないように世話（尽力）をした。敵が早く近づいて来たのでナポレオンは第十七番目のブリガーデ［軍隊の名］（前記　旅団）に種々の運動（行動）をさ

せて躬これの先に立って敵の横を撃とうとした。この時、諸軍が一同に声を挙げて「大将（ナポレオン）が危ない、大将を討たれさすな」と叫んで命を棄ててもと防戦した。これにて暫くの時を移して敵は進む事が出来ず、敵は八十門の大砲が有って、味方の陣中に攻撃して来たけれども、味方は敗色になっても、しかしながら、立て直して中々退く気配はなかった。敵は必勝と心得て数多くの騎兵に騎熕軍（騎馬砲軍の意？）を伴って味方の右翼を攻撃してこれを取り巻いた。ナポレオンの手回ししたクレナジール［武士の名］（前記　擲弾兵）の数輩（数人）が来て右翼を援けた。この時、敵の騎兵は三度まで我が軍に割入って来た。この時、味方の将モンニールのヂヒシー［陣隊の名］（前記）が来て救った。味方の将ベシェールは二隊のハルヘベルガーデ［軍隊の名］（前記　蘭語　Half Brigade　半旅団）を率いてカステル・セリオロ（前記　カステルチェリオロ）村に押寄せてここを取った。然るにその中隊も左翼も度々退いた故に再びこの村を失った。

○味方ノ軍遂ニ「サンギウリアナ」ノ原野ニ至リ味方ノ将「デサイクス」後軍ノ将トシテ之ヲ二隊ニ分チ其右方ニハ大砲十二門を備へ大将「マルモント」之ニ将タリ左方ニハ騎兵ヲ具ヘ大将「ケルレルマン」之ニ将タリ「ナポレヲン」ハ自ラ火炮ヲ犯シテ士卒ヲ勵シ其退却ヲ押トヾム此時「デサイクス」其勇猛ノ士卒ヲ率テ「バンヨ子ット」（槍銃ニ挿ム槍ノ名）ヲ以テ無二無三ニ敵ニ突キカヽリ其他ノ「ヂヒシー」（軍隊ノ名）數隊モ之ニ續テ撃テ掛ル敵大ニ之ニヒルミ其火炮ヲ以テ退キ歩卒モ共ニ退キタ

リ然ルニ味方ノ将「デサイクス」銃丸ヲ受ケ大疵ヲ得タリ味方ノ大切ノ大将ヲ失ヒケレバ其屬下ノ兵ハ云フニ及バズ諸軍其仇ヲ報ゼントテ尚勇ヲ振テ敵ニ當ル敵方モ劇ク防戰セシガ遂ニ敵方負ニナル捕虜六千人其中ニ敵方随一ノ将「サイントユリーン」并ニ數多ノ将校アリキ敵方ニテハ猶第三ノ「リーニー」（軍隊ノ名）ト[三ー一五]火炮ト騎兵一隊殘リケリ味方ノ将「フ（ラ）ン子ス」ハ「ウヮーリン」ガ「ヂヒシー」（軍隊ノ名）ト合シ歩卒ノ「グレナジール」（武士ノ名）數人ヲ以テ「ナポレヲン」ノ手回ニ屬シ并ニ「ボウデット」ガ「ヂヒシー」ト共ニ敵ノ殘兵ニ當リシガ又味方ノ将「マルモント」其火砲ヲ以テ之ヲ援ク又味方ノ将「ミュラット」ガ騎兵并ニ「ブリガーデ」隊将「ペッシールス」ハ馬上ノ「グレナジール」（武士ノ名）數人ヲ以テ敵ノ騎兵ヲ散々ニ打破リ「ボルミダ」河ノ橋マデ逐ツメケレトモ夜ニ入リタレバ先ヅソレギリニシタリ此日敵方ニテ旗十二火炮二十六門兵一萬三千人ヲ失ヒタリ其中三千人ハ死シ三千人ハ傷シ七千人ハ捕虜セラル又大将七人将校四百人餘傷シタリ味方ニテハ死スル者七八百人傷スル者二千人捕虜セラル、者千百人ナリ傷者ノ中大将「リハウド」「カムペアウ」「ミュルレル」「マイモニ」アヅカレリ扠敵ノ大将「メラス」ハ已ガ乗馬ヲ三匹マデ失ヒ手ニ挫傷（クジキ）ヲ得遂ニ使者ヲ「ナポレヲン」ニ遣シ和ヲ乞テ曰ク

○味方の軍隊は遂にサンノグイリアノ（前記　サン・ジュリアーノ・ヌオーヴォ）の原野に到り、味方の将デサイクス（前記　ドゼー）は後衛軍の将としてこれを二隊に分けて、その右方には大砲十二門を備

え、大将マルモンがこの将であった。左方には騎兵を具して、大将ケレルマン(人名 フランソワ・クリストフ・ケレルマン Francois E, Kellermann 1770-1835 ヴァルミー公爵)が将であった。ナポレオンは自ら火砲を放って兵士を励まし、その退却を押し止めた。この時、ドゼーはその勇猛な兵士率いてバンヨネット[槍銃に挿む槍の名](前記 銃槍)を以って無二無三(脇目もふらず)に敵に突きかかり、その他のヂヒシー[陣隊の名](前記)数隊もこれに続いて撃って掛った。敵は大いにこれに怯み、その火砲を以って退き歩兵も共に退いた。然るに味方のドゼーは銃丸を受け大怪我をした(ドゼーは戦死した)。味方の大切な大将を失えばその配下の兵は言うに及ばず、諸軍はその仇を報いんと、なお、勇気を振るって敵に戦った。敵方も激しく防戦したが、遂に敵方は負けになった。捕虜六千人でその中に敵方随一の大将サイントユリーン(人名 この時オーストリア軍の参謀長で捕虜になったのはツアッハ将軍であった。Anton Freiherr von Zach 1747-1826)並びに数多くの将校があった。敵方には第三のリーニーと[軍隊の名](前記 ピクリン酸の破裂弾の部隊)と火砲と騎兵一隊が残った。味方の将ランスはウヮーリン(人名 詳細不詳)のヂヒシー[軍隊の名](前記)と合わせて歩兵のグレナジール[武士の名](前記)数人数人を以ってナポレオンの手回しに配属して、並びにボウデット(人名 詳細不詳)のヂヒシーと共に敵の残兵と戦わせたが、味方の将マルモンはその火砲を以ってこれを援護した。また、味方の将ミュラの騎兵、並びにブリガーデ隊将ベシェールは馬上のグレナジール[武士の名](前記)数人を以って、敵の騎兵を散々に打ち破ってボルミダ川の橋まで追い詰めたが夜に入ったので先はそれきりとした。この日、敵方は旗十二本、火砲二十六門、兵一万三千人を失った。その兵の内訳は死者三千人、負傷者三千人、捕虜七千人であった。また、大将七人将校四百人余りが負傷した。味方は死者七八百人、負傷者二千人、捕虜千百人であった。負傷者の内には大将リハウド、カムペアウ、ミュルレル、マイモニ(共に人名　詳細不詳)を預かった。さて、敵の大将メラス(前記)は自分の乗馬を三頭失い、手に挫傷[挫き]をして、遂に使者をナポレオンに遣わし和平を乞い言った。

嗚呼将軍足下伏メ請フ血ヲ濺グノ事ヲ罷ンヿヲ敗軍之將豈唯命ニコレ従ハザランヤト

「ああ、(ナポレオン)将軍、足下に伏して請う。血を濺ぐ事を罷る事を。敗軍の将、豈、ただ命令にこれ従わざらん」と。

是ニ於テ敵將「メラス」止兵ノ議ヲ講シ千八百年第六月第十五日互ニ誓紙ヲ取カハシ其旨「ウユー子ン」府ニ申遣シ縦令何如様ノ挨拶參ルトモ十日前ニ相知スルヿナクテハ互ニ軍仕カケマジトゾ約シケル[三―一六]

これに於いて敵将メラスは停戦の議を講じて一八〇〇年六月一五日、互いに誓紙を取り交わして、その趣旨をウィーン政府に申し遣わし、仮令、どのような返事があろうとも十日前にお互いに知らせることなく、互いに軍を仕掛ける事はしない約束をした。

第六月第十八日「ナポレヲン」「ミラー子ン」府ニ歸至ル府人「ナポレヲン」ヲ以テ意太里亞ノ救主ナリト稱シ悦ブ﹁限リナシ所ノ太守「ペチット」并ニ諸官人等恭シク迎ヘタリ「ナポレヲン」國法ヲ新ニ立直シ諸官ヲ定メ士人安全ノ畧ヲ布キタリ

六月一八日ナポレオンはミラノに帰った。（ミラノ政府）の人、ナポレオンを以ってイタリアの救世主と称して喜ぶ事限りなかった。当所の太守ペチット（人名　詳細不詳）並びに諸官僚など恭しく歓迎した。ナポレオンは国法を新たに立て直し議官を定めて住民の安全の大略を布告した。

○「マレンゴ」ノ戰ニ討死セル大將「デサイクス」ガ屍ヲ「シント・ベルナルド」ノ寺ニ葬リ碑ヲ建テ其榮名ヲ表セリ

○マレンゴの戦いで討死した大将ドゼーの屍をセント・ベルナルドの寺（前記　グラン・サン・ベナール寺院）に葬り碑を建てその栄名を表した。

○「ナポレヲン」爰ヲ發シ第六月第廿六日「チュリン」府ニ入ル府ノ太守恭シク迎ヘ土人モ亦歡ブヿ甚シ夫ヨリ「モントセニス」「カムベレイ」「レイオン」等ノ地ヲ經ル到ル所歡喜シテ萬歳ヲ唱フ遂ニ第七月第二日把理斯［パレイス］ニ歸ル

○ナポレオンはここを出発して」六月二六日チューリン（トリノ）に入った。トリノの太守恭しく迎え住民もまた歓ぶ事甚だしかった。それよりモントセニス（フランス地名　Lanslebourg-Mont-Cenis　ランスプール＝モン＝スニ、イタリアのトリノの西、フランスのリヨンの南東、アルプス山脈の国境の町）、カムベリイ（地名 Chambery シャンベリ、リヨンの東にある都市）、レイヨン（地名巻一に前記 リヨン）などの地を経由し到る所で歓喜して万歳を唱えられた。遂に七月二日把理斯「パレイス」（前記 パリ）に帰った。

第九月第六日「ナポレヲン」「マレンゴ」ノ戰ニ死セシ「デサイクス」ト亞弗利加ニテ戰死セル「ケレベル」ガ墓碑ヲ建テ其勲功ヲ錄シタリ又第十八日ニハ寶玉ヲ以テ飾レル馬銃［ピストール］一對ヲ「モレアウ」ニ軍功ノ賞トシテ賜ヘリ抑是ハ以前「ヂレクトイレ」［總宰官］等或ル邦君ニ贈ントテ造レル貴重ノ器ナリケリ

九月六日ナポレオンはマレンゴの戦いで戦死したドゼーとアフリカにて戦死したケレベル（前記 クレ

ベール　カイロにて暗殺。ドゼーとクレベールは共に一八〇〇年六月一四日死去）の墓碑を建て、その勲功を録した。また、一八日には宝玉で飾られた馬銃［ピストル］（前記）一対をモレアウ（前記　モロー）に軍功の賞として賜った。抑もこれは以前にヂレクトイレ［総裁官］（前記）などの、ある邦君（官位などの高い人の意？）に贈るうとして造られた貴重な器であった。

爰ニ第十二月第廿四日惡黨等一味シテ再タビ「ナポレヲン」ヲ害セント謀リシガ天鑒空シカラズシテ其謀ハヅレタリソレハ其日「ナポレヲン」近習ノ騎馬ヲ連レテ「デ・オペラ」ト云ヘル音樂ヲ○彼方ノ音樂ハ絲竹或ハ「オルゴル」仕カケノ音曲(一三一—一七)ナリ唱歌モ有テ「サング」「ムシーキ」「トーンキュンテ」ナド云フヿアリ法官又戯場ノ奏樂ナドアルナリ「デオペラ」ハ拂郎察語也和蘭ニ之ヲ譯シテ「サングスペル」ト云フ「サング」ハ唱歌「スペル」ハ音曲也「デオペラ」ハ卽唱歌ノ音樂ト云フヿナリ此ニ「デオペラ」ト云ヘル音樂ト樂ノ名ノヤウニ書キタルハ恐ラクハ誤リナルベシ聽キニ赴キケル途中「ニカイセ」ト云ヘル街ニ小馬ニ着タル尋ノ「カル」車ノ類往來ヲ塞テアリタリ其内ヨリ忽チオソロシキ響キ發シテ其邊ノ家ノ玻璃障子皆破レタリソコヲ通リカヽリタル女三人香料商一人小兒一人卽死ス疵ヲ得タルモノ十五人此時「ナポレヲン」ハ運ヨクノガレタリ唯其供廻リノ乘タル馬疵ヲ得タルノミナリ是ハソノ車ノ内ニ「ドンドルボス」口ノ廣ガリタル銃ノ名數門仕カケタル也○「ドンドルボス」ハ中頃ヨリアル所ノ中砲ナリ去レド竊ニオモフニ車ニ仕掛テ忽チ迸發セシメシヲ見レバイカニモ雷粉ヲ以テ作リシタルヤウ也雷粉ハ「ベルトホル」ト云フ人ノ發明ナリ此人ハ此時ノ舍密術ノ名家ニシテ「ナポレヲン」ニ仕ヘタル者ナレバ其發明セル雷粉此頃已ニ拂郎察ニ行レテ彼ノ惡黨等之ヲ用ヒタランモ知ラズハタ「ドントルボス」ト云フ砲名モ雷粉ヲ用テ發スルヨリ出タルモノカ猶考フヘシ其響把理斯ヲ震動サセ又其車ノ輪ハ飛去テ「コルシュル」高官ノ名カムバレセス」名ガ家ノ前ニ落チタリ「ナポレヲン」甚ダ平氣ニテソコヲ去テ先聖ノ樂ヲ聽キタリ○按ズルニ先聖ノ樂トハ「モーセス」「シセロ」ナド古ノ名公ノ作リタル歌ノ樂ヲ奏セシナラン歌之ヲ「ポース」ト云フ

巻三

ここに一二月二四日悪党一味となって、再びナポレオンを殺害しようと陰謀したが天鑒（天鑑、天帝の御覧になる事）空しからずして、その陰謀は外れた。それはその日、ナポレオンは近習（きんじゅ）（主君の側近くに仕える者）の騎馬兵を連れてデ・オペラ（蘭語 Opera ）という音楽を［彼方（欧州）の音楽は絲竹（弦の意?・）、あるいはオルゴル（蘭語 Orgel オルガンと語源は同じ）仕掛けの音曲である。唱歌もあってサング（蘭語 Zang 歌、詩、歌曲）、ムシーキ（蘭語 Musiceeren 歌唱する）、トーンキュンテ（トーン 蘭語 Toon 調子、音色、音楽、キュンテ 蘭語 Kunde 学問、音楽学の意?・）などという事がある。法官又劇場（巻末訳誤の字、分明ならずとある）の音楽などがある。デ・オペラはフランス語である。オランダ語にて、これを訳してサングスベルという。サングは唱歌、スベル（蘭語 Spel 遊び、脚本、操法）は音曲（近代以前は音楽を用いた芸能の意味であった）である。デ・オペラは即ち唱歌と音楽という事である。ここでデ・オペラと言える音楽と楽の名のように書いてあるのは恐らく誤字であろう］を聴きに赴く途中にニセカセ（地名 Jacquas　パリ市内のサン・ニケース通り）という街に、小馬（ロバ）で着いた（繋がれた）普通のカル［車の類］（蘭語 Kal 荷車、運搬車）が道路を塞いでいた。その中から、忽ちに恐ろしい響きを発して、その辺の家の玻璃（ガラス）障子は皆破壊れてしまった。そこを通りかかった女三人、香料商一人、子供一人が即死した。負傷した者は十五人いた。この時、ナポレオンは運よく難を遁（のが）れた。ただ、そのお供の者の乗っていた馬が疵を負ったのみであった。これはその車の中にドンドルボス［口の広がった銃の名］（蘭語 Donder 雷 Bom 爆砲）が数門仕掛けてあったのである。［ドンドルボスは中頃(あまり遠くない昔)よりある中砲である。されども竊に思うのには車に仕掛けて忽ち併発をさせた事を見れば、いかにも雷粉(雷汞粉　雷酸水銀は起爆剤として使われる。尾張藩奥医師の吉雄常三は天保一四年雷汞粉の実験中に爆死)を以って作ったようである。雷粉はベルトホル(フランスの化学者 Claude Louis Berthollet 1748-1822 ナポレオンのエジプト遠征にも化学者として参加)と云う人の發明である。この人はこの時の舎蜜術(蘭語 Chemic 化学)の名家にして、ナポレオンに仕えた者であるが、その発明した雷粉は、この時は既にフランスでは使用されていて、かの悪党などこれを使用したかは分からない。また、ドンドルボスと云う砲名も雷粉を用いて発砲したかも、なお考えるべきである。その響きはパリを震動させ、また、その車の車輪は飛び散ってコンシェル[高官の名](前記総裁官)のカムパレセシ[名](人名 Jean-Jacques Regis de Cambaceres 1753-1824 ジャン=ジャック・レジ・ド・カンバセレス　ナポレオン法典の起草者の一人で、当時はナポレオンに次ぐ第二執政官)の家の前に落ちた。ナポレオンは甚だ平気にここを立ち去り先聖の音楽を聴いた。[○案じるに先聖の音楽とはモーセス(人名 Mozes BC1571-1451モーゼ、ヘブライの立法者　預言者)、シセロ(人名 Marcus Tullius Cicero BC106-43　マルクス・トゥッリクス・キケロ　共和政ローマ末期の政治家、文筆家、哲学者)など古の名公の作った歌の樂を演奏した歌、これをポース(蘭語 Poezie 詩歌)と云う]。

○「ナポレヲン」家ニ還レバ軍政官數人貴族高官ノ輩「ウェットゲーヘンデリハーム」モ「スターッ

ラード」(共ニ執政官ノ党ノ名)モ其他歴々ノ人衆ヨリ大小将校ニ至ルマデ皆來集テ其無難ヲ祝シ且ツ萬事ノ［三一八］世話致シタリ又其翌日裁判役悉ク集テ悪黨等ノ憎ムベキ仕方ヲ申上ゲ且ツ一々僉議イタシテ見セシメノ刑ニ處セントゾ申シケル

○ナポレオンが家に帰れば軍政官数人、貴族、高官の輩、ウェットゲーヘンデリハーム（前記　蘭語　Wetgevend Lichaam　立法部）もスターツラード（蘭語　Staatraad　内閣、参議）［共に執政官の党の名］も、その他、歴々の人達より大小将校に至るまで、皆集まり来てその無難を祝った。且つ、万事の世話をした。また、その翌日裁判官悉く集まって、悪党などの憎むべき仕方を申し上げ、且つ、僉議（せんぎ）（多人数の評議）いたして、見せしめの刑に処すると申し出た。

○「ナポレヲン」ガ弟「ヨーセフ」ヲ使トシテ「リュ子ヒルレ」ニ遣シ獨逸帝ト和ヲ結バシム千八百一年第二月第九日ニ和議整ヒ「レイン」河ヲ以テ拂郎察ノ界トスルヿヲ定ム其注進拂郎察ノ諸官ニ至リケレバ諸官悦フヿ限リナシ皆徳ヲ「ナポレヲン」ニ歸ス

○ナポレオンの弟（実は兄）ヨーセフ（前記　ジョセフ）を使者としてリュネヴィル（地名　Luneville　フランス東部の都市）に遣わしドイツ皇帝と講和を結ばせた（実はリュネルヴェルの和約はフランスとオース

トリアとの和約である)。一八〇一年二月九日に和議は整いライン川を以ってフランスとの国境とする事を定めた。その注進(報告)がフランスの諸官に知らされ諸官の悦ぶ事限りなかった。全て、その徳(功徳)をナポレオンに帰した。

千八百一年第三月第廿八日兩「シ、リヤ」王ト和ヲ結フ是ハ若シ爾ラザル爾ハ「ナポリ」國拂郎察ノ兵ヲ受ル故ニソレヲ恐テ「シ、リヤ」ヨリ和ヲ結ビタルナリ是ニ於テ「ナポリ」并ニ「シ、リヤ」ノ諸港英吉利亞ノ舟ヲ容ル、コヲ禁ジ唯拂郎察ト魯西亞ノ舟ヲ容ル、コニ定リタリ

一八〇一年二月二八日シシリア(前記)王と講和を結んだ。これはもしそうならない時はナポリ国(前記)はフランスの兵(攻撃)を受ける、故にそれを恐れてシシリアより講和を結んだ。これによりナポリ並びにシシリアの諸港はイギリスの舟の入港を禁止して、ただ、フランスとロシアの舟の入港する事に定めた。

〇大貌利太泥亞(「ブリタニア」)ト和睦ノコ同ク第八月第三日ニ申來リケレバ之ヲ府ノ諸官ニ告知ラセケリ諸官歡喜メ萬歲ヲ祝ス

○大貎利太泥亞「ブリタニア」(前記　イギリス)と和睦の事を同じく八月三日に申し来たので、これを府(パリ市内)の諸官に告知したら、諸官は歓喜して万歳をして祝った。

○其後「ポルトガル」ト和睦整ヒ同ク第九月第二十九日ニ兩國ヨリ使ヲ出シ「ポルトガル」ノ都府「マドリット」ニテ契約ヲ結ブ此方ノ使ハ「ナポレヲン」ノ弟「リュシヲン」之ヲツトム

その後、ポルトガル(葡語　Portugal　)と和睦が整い同じく九月二九日に両国より使者を出して、ポルトガルの首都マドリット(現スペインのMadrid)で契約を結んだ。この方の使者はナポレオンの弟シュシアンがこれを勤めた。

○魯西亞帝ト和睦整ヒタルㇰ同ク第十月第十一日ニ申參ル

○魯西亜(前記　ロシア)帝と和睦が整ったのは同じく一〇月一一日に申し来た。

○都兒格「トルコ」ト和睦ト、ノヒタルㇰ同月第廿四日ニ申來ル

都兒格トルコと和睦が整ったのは同月二四日に申し来た。

〇獨逸ト和睦ノ時「シス・アルペイン」地名ノ會治ヲ立ルヿヲ定メシカバ今度「レイオン」府ニ於テ「シス・アルペイン」會治ノ使者ヲ會集シ「ナポレヲン」出會シテ新ニ法令ヲ建テ爾來安ノ基ヲ始ントシケルニ既ニ「シス・アルペイン」會治ノ使者會集メ「シス・アルペイン」會治ヲ改テ意太里亞會治ト爲スベキノ議ニナリ「ナポレヲン」之ニ同意シ爾來意太里亞會治ト稱シ「ナポレヲン」其盟主トナリ諸事規則ヲ建テ此會治ヲ拂郎察ノ會治ノ如ク「ナポレヲン」執扱フヿニ極リテ把理斯ニ歸リケリ［三一一九］

ドイツ（オーストリア）との和睦の時にシス・アルペイン［地名］（前記　チザルビーナ）の会治を立てる事を定めたが、この度レイオン（前記　リヨン）に於いてチザルビーナの会治の使者を会集して、ナポレオンも出席して新たに法令を建てて、それより後の安定の基本を始めようとすると、既にチザルビーナ会治の使者は会集してチザルビーナ会治を改めイタリア会治と為すべきであるとの議論になり、ナポレオンもこれに同意してイタリア会治と称し、ナポレオンがその盟主となって、諸事規則を立てこの会治をナポレオンが取扱うことに取極めてパリに帰った。

○爰ニ又「コンスタンチノッポレン」〔○都兒格ノ首府〕ニ使セル士人「セバチアエ」〔拂郎察ノ月名カ〕ニ歸到レリ其君格別ニ懇篤ニ使者ヲ取扱ヒ且品々ノ獻物アリ又「ポルテ」〔地名カ○按スルニ八交紘通誌ニ王宮ヲ號メ「ポルテ」ト云「ポルテ」ハ原「ポールト」ノ語ニ出ヅ宮扉ノ義ナリ此國ヲ呼テ「ヲットマニスポルラ」ト云フモ此王宮ノ名ヨリ出ツト云トアル是ナリ〕ヨリ「ナポレヲン」ニ慇懃ノ傳言アルヲ「ナポレヲン」ニ言上セリ

○爰にまた、コンスタンチノッポレン[○トルコの首府](前記　コンスタンチノーブル)に使いとした士人(使者)は、セパチアエに[フランスの月名か](フランス革命暦のChevrefeuille　牧月二三日　西洋歴六月一一日頃?)到着した。その君(トルコの皇帝)は格別に懇篤に使者を取扱い、且つ品々の獻物があった。また、ポルテ(蘭語　Porte　昔のトルコ政府のこと)[地名か○按じるに八交紘通誌に王宮を號して「ポルテ」と云う「ポルテ」は原「ポールト」の語に出づ宮扉の義なり此國を呼て「ヲットマニスポルラ」(蘭語　Ottoman-en　トルコ人、トルコ民族)と云うもこの王宮の名より出つと云とある是なり]よりナポレオンに慇懃な伝言があった事をナポレオンに言上した。

○「ナポレヲン」阨日多〔「エジット」〕軍ノ將士ニ佩刀並ニ鳥銃ヲ賜テ以テ其舊時ノ功ヲ忘ザルノ意ヲ表シタリ

○ナポレオンは阨日多[エジプト](前記)に従軍の将士に佩刀並びに鳥銃を賜て、以ってその旧時の功績を忘れない意を表した。

○千八百二年第三月第二十六日把理斯外國掛リノ軍政官言上シケルハ拂郎察會治ト以西把泥亞「イスパニア」王ト「バターヒヤ」會治ト和睦整ヒ又大貌利太泥亞及ビ「イ、ルランド」王ト「アミーシス」ニテ和睦整ヒタリト是ニ於テ大砲ヲ放テ諸民ニ告知ラシメケレバ諸民歡フヿ涯リナシ

○一八〇二年三月二六日パリの外国掛の軍政管が言上した事は「フランス会治と以西把泥亞「イスパニア」（スペイン　英語　Hispania）王とバターヒヤ（蘭語　Vatuvia　オランダのライン川下流域のゲルマン人バタヴィ族の住んでいた地域の地名による）会治と和睦整い、また、イギリス（ブリタニアとイーグランド）王とアミーシス（地名　Amiens　アミアンはフランス北部ソンム県の県庁所在地）にて和睦が整った」と。（アミアンの和約　Peace of Amiens　この和約は一年余で破棄され、両国は再び対立して所謂ナポレオン戦争になった）。これに於いて、大砲を放って諸民に告げ知らせので、諸民は歓ぶ事、限りなかった。

同年九月法皇「ピウス」[三一二〇]第七世ト「コンコルダート」（法官ノ事ヲ定ル盟約）ノ固メヲ調ヘタリ「カトレイキ」宗ノ寺ニモ法ヲ立ルヿヲ定メ諸寺ニ於テ公然ノ兕文左ノ如クスルヿヲ定ム

同年九月に法皇ピウス第七世（ローマ法皇 Pius Ⅶ 在位1800-1823 本名 Giogio Barnaba Luigi Chiramonti 一八〇四年のナポレオンの戴冠式に招かれ、教皇の権威が政治的に利用されていることを痛感する。後にナポレオンと対立）とコンコルダート（蘭語 Concordaat 和合、一致）［法官の事を定める盟約］の固めを調えた。（コンコルダ＝政教協約に調印）。カトレイキ（蘭語 Catholictsme カソリック）宗の寺院に法を立てる事を定め諸寺院に公然の咒文（じゅもん）（宗教の最要部を成す唱文）は左のようにする事を定めた。

奉祈念神佛會治太平「コンシュルス」繁榮守護シ玉ヘ〇「コンシュルス」ハ「コンシュル」官ノ人々ト云義ナリ 此官ハ執政ノ最上ニシテ他國通商等ノ事ヲモ司ル **此時法皇ノ使者ハ「カルヂナール官カプラ」名ナリキ**

那波列翁勃納把爾的傳巻三終

「会治太平「コンシュルス」繁榮守護シ玉ヘ［〇コンシュルスはコンシュル官の人々と云う意味である。この官は執政の最上にして他国通商の事をも司る］」と神佛に祈念し奉る。この時、法皇の使者はカルヂナール［官］（前記 枢機卿）で、カプラ［名］（人名 カプラーラ、ローマ教皇庁枢機卿）であった。

ナポレオンポナパルテ伝巻三終り

巻三

那波列翁傳識誤

○巻一

第一葉オ六行　ス・「ボナパルテ」ノ「ボ　ヿヲ去ルベシ

〃〃〃オ九〃　「コルンカ」ノン　シノ誤ナリ

〃二〃オ一〃　父ニ從テノ　テ字カケタリ

〃〃〃オ四〃　乂「デマルノ乂ハ　又字ナリ

〃四〃ウ七〃　殆ト解スノ　殆字カケタリ

〃〃〃ウ八〃　國ト爲ンノン　シ字ニマギラハシケレトモシニアラズ

〃五〃オ二〃　カーサル」ハ伊太里亞ノ始祖帝ノ事也是ハ文字ノヿニアラザレトモ註ノ書ザマロ只帝ト云フヿノ如クニ聞レバ人ヲ誤ラシメンヿヲ恐テ校字ノ次此ニ及ブ

第六葉オ一行　已前ノ已ヲ　巳ニ誤ル

〃〃〃オ二〃　註已上ノ已モ亦　巳ニ誤ル

〃〃〃オ六〃　獨己ガノ己　巳ニ誤ル通篇己已巳ノ字相混メ誤ルモノ多シ一々識サンヿ煩シケレバ後ハ悉ク擧ゲズ看ン人各處ノ趣ヲ考テ察シ知ルベシ

〃七〃オ四〃　「リッテル」ノ　」　「レナウルト」ノ「　皆除クベシ

第七葉オ七行　「パレイス」軍學ノ學恐クハ　黌字ノ誤ナルベシ

巻三

〃九〃オ五〃　ゲメー」子ベスト」ノー」ノ　」ヲ去リゲ字ニ「　ヲ加テ　「ゲトナスベシ
〃〃〃オ六〃　「マタレナ」島ノ　「マ　「マッニ作ルベシ
〃〃〃オ八〃　爲字カケタリ
〃〃〃オ十〃　「パヲリ」ノヲ字カケタリ
〃〃〃オ十一〃　ヲ叛ノ字分明ナラズ
〃〃〃ウ四〃　意ナキガユエノエ　ヱニ作ルベシ
〃十〃オ一〃　劫テハ　却テノ誤也
〃〃〃ウ五〃　加涉爾ノ下ニ　「カーサル」ト注スベキヲ脱シタリ
第十一葉オ六行　ント」ノ　」ヲ除クベシ○「ボナパルテ」ノ「ボ字カケタリ
〃〃〃オ十〃　任ニアラズノ　二字カケタリ
〃〃〃ウ六〃　テ之ヲノ　テ字カケタリ
〃〃〃ウ十〃　向後ノ向字カケタリ
〃十二〃オ一〃　已ニ人ナリノ人　大字ノカケタル也此外通篇眞字モ假字モ缺ル者許多アレトモ逐一擧シハ煩シケレバ推テ讀マル丶所ハ別テ之ヲ言ハズ看者考知ルベシ
第十二葉オ七行　見エノエヲヱニ誤ル○「バルラス」ノラ字カケテノノ如クナレリ
〃〃〃オ十〃　陣列ノ陣　陳ニ作ルバシ

〃十三〃オ十一〃　「シ、リヤ」ノ　ヤ字カケタリ
〃十七〃オ六〃　デゴ」ノデニ「　ヲ加テ「デト爲ベシ
〃〃〃〃オ八〃　デゴ」ノデニモ「　ヲ加フベシ
〃十九〃ウ十一〃　是ヨリノヨカケテヲノ如クナレリ
〃廿二〃オ五〃　「ヘルトグ」注ノ侯字ヲ　候ニ誤ル
〃廿三〃ウ四〃　「フレイヘイド」ヲノ下ノ一字ハ原本タシカナラザレハ闕キオケルナリ
〃〃〃〃ウ七〃　倹節良ノ下ノ一字モ亦考定メガタケレバ闕キオキツ
第廿三葉ウ十一行　「モーデナ」ノ　デ字ノ濁點ヲ脱ス
〃廿四〃オ五〃　勢海波ノ如シ　□海字分明ナラズ
〃廿八〃ウ九〃　國ノ爲ニノ　ニ字カケタリ
〃三十一〃オ六〃　中ニ告知ラシメヨノ頭一字下グベシ且知字ノ下ノシ字衍也
〃〃〃〃オ十一〃　「ボナパルテノ　テ字　」ヲ脱ス
〃三十四〃ウ九〃　ター」ノ日ノ　日字缺ケタリ

○巻二

第三葉ウ八行　「コッセナ」ノコッユッニ嫌シケレトユッニ非ズ
〃七〃ウ九〃　道ヲ亙ラシメテノ亙ヲ　互ニ誤ル

巻三

第十葉オ一行　「ウュルムセル」ノ「ウュノ　「　缺タリ

〃十一〃ウ五〃　「ウュー子ン」ノ「ウェノ誤也

〃十二〃オ七〃　ヒドキ目ノ　ド字カケタリ

〃〃〃〃ウ十一〃　「カルジナール」ノル」ノ　」ヲ去ルベシ

〃廿一〃ウ十一〃　註中ノ云フ也ノ也ノ傍ナル　」ヲ去ルベシ

〃廿二〃ウ九〃　王侯ノ侯　候ニ誤ル下註侯字モ亦候ニ誤ル

〃廿七〃オ二〃　申渡シノ下ノ一字疑ハシケレバ闕キオケリ

〃〃〃〃オ五〃　其翌日未ダ没セザルニノ句翌字ニテ切テ讀ムベシ翌日トツヾクニ疑ハシケレバ誤ヲ正ス次ニ此ニシルス

第三十一葉オ三行　註許ニ準ズノ　準字缺テ　隼トナル

〃〃〃〃オ十〃　味方ノ味ヲ　昧ニ誤ル

〃三十四〃オ二〃　「ペルヱー」ニ命メノ　二字ヲ脱ス

〃三十五〃ウ二〃　メ　ルノ間ニ原本ニハ在字アレトモ語ヲ成サヾレバイカヾトテ闕テオキツ

〃三十六〃ウ二〃　「エジット」ヲ侵ンノ　侵字誤テ浸字トナレリ

第三十六葉ウ四行　來ル「ヲ得サラシメノ　ヲ字ヲ脱シタリ

〃〃〃〃ウ九〃　時候ノ候字ヲ　侯ニ誤ル

〃三十七〃オ十〃　湖ニ依テノ　依字缺タリ
〃〃〃〃オ十一〃　ベキ様子ノ　様子カケタリ
〃三十八〃オ二〃　ミュスクタハ」ノ　ク字衍ナリ
〃四十一〃ウ五〃　ナレガシノ　ガ濁點ヲ去ルベシ
〃四十二〃ウ十一〃　註上ノゼ子ラール」ノ　ゼ字ニ「ヲ如フベシ
〃四十四〃ウ七〃　「ボナパルテ」ノ　「ボ字ノ「　ヲノゾクベシ

○巻三

第二葉ウ十一行　押寄スノ寄ヲ　奇ニアヤマル
〃五〃ウ三〃　而トモノトモ　モニ作ルベシ
〃八〃オ三〃　暫クノ　ク字カケタリ
〃十〃オ九〃　國強カランノ　ン字ヲレニ誤ル
〃〃〃ウ二〃　「ロー「ゲノ　「ゲ字ノ肩ノ」「　ヲ削テ履ニ　」ヲ加フベシ
〃十一〃ウ九〃　ニュヲホ「ヂ・スシリヒア」ノ　ホニ讀點ヲ付ケ　「ヂノ「ヲ去ルベシ
〃十四〃ウ六〃　味方ノ　味字ヲ　味ニ誤レリ
〃十五〃オ一〃　味方ノ　味モ　味ノ誤也
第十五葉オ三行　手回ノ回字カケテ　同トナレリ

巻三

〃十七〃オ一三〃　　註法官又戯場ノ字分明ナラズ之ヲ譯シテノ譯字カケタリ此ニ「デオペラ」ノ　此字分明ナラズ音樂ト樂ノ名ノヤウニノ　音字　ウ字カケタリ

〃〃〃〃ウ三〃　　注此頃已ニノ　已字カケタリ

〃十八〃ウ五〃　　「ホルトガル」ノ　ト字カケ　ガ字ノ濁點ヲ脱シタリ

右ノ外ニモ猶誤レル所モアランソハ見ン人之ヲ正セ

○大將「ウュルムセル」ヲ初巻末ニハ「ウルムセル」トアリコレハウュト改ムベシ○二巻三葉ニ大將「シュラト」トアルハ疑ラクハ「ミュラット」ノ誤ナラン又同所ニ大將「コッセナ」トアルモ恐クハ「マッセナ」ノ誤ナルベシ○三巻十二葉ノ「ボルミグ」河ハ他所ニ「ボルミダ」ト有者ナルベシ○同巻十五葉ニ味方ノ將「フン子ス」トアルハ即チ「ラン子ス」ノ誤リカ○右等原寫ノマヽニ活刷シタルヲ校讀ノ次思ヒヨルニツキテ茲ニ識ス猶疑ハシキ所　此彼アレトモ他日原書ニ校合メ後ニ之ヲ正スベシ

那波列翁傳識誤終　　松岡次郎家藏活字板

活刷　那波列翁傳初編

解説

解説

原書と内容

リンデン著、小関三英訳、松岡次郎（台川）蔵版「活刷　那波列翁傳初編」については、岩崎克己は「崋山と洋学（三）」（書物展望一二巻三号）で崋山とナポレオン伝について左記のように書いている。「（崋山は客座録天保六年に）下曽根金三郎の談話を載せて、高橋作左衛門景保缺所物のうちにボナパルト争亂記があり、その末に附した私論は杞憂の志を見るに足るといってゐるのは、崋山の手譯本慕那把爾帝始末と関係はありはしなかったか。崋山の著書にナポレオンに觸れたところが少なくないが、その知識は右の外、天保三年ごろ三英の譯しつつあつたリンデンの那波列翁傳（原著は佛文。リンデンはその蘭譯者である。Het Leven von Bonaparto near het Fransch door Mr. J. van der Linden. 4 stukken. Amsterdam. Moolenyzer. 1803. 8vo.）にもある程度負うてゐたらうと思はれる」とある。岩崎克己説ではフランス語の原著をリンデンが蘭訳したものという事になる。フランス語の原著名も不詳という事になる。なお、引用文中の「崋山の手譯本慕那把爾帝始末」については不詳である。また、岩崎克己氏が原書名を記した出典名も不詳である。

本書の原著の一種とも思われるLinden著「Het Leven von Bonaparto near het Fransch」二巻はアムステルダムで一八〇一～〇二年に出版され、ユトレヒトの公立図書館等に所蔵されている。（一九七八年一月　筆者がライデン大学日本学センターにて調査）。

野村正雄氏はリンデンのナポレオン伝の原書について、アムステルダム大学附属図書館に「Het leven

van Bonaparte, door Mr. J. van der Linden, met platen, te Amsterdam, bij Johannes Allart. 1802.」があり、定説である「洋学史事典」と「オランダ誌書籍目録」の「Het Leven van Bonaparte, naar het Fransch door J. van der Linden, 4 stukken, met platen1803, Amsterdam, H. Moolenyzer.」と微妙に相違する事を指摘した。冊数は不詳である。(「一滴　第一四号　ナポレオン戦記を伝えた舶載蘭書」津山洋学資料館)。

磯崎康彦氏はその著書「江戸時代の蘭画と蘭書」ゆまに書房　二〇〇五年刊で、「原本は探してみたが、国内では見あたらず、オランダ・ネイメイヘン大学図書館に所蔵される蘭書を調査することになった。原本の標題は、『ボナパルトの生涯　J・ファン・デル・リンデン著』銅版画挿絵を入れて　アムステルダム、ヨハネス・アラルト書店にて　一八〇二年とある(注) Het Leven von Buonaparte, door Mr.J. van der Linden, met platen. Te Amsterdam, bij Johannes Allart MDCCCII.）一冊本である」と書いている。

ユトレヒト公立図書館本は著者が検索調査しただけで実物を見ていないので疑問はあるが、岩崎克己の指摘した本と定説本の二種類は冊数・出版年が同じであるので同一本と考えられる。アムステルダム大学本とネイメイヘン大学本は出版年が1802年で、他書にはある「naar het Fransch」の表記がない。ユトレヒト公立図書館本は二巻本で出版年は一八〇一～二年である。この事から出版年・冊数の違う数種類のリンデン著「ナポレオン伝」が存在したと思われる。なお、リンデン(Joannes van der Linden 1756-1835)については現在全く研究されていない。

解説

本書は「巻一，巻二上，巻二下，巻三」の三巻四冊本である。先ず、「活刷　那波列翁傳初編」の書名であるが、これはこの本の出版した松岡台川が付けたものであり、訳者の小関三英は天保三年七月二四日付の兄小関仁一郎宛書簡で「ホナハルト傳之翻訳ニ茂段々相始可申ト奉存候」とあるので「ホナハルト傳」と呼んでいたものと思われる。巻一の本文の冒頭題名は「那波烈翁勃納把爾的傳一」とあり、巻二、巻三の冒頭にも「那波烈翁勃納把爾的傳二」、「那波烈翁勃納把爾的傳三」とある。

内容の巻一（三五丁）の本文書出しは『那波烈翁勃納把爾的ハ西洋紀元一千七百六十九年我ガ明和六年巳丑ニ當ル第八月第十五日ヲ以テ「コルシカ」島〇漢譯ノ所謂哥而西加ノ内「アヤシオ」ト云フ地ニ生ル…』で始まり、家系一族の事を記した最初の二丁はナポレオンの呼び名は「ナポレヲン」（Napoleon）で始まるが、二丁終りから巻一の終りまでは一貫して「ボナパルデ」（Bonaparte）で記されている。巻二、巻三では「ナポレオン」に変更されている。その内容はナポレオンの生れた当時のコルシカ島における父シャルル・ボナパルトの事。一七七八年末に父に連れられてフランスに渡り一七七九年五月にブリエンヌの王立幼年学校に入学し、文学、歴史、地理、測量学などを学んだ。この頃からナポレオンは「コルシカ島」の独立を主張して同僚との対立する「誇り高きコルシカ島民」であった。一七八四年一〇月幼年学校を卒業して「パリ陸軍士官学校」に入学した。一七八五年九月一六歳で砲兵少尉に任官され、駐屯地のリヨンでウイリアム・テルの劇を観劇中に「フレイヘイド」（蘭語vrijheid　不羈、自由）を叫んだ。その後、『「ボナパルテ」此屯軍ニ在ルヿ幾ハクモ無クシテ拂郎察國ノ顚覆ニ遭リ是ヲ當今歐羅巴總洲革命ノ亂ト稱ス此時ニ至テ民虐政ニ抑屈スルヿ極リ（中略）四方ノ英雄豪士踊躍シテ不覇ノ世トナルヲ喜ビ百姓奮起メ再タビ正明ノ治定ルヲ俟ツ「ボナパルテ」ハ元ヨリ王家ヲ恨ミ叛ントノ企アレバ時ナルカナ時ト大ニ勇ミ抜羣ノ功ヲ立ントス』と一七八九年のフランス革命の時となり、革命政府の立場をとった。

一七九一年末にコルシカ島に戻り「ゲメー子ベスト」（gemeenebestは共和制の意、反王家の会治、革命派）に加わり行動したが、コルシカの指導者パオリとの抗争に敗れ、コルシカ島を追放された。一七九三年フランスに戻り、「ゲベー子ペスト」（共和国政府）によるイギリスからの「トゥーロン」奪還作戦に参戦した。これまではナポレオンの生い立ち・逸話・思想などが書かれているが、以後は軍人としての戦記・演説の記載が主になっている。一七九四年には「（ボナパルテ）其身ハ意太里國ノ陣所ニ發向ス」とイタリア遠征軍に加わった。その後、同年七月テルミドールのクーデターで失脚したロベスピエール派と見なされ逮捕された。一七九五年一〇月のヴァンデミエール一一日のクーデターで復権して、翌年三月にはイタリア方面隊総司令官に任命された。以後、モンテ・ノット、ミルデシモ、デゴ、モントヴィ、ロディで戦勝して一七九六年八月のミラノ入城までの戦役を巻一とした。

巻二上（二四丁）では、また呼び名は「ボナパルテ」から「ナポレヲン」に変更されて書き始められるようになった。一七九六年九月からオーストラリアとの戦役で連戦連勝でフランス軍の快進撃となる。一一月のアルゴラの戦い、一七九七年二月のマンドヴァの戦いで戦勝して、ローマ教皇とトレンティノ和約を成立させた。以後、オーストリアとの諸戦にも勝利して一〇月にはカンポ・フォルミオ和約をも成立させパリへ凱旋帰国した。そして、翌年エジプト遠征の出発までが書かれている。巻二上と巻二下とは丁数が続いていることからして小関三英の翻訳原稿本は一冊で、松岡台川が出版時に紙数の都合上で上下の二冊に分冊したものと思われる。このために上下二冊は本文内容は連続している。

巻二下（二五～四五丁）は一七九八年六月エジプトのアレクサンドリアに到着し、七月にはカイロに入った。八月にはシリアへの進軍を開始して翌年には「ガサ」、「ヤッハ」などの敵城を破壊し、エジプトへの侵攻を企てるトルコ軍を破り一七九九年六月カイロに戻り、七月にはアプキールにてトルコ軍との戦いで大勝した。しかし、その時にフランス国内の情勢乱れナポレオンは帰国した。そして、一〇月九日のブリュメールのクーデターと翌日の執政政府樹立と一二月二四日第一執政となった事が詳しく書かれている。

巻三（本文二〇丁・識誤六丁）は一七九九年一二月二四日第一執政となった事から始まっている。ナポレオンはこの時イギリスとオーストリアに停戦和睦を申し入れたがイギリスより拒否されて再びイタリアへの遠征を決意した。一八〇〇年五月第二次イタリア戦役＝オーストリア戦役が始まり、六月にはミラノに入り苦戦の末マレンゴの戦いに勝った。翌年一八〇一年二月リュネヴィスでドイツとの界をライン川と決める和約を結んだ。続いて三月シシリヤ、八月ブリタニア、九月ポルトガル、一〇月ロシア、トルコと和睦をして一八〇二年三月にイギリスとアミヤンの和睦を成立させた。九月にはローマ教皇と政教協定に調印した事までで本書は終わっている。

本書の内容について、礒崎康彦氏は前掲書で原書の内容をネイメイヘン大学図書館本により紹介している。それは「四三四ページに及ぶ大著で、最初にナポレオンの肖像（図508）を載せる。… 次いで序文、序文のあと八ページにわたり、主要事項の内容（Inhoud der voornaamste zaken）が続く。主要事項だけでも、ナポレオンの生涯を理解できるため、番号を付して訳しておきたい」と書いている。礒崎氏訳のネイメイヘン大学図書館本の主要事項の内容を一五四

508. ボナパルト像　リンデン著
「ボナパルトの生涯」口絵
銅版画

項目を紹介している。このことから小関三英はナポレオン伝をもっと詳細に訳していたと考え、礒崎氏訳のネイメイヘン大学図書館本の主要事項の内容を一五四項目と筆者作成の「活刷　那波列翁傳初編」の年表（三段落、原文の[巻―丁]表示）を照合して、三英が意図的に省略したか？松岡台川が欠落させたか？の部分を**太字**とする。

一、序　**危険で、多くの事件の発生する時代は偉大で異常な人間を作りあげる。**
二、**とりわけ国家が、自らの自由と独立を得ようとするとき**
三、**新旧時代の英雄像の違い**
四、**ボナパルトに、これらすべてが適合する。**

五、ボナパルトの誕生

一七六九・八・一五　ナポレオン、コルシカ島アジャクシオに生れる。[一―一]

六、青年ボナパルトの好奇心。ボナパルト、ブリエンヌ兵学校に入る。兵学校での特異な行動

一七七九・五・一　ブリエンヌの王立幼年学校に入学。[一―三]

七、ボナパルト、パリ兵学校へ行く。

一七八四・一〇・一　パリの王立陸軍士官学校に入学。本文中に一七八五年入学とあるが誤り。[一―七]

一七八五・二・一　ナポレオンの父シャルル・ボナパルテ死去。

八、ボナパルト、ラ・フェール連隊の砲兵隊士官となる。

一七八五・九・一　王立陸軍士官学校卒業、砲兵少尉に任官、一一月ラ・ヴァランス市駐屯のフェール連隊に配属。この時にリヨンでウイリアム・テルの劇を見てフレイヘイド(独立・自由)を叫ぶ。[一―七]

九、勉学、とりわけ戦術学に明け暮れる。フランス革命の支持者となるが博愛的節度を保つ。

一七八九・七・一四　フランス革命勃発。ナポレオンは戦乱平定のため、王党派の軍として、ブルゴーニュ地方に派兵される。[一―八]

一七九一・九・一　コルシカ島に翌年六月まで帰省。[一―一〇]

一七九二・一〇・ー　再びコルシカ島に帰り、フランス軍としてサルデーニャ出兵。帰島後、イギリス軍の援助を受けたパオリ軍に破れ。一七九三年六月フランスに亡命。[一―一〇]

一〇、ボナパルト、砲兵隊長としてトゥーロンを攻撃する。

一七九三・一二・ー　トウーロンの戦いで砲兵軍の大将として功績。[一―一〇]

一一、イタリア遠征陸軍に参入する。

一七九四・三・ー　イタリア遠征軍に勤務。モナコでシーザーの高塔で懐古の歌を詠う。[一―一〇]

一七九四・七・二七　テルミドールのクーデター、ロベスピエール失脚。

一二、ボナパルト、パリ行きを決意し、同地の反乱軍をうまく鎮め行動をする。

一七九四・九・ー　ナポレオンは謀叛(ロベスピエール派)の疑いにより解任逮捕される。疑いは晴れたが復職はならずパリ在住。[一―一二]

一七九五・十・三　ヴァンデミエール一一日のクーデター、チェイルビー宮殿占拠。[一―一二]

一七九五・十・五　ナポレオンは首都警備副司令官に任命。チュイリー宮の暴徒を鎮圧。[一―一二]

一七九五・十・二五　国内軍最高司令官に任命。[一―一二]

一七九六・三・ー　ナポレオン、イタリア方面隊総司令官に任命。[一―一二]

一三、ボーアルトの未亡人と結婚

一七九六・三・九　ジョセフィーヌと結婚。[一―一三]

一四、ボナパルトの性格と容姿についての描写

一七九六・四・｜　ナポレオンは兵士と艱苦（悩み苦しむこと）を共にしたので、軍師はナポレオンの智仁の人格に感服した。［一—一三］

一五、ボナパルト、イタリア遠征軍へ命令を伝える。

一七九六・四・｜　ナポレオン、ミラノへの道を説く。［一—一四］

一六、モンテノッテの戦闘

一七九六・四・一二　モンテ・ノットの戦い、モンテ・レジーノの砦。（ラアルプ戦死）［一—一四］

一七、ミレシモとモントヴィの戦闘

一七九六・四・一四　ミルレシモの戦い。［一—一六］

一七九六・四・一四　デゴの戦い（第一会戦）。［一—一七］

一七九六・四・一五　デゴの戦い（第二会戦）。（カウッセ戦死）［一—一七］

一七九六・四・二八　チューヴァ、モンドヴィの戦い。［一—一七］

一八、サルデナヤ王との休戦

一七九六・五・｜　サルデーニャ降伏、（トリノ入城。［一—二二］

一九、兵を勇気づけるボナパルトの告

一七九六・五・｜　トリノ、ミラノ侵攻に向けて兵士論告。［一—一九・二〇］

二〇、ポー川渡河

一七九六・五・一　ピアチェンツァ近くでポー川を渡る。［一―一二］

二一、モデナ大公との休戦

一七九六・五・一　モデナ公国と停戦。［一―一二］

二二、ロディ橋を渡る

一七九六・五・一二　ロディの戦い。［一―一二］

二三、ミラノ入城――部下へ激励を告げる

一七九六・五・一五　ミラノ入城。［一―一三］

二四、パヴィアでの反乱――聖職者らに煽動されるが、ボナパルトにより鎮圧

一七九六・五・一　パヴィーアの叛乱を鎮圧。［一―一五］

二五、ボナパルト、ヴェネツィアの地に進軍する前、ヴェネツィア人に告げる

一七九六・五・一　ベネチア住民への諭告。［一―一七］

一七九六・六・五　マントヴァを包囲し、オーストリア軍を追ってチロルへ。［一―一七］

二六、同様にティロルの住民に告げる。

一七九六・六・一五　チロル住民への諭告。［一―一七］

二七、ボナパルテ、ローマ教皇領並びに皇帝封土の住民を征服する。

一七九六・六・ー　ローマ法王領のボローニャ、フェラーラを占領。［一―二九］

二八、ボナパルト、学問の進歩をも失わず。

一七九六・六・ー　ミラノなどの学問の復興。天文学者オリアニに書簡。［一―三〇］

一七九六・六・ー　母のトゥーロンでの生活、弟ルイスの軍人志望への反対。［一―三一］

二九、オーストリアのウュルムザー将軍、救援のため到着

一七九六・六・十八　ウュルムザー将軍、チロルに到着。［一―三二］

一七九六・八・ー　マントヴァ占領。［一―三四］

三〇、だが、ボナパルテに撃破される。

一七九六・八・四　カスティリオーネの戦い。［一―三四］

三一、兵に告ぐ。祖国の大切なものを擁護するとき、抑圧をはねのけるとき、また博愛行為をするとき、

こうしたときのボナパルトの性格描写。

一七九六・八・ー　兵士たちに告げる。イタリアにおける功績を古代ギリシャ・ローマの史実を

引用して讃える。［一―三四］

三二、ティロルの住民にさらに告げる。

一七九六・九・ー　チロル住民へさらに諭告。［二―一］

一七九六・九・四　チロル地方のマルコ・モーリの戦い。［二―二］

三三、ロヴェルトの戦闘——トレント占領

一七九六・九・—　　ロヴェルトの戦い、トレント占領。[二—二]

三四、フランス軍による敵軍追撃

一七九六・九・八　　バッサノの戦い。[二—二]

三五、ボナパルト、教皇との平和維持のため努力する。

（平和維持の努力ではなく「モデナ」公休兵ノ約ヲ践マズ「マンチュア」ニ在ル「ヲーステンレイキ」ノ兵ニ粮ヲ給シ法皇モ亦兵ヲ罷ルノ意ナカリシカバ拂郎察方ニテ夥多ノ兵ヲ費シテ「モデナ」ヲ圍ミケリ、とあるだけ）[二—四]

三六、アルコレの壮絶な戦闘、フランス軍優勢におえる。

一七九六・一一・一五　　アルコレの戦い。[二—五]

三七、クラルケ将軍、並びにミュロン未亡人へのボナパルトの手紙

三八、オーストリア軍の新たな企て、失敗す。

一七九六・一二・—　　オーストリア軍マントヴァへの援軍を企てるが、フランス軍随所で阻止。[二—七]

三九、リヴォリの戦闘

一七九七・一・一三　　リヴォリの戦い。[二—八]

四〇、プロヴェラ将軍、かれの民とともに捕らわれる。

一七九七・一・一八　マントヴァの対岸サンタントーニオにてブロヘラ軍を破る。多くの捕虜の中にモンテスキューの子がいた。[二一―一〇]

四一、ボナパルト、やむをえず教皇領にはいる。

一七九七・一・―　ローマ教皇のオーストリア政府宛の密書入手。教皇の裏切りを告知して教皇領に入る。教皇領の住民への諭告。[二一―一〇]

一七九七・一・―　ファエンツァの戦い。[二一―一一]

四二、マントヴァ開城。

一七九七・二・二　マントヴァ開城。[二一―一二]

四三、ボナパルト、教会領へ大進撃する。

一七九七・二・―　アンコーナ、ロレートなど占領。[二一―一二]

四四、進行は、教皇との平和のもとおこなわれた。

一七九七・二・一九　教皇との交渉はマッテイ枢機卿を介して、教皇がローマに留まるように交渉。トレントにて和議成立。アヴィニョン・ボローニャ・フェラーラなどがフランスの支配となった。[二一―一三]

四五、**ボナパルト、オーストリアとの戦闘継続を決意し、終結までを兵に告ぐ。**

四六、ボナパルト、オーストリア軍を至るところで追撃す。――ゲルツの住民に告げる。

一七九七・三・一二　ナポレオン、オーストリアに向かって出兵。ビアーヴェ川を渡って敵と対戦。[二―一三]

一七九七・三・一九　イソンゾ川を渡って、その後敵と対戦してオーストリアのブルゲンランド州の州都ゴルス、シュタイアーマルク州、ケルンテン州を占領してオーストリアの国境まで到達。[二―一四]

四七、オーストリアのスパイに寛容を示す。

（ゲルツ住民に告げるは「活刷 那波列翁傳初編」では省略）

一七九七・三・一九　テリーストの戦いの前に、オーストリアのスパイを軍中に見つけたが寛容に対処。[二―一四]

四八、**カリンティエルの住民に告げる。**

四九、カール大公へのボナパルトの書簡、その返答

一七九七・三・三一　ナポレオン、オーストリアのカール大公の和睦の書簡とその返書。[二―一五]

五〇、フランスとオーストリアとの休戦

一七九七・四・七　オーストリアはフランスとの停戦を申し出る。和睦の協議開始。[二―一六]

五一、折衝を終え、ついになし遂げられた平和交渉

一七九七・四・一八　オーストリアとフランス和睦成立。[二―一七]

五二、パリでの両議会による素晴らしき決定

一七九七・九・四　フリュクティドール一八日のクーデター。[二―二〇]

五三、ヴェネツィア総督へのボナパルトの書簡

一七九七・四・九　ナポレオン、オーストリア国内より敵対するベネチェアの総督へ書簡。[二―一八]

五四、ボナパルト、ヴェネツィアを征服する。

一七九七・五・一四　ベネチェア降伏。[二―二〇]

五五、**軍に告ぐ。**

五六、カンポ・フォルミオに平和到来

一七九七・一〇・一八　カンポ・フォルミオの和約、ベネチェア王国・ジェノヴァ王国は消滅。[二―二一]

五七、**リグリア共和国政府へのボナパルトの書簡**

五八、**同様にジェノヴァ大司教への書簡**

五九、**さらにチサルビナの民衆への書簡**

六〇、**ついに自らの軍に告ぐ。**

六一、ボナパルト、パリに帰り、とりかわした平和条約をキュロットに渡す。

一七九七・一二・五　ナポレオン、パリに凱旋帰国。オーストリアとの和睦取決書を総宰官に渡す。[二―二二]

六二、**ボナパルト、学士院会員に選ばれる。**

六三、エジプト遠征計画——同遠征の意図

一七九八・五・一九　エジプト・シリア遠征の意図。[二一―二三]

六四、艦隊、トゥーロン港に集結する。

一七九八・五・―　エジプト・シリア遠征のため、トゥーロン港に集結。[二一―二四]

六五、ボナパルト、兵に告ぐ。——艦隊、出港する。

一七九八・五・一九　エジプト・シリア遠征に出港。[二一―二五]

六六、マルタ島占領

一七九八・五・―　マルタ島上陸。[二一―二五]

六七、アレクサンドリアに到着

一七九八・六・三〇　アレクサンドリア到着。[二一―二六]

六八、ボナパルト、兵に告ぐ。

一七九八・六・三〇　エジプト遠征軍兵士に告ぐ。[二一―二六]

六九、ボナパルト、エジプト人に告げる。

一七九八・七・一　エジプト人への諭告。[二一―二七]

七〇、都市、アレクサンドリア、フランスの支配下に入る。

一七九八・七・一　アレクサンドリア占領。[二一―二七]

七一、マメルーク人との数々の戦闘

一七九八・七・二一　ピラミッドの戦い。[二一―二九]

七二、この民にかんする特性

（六八項のエジプト遠征軍兵士に告ぐの中でエジプト人の風俗、宗教などについての記載あり）。

七三、都市カイロ、占領される。

一七九八・七・二三　カイロ占領。[二一―三〇]

七四、ボナパルト、シリアにむかう。

一七九八・八・―　シリア侵攻。エルハンカの戦い。ベルベースに向かう途中などで群商を救う。[二一―三〇]

一七九八・八・―　シリアとエジプトの界のザラニクに到達。[二一―三一]

七五、フランス艦隊、イギリス提督ネルソン艦隊との不利な海戦報告

一七九八・八・一　アブキール沖海戦の敗戦報告をカイロに帰る途中で聞く。[二一―三二]

七六、マメルーク人、並びにアラビア人との数々の戦闘

一七九八・八・一六　カイロ近くでのメンフィスの野人との戦闘。[二一―三二]

一七九八・八・―　ナイル川の上流の上エジプトでのマルルークとの戦闘。[二一―三二]

七七、カイロでの暴動

一七九八・一〇・二一　カイロの反乱。[二―三三]

七八、ボナパルト、シリアへの進軍を続行す。――ガザとハイファの占領――アッカ攻囲

一七九八・一一・一　再び、シリアに侵攻。[二―三三]

一七九八・一二・二三　スエズに到着。[二―三三]

一七七九・二・八　エル・アリッシュ攻略。[二―三四]

一七七九・二・一　ガザ住民降伏。[二―三四]

一七七九・三・三　ヤッファの包囲。[二―三四]

一七七九・三・二〇　アクレの包囲。[二―三五]

七九、タボル山の戦闘

一七九九・四・一六　タボル山の戦い。[二―三五]

八〇、ボナパルト、アクレ攻囲を中止し、エジプトへ戻る。

一七九九・六・一四　シリア占領の益なきを説きカイロに帰る。[二―三七]

八一、敵軍、アブキール湾に上陸し、駐屯地を粉砕する。

一七九九・七・一六　トルコ軍、アブキール湾に上陸[二―三七]。

八二、ボナパルト、同地(アブキール)に上陸したトルコ人を撃破する。

一七九九・七・二五　アブキール沖の陸戦。[二―三七]

八三、ボナパルト、フランス共和国にとって益なき悲惨な仕事を説き、そちらに戻ることを決心する。

一七九九・八・一　エジプト平定。[二―三八]

一七九九・八・二三　エジプトをクレーベル将軍に任せて帰途に着く。[二―三八]

八四、ボナパルト、間もなくパリに到着

一七九九・一〇・一三　ナポレオンはフランス国境に着く。[二―三八]

八五、同地の卑しむべき状態

一七九九・一〇・一　フランス国内の政治社会状況の混乱。[二―三九]

八六、ブリュメール一八日のクーデター

一七九九・一一・九　ブリュメール一八日のクーデター。[二―三九]

八七、ボナパルトの強襲、立法議会の集まりに現わる。

一七九九・一一・一〇　ナポレオン、五百人の立法議会して、その議場にて、取り囲まれ襲われる。[二―四二]

八八、ボナパルト、フランス共和国の第一執政に任命される。

一七九九・一一・九　ナポレオン第一執政となる。[二―三九]

八九、宣言を発す。

一七九九・一一・九　会治の義士への宣言。[二―四二]

九〇、ボナパルト、第一執政としてイギリス王へ書簡を送る。

一七九九・一二・一三　フランス共和国憲法制定。[三一一]

一七九九・一二・二四　フランス、執政政府樹立。[三一一]

一七九九・一二・二六　イギリス国王に停戦の提案。[三一一]

九一、グレンヴィル卿からの返書

一八〇〇・一・一　イギリスは停戦を拒否。[三一二]

九二、新たなる勝利を目ざし、平和の道を開こうとするボナパルトの企て

一八〇〇・一・一　第二次イタリア遠征。[三一二]

九三、ディジョンに志願兵集結

一八〇〇・三・八　ナポレオン、ディジョンに志願兵を集結。[三一三]

九四、フランス兵、大サン・ベルナール峠をこえる。

一八〇〇・五・二〇　スイスのジュネーブ経由で、ベルナール峠を超えてイタリアに入る。[三一三]

九五、峠の修道院で親切な持てなしを受ける。

一八〇〇・五・一　ベルナール山頂の寺院、途中の村民の協力、山越えの記事。[三一三]

九六、フランス軍、峠をこえ、敵とすぐ遭遇する。

一八〇〇・五・一　アオスタ谷で敵と戦う。[三一五]

九七、キウセラの戦闘で勝利する。

一八〇〇・五・一　キャバッソの戦い。[三ー六]

九八、ボナパルト、兵に告ぐ。

一八〇〇・五・一　ナポレオン、第二八半旅団の兵士への称誉の言。[三ー七]

九九、ボナパルト、兵に警告す。次から次への勝利

一八〇〇・五・一　サンチェア、クレシェンティーノ、マッセラノなどの戦いに勝利。[三ー七]

（兵に警告は「活刷 那波列翁傳初編」では省略）

一〇〇、ボナパルト、ミラノに入り、命を下す。

一八〇〇・五・三〇　ミラノに入る。[三ー九]

一八〇〇・六・一　ナポレオン、ミラノにて兵士、僧侶、住民への訓示。[三ー九]

一〇一、ボナパルト、兵に告ぐ。

（諸々の戦いに勝利して兵を進めることを告知とあるが、具体的な事項は省略）[三ー九]

一〇二、**モンタヴェッロの戦闘**

一〇三、**敵、退却する。**

一〇四、マレンゴの戦闘

一八〇〇・六・一三　マレンゴの戦い。[三ー一三]

一〇五、マレンゴ戦でのボナパルトの英雄的行為

一八〇〇・六・一三　マレンゴの戦いで先頭に立って戦い、部下は大将を守ると奮起。[三一一三]

一〇六、オーストリア側よりフランスに提案された休戦、そして締結された。

一八〇〇・六・一四　マレンゴの戦いでオーストリアに勝利。[三一一五]

一〇七、ミラノ人に対するボナパルトの敬意

一八〇〇・六・一八　ナポレオン、ミラノに帰り、イタリアの救世主と歓迎。[三一一六]

一〇八、同様にトリノに対する敬意

一八〇〇・六・二六　ナポレオン、ミラノを発して、、トリノでも歓迎される。[三一一六]

一〇九、同様にリヨンに対する敬意

一八〇〇・六・—　ナポレオン、リヨン等の立寄る所々で歓迎される。[三一一六]

一一〇、そして、ディジョンとオークソンに対しても。

一一一、馬車でのボナパルトの不幸（暗殺未遂事件）

一一二、同所からパリに戻る。

一八〇〇・七・二　パリに帰還。[三一一六]

一一三、平和を導こうとするボナパルトの努力

一一四、歌劇中の暗殺計画、だがすぐ露見す。

一八〇〇・一二・二四　パリ市内でナポレオン暗殺未遂事件。[三一一六]

一一五、ボナパルト、かえって同情の祝意を受ける。

一八〇〇・一二・二五　暗殺未遂事件で見舞いと同情を受ける。[三―一八]

一一六、**祖国奉仕のためボナパルトによる数々の償い**

一八〇〇・九・六　マレンゴで戦死したドゼイとエジプトで暗殺されたクレベールの勲功を記して墓碑を建てる。[三―一六]

一一七、**花火を打上げ、新たな門出**

一一八、**そのための祝賀**

一一九、**この出来事でのH・ドゥ・ボスのラテン語詩、R・H・アルントゼニウスの訳をともなって。**

一二〇、**この出来事による費用の返済**

一二一、**正義の保証**

一二二、リュネヴィルの講和

一八〇一・二・九　オーストリアとのリュネルヴェルの和約。使者は兄ジョセフ。国境の取決め。[三―一八]

一二三、**講和にさいしてのボナパルトへの祝詞**

一二四、**平和公布**

一二五、**教皇権制限主義を尊重する。**

一二六、シシリア王との講和

一八〇一・三・二八　シシリアとの和約。(項目のみ記載)[三一一八]

一二七、**ボナパルト暗殺計画の罪人、判決を下され処刑される。**

一二八、**砲兵連隊の反乱、罰せられる。**

一二九、イギリスとの講和準備

一八〇一・八・三　イギリスとの和約。(項目のみ記載)[三一一八]

一三〇、ポルトガルとの講和

一八〇一・九・二九　ポルトガルとの和約。(項目のみ記載)[三一一八]

一三一、同様にロシアとも

一八〇一・一〇・一一　ロシアとの和約。(項目のみ記載)[三一一八]

一八〇一・一〇・二四　トルコとの和約。(項目のみ記載)[三一一八]

一八〇一・　・　ドイツとの和約。(項目のみ記載)[三一一八]

一三二、**パリで講和祝祭を告げる。**

一三三、**ボナパルトへの敬意表明**

一三四、教皇権制限主義の憲章制定のため、リヨンでの会議

一三五、ボナパルトをリヨンに受け入れる準備

一三六、リヨン到着

一三七、リヨンでボナパルトへの敬意表明

一三八、ボナパルトの返礼

一三九、ボナパルト、アルプス南側（教皇権の）共和国議長に任命される。

一四〇、同会議での論議

一四一、案出された憲章をミラノ人に告げる。

一四二、ボナパルト、パリに帰る。

（一三四～一四二項については「この度レイオン（前記　リヨン）に於いてチザルビーナの会治の使者を会集して、ナポレオンも出席して新たに法令を建てて、それより後の安定の基本を始めようとすると、既にチザルビーナ会治の使者は会集してチザルビーナ会治を改めイタリア会治と為すべきであるとの議論になり、ナポレオンもこれに同意してイタリア会治と称し、ナポレオンがその盟主となって、諸事規則を立てこの会治をナポレオンが取扱うことに取極めてパリに帰った」とのまとめて記載がある）。［三―一九］

一四三、**ポルト家に代ってボナパルトの敬意表明**

一四四、**エジプトより運ばれた珍品類、刊行の決定**

一四五、アミアン講和決定

一八〇二・三・二六　　スペイン、オランダと和約・イギリスとアミアンの和約。［三―一九］

一四六、**そのため、ボナパルトへの敬意表明**

一四七、教皇との教政条約批准

一八〇二・九・　ローマ法皇ピウス七世とコンコルダ=政教協約に調印。[三一二〇]

一四八、カプララ枢機卿との聴取

一八〇二・九・　カプラーローマ教皇庁枢機卿との協議。[三一二〇]

一四九、**パリでの復活祭日における宗教的祝い**

一五〇、**その機会に執政宣言**

一五一、**ボナパルトを終身執政とすべき委員会**

一五二、**議会へのボナパルトの書簡——提案された任命行為への質問**

一五三、**任命に関する決定**

一五四、**結論報告のさいのボナパルトの返答**

以上のことから項目番号の**太字項目**の一五四項目中三九項目が省略されている。本書が草稿であり未完全のものであることは松岡台川が「附言」でも記しており、三英は前述のような後半が省略されていない、もう少し完全な訳書をしており、それを松岡台川は探していたとも考えられる。松岡台川は原書がナポレオンが終身執政になるまでであるとは思っていなくて、三英の訳が「第一の執政となりて壹度軍を止め諸國と和睦せし段迄ならてハ無し」と終わっていることをまだ続編があると考えている。

原書「Het Leven von Buonaparte, door Mr.J. van der Linden」のナポレオン伝の書かれた意図は冒頭四項目で

一、序　危険で、多くの事件の発生する時代は偉大で異常な人間を作りあげる。

二、とりわけ国家が、自らの自由と独立を得ようとするとき

三、新旧時代の英雄像の違い

四、ボナパルトに、これらすべてが適合する。

あるようにフランス革命時におけるナポレオンであった。フランス革命からヨーロッパ総州革命、自由・平等・博愛の三色旗の下での共和国の独立、その状況下に戦闘的英雄が具現化されたナポレオンが本書の出版目的であった。このような精神は江戸時代の日本の社会には時期尚早であり、フレイヘイド（自由）、ゲベーネベスト（共和国）、革命などは本文中には書かれているが主題にはならなかった。寧ろ、松岡台川が付言で記している「那波列翁の才學智勇ありて能く人を用ひ能く人を服し雄略の大なる抔を知り將彼國々の人情政治軍旅の趣をも見れハ是ハしも海の守せん爲に心得へき書也」とあるように海防のためであった。

小関三英

本書の翻訳者小関三英についての基本的な史料は池田玄斎の「弘采録」・「病原雑抄」、兄小関仁一

解説

郎宛六四通の書簡、小関三英先生之碑、渡辺崋山の「全楽堂日録」等の日記、松岡台川の本書「附言」と「新撰地誌」・「西医原病略」・「輿地誌」・「厚生新編」等の著書、「小関三英とその書簡　山川章太郎著」・「小関三英伝　杉本つとむ編著　敬文堂」（「小関三英伝　阿部正巳著」・「小関三英小伝　佐藤古夢」共にに収録）・「小関三英　半谷二郎著」にて知ることができる。小関三英の読み方についてはʼ「オゼキ」・「コセキ」の両論があったが「小関三英伝」で杉本つとむ氏が指摘した「庄内地方ではコセキと呼び（中略）佐藤古夢氏の資料中に、小関の子孫の方が明治初年にご健在でコセキと自称されたこと」と「早稲田大学所蔵の断片には、〈Koseki Sanij, K:S: Saneei, KS,Sanei〉とあり、コセキサンエイ、あるいはコセキサンネイである。ローマ字書きであり、筆蹟から自筆と思われる」により、「コセキ」説とする。なお、「三榮」を「三英」と改めたのは一八三五（天保六）年天文方勤務をした頃である。

小関三英は出羽国庄内藩（現山形県鶴岡市）に一七八七（天明七）に生れた。一八一五（文化一二）年江戸に出て吉田長淑門に入ったが、一八二一（文政四）年頃には鶴岡に帰り医業を開いた。一八二三（文政六）年には仙台藩医学館蘭方科教授になったが、母の病気のために一八二五（文政八）年には鶴岡に戻った。一八二七（文政一〇）年再び江戸に出て湊長安宅に仮寓したが、翌年の一八二八（文政一一）年に築地の桂川甫賢宅に住み、同家所蔵の蘭書の研究に没頭する生活を送った。一八三〇（天保元）年桂川家が築地から本所横綱町に移転しても三英も同居した。そして、小関三英が本書の翻訳を始めた時期については前述のように天保三年七月二四日付けの郷里の兄仁一郎宛書簡により

解説

「那波列翁傳」は天保三・四年頃に翻訳が始められたものと思われる。しかし、三英がリンデンの「那波列翁傳」の原書を入手した時期については不明である。本書の松岡次郎の附言に「三英故郷に在し時より蘭書のを持りしを夜晝となく讀返し考へかへし抔痛く心を砕て居たりし」とあることから、この所持していた蘭書が本書のリンデン著の原書で一八二一〜二八(文政四〜八)年の鶴岡・仙台に居た頃という説もあるが疑わしい。また、小関三英は文政一二年三月一日付兄仁一郎宛書簡で「一、泰西近年之軍記も押付和解出来仕候間当月末頃迄ニハ差下入御覧可申存候儘　別冊壱本差上申候是ハ先年入貢之蘭人より高橋咄ヲ承り候　記録致候ものニ御座候　少々伝聞之誤も可有御座候へ共先是ニ而大略は相知申候間此度差上申候　乍去此本決して御他見ハ御無用ニ御座候」とあるので高橋景保のナポレオンの話を記録したものを本にしている。そして、小関三英が本書を脱稿したのは天保八・九年頃であった。

そして、小関三英と渡辺崋山との関係は崋山の「全楽堂日録」によると、一八三一(天保二)年四月一六日三英四三歳、崋山三七歳の時に初めて渡辺崋山宅を訪ねた時であった。本書の翻訳を始めた約一年前であった。この日記より小関三英の当時の生活状況・西洋の学問についての知識は知る事ができる。三英は以下のように語った。西洋の学問には数十の分野があり、内科(ケネースキンデ)・外科(ヘールキンデ)・解体科(ヲントレードキンデ)・分理科(シケーキンデ、人体・血液等の窮理、生理学)・自然窮理(ナチウルキンデ、天地万物の生成・窮理学)・スタートキンジゲアールドレークスキンデ(治国の学、各国の政治制度、法律、博学)・ヘーメルロープキンデ(推歩学、天体運行学)・ステルレキンデ(星学)・レーデンキンデ(文章家)・シキルデル(画学)・シキルデレイ(指画)・アールドレーキスキンデ(地理学)であった。崋山の関心は西洋の学問・世界の地理等の文化事情にあったと思われる。以後、崋山は三英と懇意になりその知識の具体化に努めた。また、国立国会図書館には渡辺崋山旧蔵書で、蛮社の獄で渡辺崋山が逮捕された際、江戸の崋山自宅より没収された蔵書のなかに、新釈輿地図説〔小関三英訳〕写本、新撰地誌　小関好義〔三英〕訳写本がある。

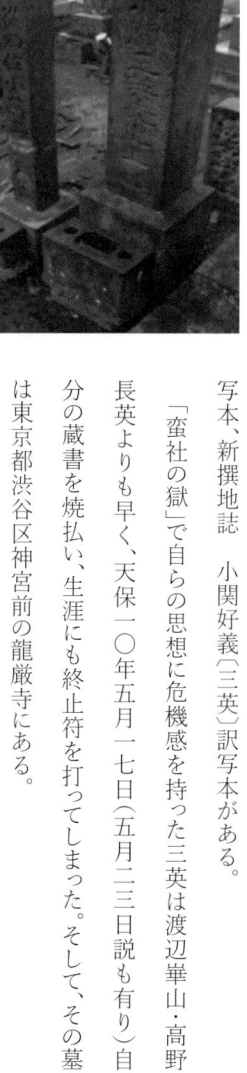

「蛮社の獄」で自らの思想に危機感を持った三英は渡辺崋山・高野長英よりも早く、天保一〇年五月一七日(五月二三日説も有り)自分の蔵書を焼払い、生涯にも終止符を打ってしまった。そして、その墓は東京都渋谷区神宮前の龍巌寺にある。

小関三英は本書において、これまでオランダの風説書や漂流民からの聞書きでしか知らされていなかった一七九〇〜一八〇三年フランスとヨーロッパの政治情勢を、フランスに於ける政府の転覆だけではなく、ゲメーネベスト(会治による共和制)とフレイヘイド(不羈・自由)のためのヨーロッパでの革命で、その象徴としてフランスの三色国旗(自由・平等・博愛)があることをこの翻訳で示した。「拂郎察國ノ顚覆ニ遭リ是ヲ當今歐羅巴總洲革命ノ亂ト稱ス此時ニ至テ民虐政ニ抑屈スルヿ極リ(中略)四方ノ英雄豪士踊躍シテ不覊ノ世トナルヲ喜ビ百姓奮起〆再タビ正明ノ治定ルヲ侯ツ」とフランスの政変を〝歐羅巴總洲革命〟であるとした。天保期において「会治、不羈、革命」の表現は危険思想であった事を充分承知の事であったと思われる。三英の生涯については半谷二郎著「小関三英」で「三英が『キリスト伝』を読み、リンデンの『ナポレオン』から〝フランス革命〟を読みとり、日本人として〝ブレイヘイド〟（自由）と〝ゲメーネベスト〟（共和制民主主義）を肌で理解し、友人（親友）にも語り化政・天保の時代の中で思想にまで止揚し、文字どうり必死に、ひたすら生きた」という事は明治以降の自由と民主主義の礎石となった。

松岡台川

本書の出版者の田原藩士松岡台川はついては、新村出著「小関三英の訳書『那波列翁伝』」、磯ヶ谷紫紅著「鷹見爽鳩・星皐（參州田原藩儒）先生墓域—松岡臺川先生墓碑— 後苑社 昭和四年刊」、森銑三著「全樂堂記傳とその著者松岡臺川」、「田原町史中巻」により知ることができるが、伝記としてまとめられたものはない。

松岡台川（幼名四郎三郎、諱與權、字子常、通称次郎・蔀、号台川・清風軒）は文化一一年（一八一四）に岡崎藩士那須猪太夫隆渙の二男として生れた。幼年期に同藩の松下鳩台、辻葩管陽の熟で学んだ。松岡台川と田原藩との最初の関係は渡辺崋山の妻の実家和田家との養子縁組の話であった。この件については不成立となったが、那須家二男については文化一二年岡崎藩士中山家に養子縁組していた弟渡辺乙弥（改名して中山順藏保道）より知らされていたと思われる。

渡辺崋山の「客参録」（天保四癸巳）には、「（三月）二七日　伊織持松岡系譜来示。（中略）」、「（閏三月）二七　伊織・又二、終日画、松岡参談」とある。この時点で崋山は松岡貢與義より養子縁組について相談を受けており、和田家の縁談不成立となった岡崎藩士那須猪太夫隆渙の二男を推挙したものと思われ、半年後の天保四年一一月一四日田原藩士松岡貢与義の養子として入婿した。しかし、妻となるべき松岡家の養女は一カ月後に病死してしまい、翌天保五年一月義父貢は隠居したので、松岡台川は家督相続して高百三十石御使番次席となった。

以後、崋山は台川を重用し台川も崋山に献身的に仕えた。崋山の天保七年の国家老宛の救荒諸役任命草案の「凶荒御取計之事」に真木重郎兵衛、大島祐左衛門、金田丈左衛門に続いて生田何右衛門、松岡台川に「此度重郎兵衛救荒之儀改て被仰付候。両人共同人に申談可相勤候。何右衛門儀は御勝手御操回し事専一に可相勤、蔀儀は救い方取調可申候」とあり、蔀（松岡台川）には領民の救済を申し付けている。また、天保九年に田原御三人衆宛にて、和蘭陀風説書のイギリス船の漂流民送還の件で幕政批判をしているがこの田原三人衆は佐藤半助、松岡台川、真木定前と思われる。そして、蛮社の獄にて崋山が投獄せれた後も、崋山救済の件についても誠意尽力したが佐藤一斎が協力的でなかったことに、逆に崋山が獄中からの春山宛書簡で「〇一斎トハ親子ノ如ク御座候筋ニ付、一向ニ頼不申も如何ニ付、程能松岡へ也後教示可被下候」と台川を慰留している。崋山が在所蟄居を命ぜられ田原へ護送されるのに付添って来たのは松岡台川であり、田原の松岡邸に仮寓した。この事については渡辺崋山の天保一一年二月の伝鈴木五郎太夫宛書簡で「（前略）正月二十日、家内廿日一日滞此地到着仕、私者当月六日迠松岡氏宅へ御預、同日勤番引雪吹氏へ僑居、当十六日拝領屋敷移居、家族団欒之嬉御推察可被下候。（後略）」と記している。三月八日椿椿山宛「（前略）此地へ二十日に着、預り人の屋敷に禁固せられ（後略）」（預り人は松岡台川）とある。台川は田原においても、三宅友信が「崋山先生略伝」のなかで「國に皈り幽蟄の際と雖も有志の士は其廬を訪問し經史を論じ事務を商議す。眞木氏松岡氏村上氏等」記しているように、蟄居中の崋山に世事などいろいろと相談していた。そして、渡辺崋山は松岡台川に天保一二年一〇月一〇日付村上定平宛遺書の中で次のように永訣している。「定平様へ　私義多分蒙御疑を候様奉存候間、何卒世中震然致、老母妻子御救は十分御出来被成間敷候得共、密々御憐愛奉願候。真木様、生田様、二郎様、其外様へも是迠の御礼厚奉願候。　永訣」。（二郎は松岡台川）。

このように、崋山投獄時に救済に東奔西走し、崋山が在所蟄居を命ぜられ田原へ護送されるのに付添って来て、崋山を田原の松岡邸に仮寓させ、拝領屋敷移居後も一家の世話をした。そして、崋山は天保一二年一〇月一一日自刃したが、直後にその伝記「全樂堂記傳」を書き始めた。その末尾に「華山子ノ行事見ルマ、聞クマ、ニ筆記シ置所也草藁ニテ未タ吟味不致候中ニハ離細ノ事有之候間ヨク御選被成又朋友門人ノ中其外誰ニテモ行事言語等覺居候人ニ御書加へ被成御撰定ノ上松嵜慊堂先生へ御撰定御願被下度候　　松岡次郎　　　村上定平様　　八木八三郎様」と村上定平、八木八三郎宛書簡で両氏と松崎慊堂に撰定を依頼している。なお、八木八三郎、松崎慊堂は弘化元年に死去しているので、「全樂堂記傳」は天保一三・一四年頃に書かれたものである。

弘化二年二月二四日渡辺崋山の娘可津（二〇歳）と結婚（年寄加判百三十石）した。「御玄関帳」弘化二年正月二八日の条に「一、渡辺立殿姉、松岡次郎殿江縁談、願之通被仰付、難有之旨、吹聴有之候事」とあり、更に二月二三日の条には「一、兼而願済ニ相成候松岡次郎縁女明夕引取、婚姻取行申候旨御届ケ及候間、右段村井常次郎殿吹聴有之候事。目以前ハ辻輿等被下候処、御時節柄にも御座候間、御断申上候と申事に候」（「渡辺崋山研究」 小澤耕一著 日本図書センター）。松岡台川は三十二歳であった。しかし、この結婚は長続きせず一年後に離婚し、弘化四年三月四日西尾藩伊文神社神官新家千足の娘と再婚した。田原町史中巻には松岡台川の人物について岩崎鏡川著「桜田義挙録」の中で安政三年九月二四日、加賀侯松平肥前守慶永が一橋慶喜を将軍後継に推薦するにあたり、人物の確かな志の固い腹心とする士を集めるため、同志である斉藤弥九郎や水戸藩の桜任蔵を呼んで相談した時、桜の言うのには「（三宅土佐守康直の）其家老松岡次郎といへるは、忠直正論の者にて、先生（斉藤弥九郎）も某も親しき仲なれば、これも宜しからむか」とあり、当時各藩藩士の集中する江戸にあって、松岡次郎がいかに傑出した武士であったかを知ることができると書いている。そしてこの頃には、「泰西兵鑑初編　三宅毅齋著　芳春堂蔵　安政三年十二月　松岡次郎校刊」と「活刷 那波列翁傳 初編小関三英訳　清風館　安政四年二月　出版」の準備に懸っていたものと思われ

解説

る。既に松岡台川は嘉永六年には「臨陣遠近指掌」を出版していた。(弘化三年頃出版されたと言われる鈴木春山訳の「海上攻守略説」も松岡台川の出版という説もある)。本書の出版の翌年安政五年一月七日江戸にて四十五歳で病死した。

松岡台川の墓所は浅草松源寺。墓碑は伊藤鳳山の作で「君之叔那須愿卿乞碑文余雖不嫻操觚舊知之義不能強辭乃作文具係辭」とあるように、鳳山の知人でもあった台川の叔父那須愿卿に乞われて作文したものである。この墓所については磯ヶ谷紫紅氏の前掲書に以下のように詳しく書かれている。「昨今、松源寺摹域は、特設摹域の完成を遂げて、境内の狹隘のため、鷹見先生と、多野孺人の二墓碑、松岡臺川先生墓碑この三墓碑は門前左右に保存することになってゐる。この墓所保存に就て、當局者は墓碑面の墓字を塗りつぶさなければ、保存を許さぬといふので墓の一字はセメントで塗りつぶしてある。松岡臺川先生は、華山先生と親交のあった人で、華山先生の書いた戲畫には臺川先生の肖像など見えてゐる。舊墓碑は、爽鳩先生摹域の程ちかいところにあったもので、摹域を撤廃した際、墓碑の保存を謀ってくれた、松源寺の厚意を自分は非常によろこぶものである。下記は今、門前左に保存してある根武川石に彫られたものを手記したものである。これらの田原藩における先哲の治蹟を考ふればいかにも偶然でない、必然であるべき偉人の輩出が深く考へさせられる」。この文中にある崋山筆の台川の肖像画は不詳。松岡台川墓碑も昭和二〇年の東京空襲で処分された。

「松岡台川之墓碑」については、森銑三著「全樂堂記傳とその著者松岡臺川」、「田原町史中巻」にも紹介されているが、若干の相違があるので磯ヶ谷紫紅氏の前掲書の墓碑の全文を紹介する。〔〕内は磯ヶ谷本にのみあり、[]内は森銑三本と田原町史本にのみある。磯ヶ谷本は東京都立中央図書館にしか所蔵が確認できない。

「〔松岡臺川先生墓碑文〕　臺川松岡君碑　〔源諟畫〕　〔人克孝臺川松岡君碑〕

〔翁天〕君諱與權字子常號臺川參河岡崎藩那須隆渙之次子也天質温順謙遜下[人克孝]余于父母友于兄弟自幼岐嶷奉過庭訓専志文學受業於松下鳩臺辻葩管陽二[翁天]保癸巳田原松岡與義聞其伶利養爲嗣子明年承家入官職務鞅掌佔畢尚不怠[余]甞遊田原講經籍授子弟君亦受學于余時年甫弱冠解經釋史遠優艾耆余去參後君告侯家遊江戸學龜田綾瀬翁之塾業既就而歸郷命教授之職後轉諸職屢役于江戸之邸公務之暇出入于諸大儒之門於才〔第〕是學大進博聞多識莫所不涉是以文名聞于都下所交亦皆命世之人也弘化丁未職進藩老住于江戸之邸于〔岦〕[時]江戸多變災或地震或〔風台〕〔棠風〕或祝融比年無間　侯家嬰其諸難於是君輔翼　侯家勉勵藩士鞠躬盡瘁莫所不至且建富國強兵之策雖其事未成興垂統可繼之基者不尠焉惜夫天下假年安政五年戊午[歳]正月七日嬰病卒年四十有五法謚日臺川義賢居士葬于淺艸松源寺君之叔那須愿卿乞碑文余雖不嫺操觚舊知之義不能強辭乃作文〔具〕[且]係辭

天降斯人　克謙克温　忠君孝親　酬義報恩　悦道是深　好學是敦　聖檣數仭　允得其門

富國強兵　常多確論　稟命不融　令人傷魂　爰勒斯銘　傳行傳言　懿聞令名　千歳永存

文久辛酉三月上澣　出羽庄内伊藤馨撰源祚書　〔廣詳鶴鐫〕」(源祚ト云フ人ハ何人カ。旗本

ノ浅野梅堂デハナカツダロウカ）

＊〔〕内文字は一字であるがパソコン文字がないため二字で入力して幅縮小した。

松岡台川年譜

文化一一年　岡崎藩士那須隆煥の次男として生れる。

天保四年　田原藩士松岡貢與義の養子となる。一ヶ月後に養女病死。

天保五年　養父貢隠居。家督相続し高百三十石御使番次席。成章館文学講釈。

天保六年　藩校成章館教授。

天保一〇年五月　佐藤一斎塾に入門。蛮社の獄で崋山入獄するとその救済の奔走。

天保一一年一月　崋山の在所蟄居のため、国元護送時に道中罪人差添人と同行。

天保一二年一月　取次役なる。成章館掛。同年一〇月一一日崋山自刃。

天保一四年四月　御旗奉行兼徒士頭となる。この頃「全樂堂記傳」執筆か？

弘化二年一月　用人役加判。同年二月崋山の長女可津と結婚。同年五月江戸詰となり若君文学御相手・稽古所講釈教授・家中文学取立役、六月若君傳役。

弘化三年　この頃出版された「海上攻守略説」鈴木春山著は松岡次郎上梓という説あり。

弘化四年一月　年寄役（江戸詰家老）となる。可津とは離婚。

同年三月　西尾の伊文神社の神主新家千足の娘と再婚。

嘉永二年七月　定府江戸引越百五十石五人扶持。

嘉永六年一二月　著書「臨陣遠近指掌」を出版。

安政三年一一月　「泰西兵鑑初編」三宅毅齋著　芳春堂蔵　松岡次郎校刊。

安政四年二月　小関三英訳「活刷 那波列翁傳 初編」出版。同年九月村上範致等と君沢型帆船順応丸を建造。

安政五年一月　江戸にて病死。墓所は浅草松源寺。戒名「臺川義賢居士」。

石川正路

石川正路(號は竹邨)という人物については前述のように新村出が「書物礼讃」に書いた「小関三英の訳書『那波列翁伝』」の中で巻頭文の書は竹村石川正路とあると書いている。

また、石川正路については磯ヶ谷紫紅氏の前掲書、鷹見星皐の墓誌に「文化九年壬申三月受業弟子江都佐藤坦拜撰受業弟子江都竹邨簀拜書」とあり、又、同書には「星皐の父鷹見爽鳩は田原藩士石川正親(藩主より児島性を賜る)の子石川正長で鷹見定重に嫡子なく娘多野の養子となり、鷹見家に入籍した」とある。後に定重に定興ができ爽鳩はその子を弟として育てた。定興が鷹見星皐であり、爽鳩亡き後、鷹見家を継いだ」とある。定興が鷹見星皐とする事は疑わしい。なお、鷹見爽鳩・星皐については小澤耕一氏は「鷹見三郎兵衛正長（鷹見爽鳩）は田原藩士児島半兵衛（石川正親）の子で、鷹見定重の女冬野と養子縁組で鷹見家に入り、冬野の弟鷹見定興（二代目爽鳩）を育てた。定興の子定允（三代目爽鳩）が鷹見星皐である」（「鷹見星皐と鷹見泉石」愛知大学綜合郷土研究所紀要 第四〇輯 一九九五）がある。磯ヶ谷紫紅氏の前掲書の墓碑からも定興の子定允が鷹見星皐である。この事から鷹見家と石川家は親戚関係にあり、竹邨とは石川竹邨であり、「那波列翁傳」にある「竹邨石川正路」は田原藩士である。

また、石川姓（石川正路）と思われる事を天保年間の渡辺崋山の日記・書簡より挙げると次の通りである。

一、「全楽堂日録」天保二年三月二〇日「川澄氏、石川氏、八木氏以祀事到松源寺」（注記 用人石川半兵衛 一〇〇石とある）。 同年六月一六日「〇君台此日賜鷹見定美、石川正房、八木近篤及登於酒、上遇甚厚」。

二、天保三年四月六日付渡辺崋山より真木定前宛（格高制の藩政改革案）で「御城代家老 丹羽長平 間瀬要人 村松 江戸（石川 鷹見） 此中にて一人ツ、戸位ニ致、余ハ右之通江戸住居之内ハ御城代ニ不相成。人才アラバ御政事掛リ之事。」（「渡辺崋山集 第三巻 書簡（上） 日本図書センター」 注記に石川は石川賢介。田原藩用人役 一〇〇石 鷹見は鷹見弥一右衛門定美 田原藩留守居役 三五〇石 尸位とは地位にあって責任を尽さぬこと。ここでは禄は与えるが、無役とすること）。

石川姓の田原藩士は田原市芦村河合清七氏所蔵大須賀初男氏筆写の「天保八丁酉年四月改　田原江戸　御家中分限並ニ席次」の「扶持一〇〇石　役料二〇石　役職　用人　物頭心得　石川三蔵（江戸詰）」・「天保十己亥年　江戸田原　御家中席順　正月改　河合氏」の「御用人　御者頭心得　石川三蔵」が石川正路本人か、その関係者と思われる。大須賀初男氏より近藤恒次が借写した「田原藩士族名簿」（明治一〇年九月乃至一〇月現在における田原藩士族の由緒書をまとめたものの抜書、原本田原士族会旧蔵）に「廿二番同居　生国三河　祖父亡　華　旧田原　父亡　恕助　旧田原　士族　石川庸二十三年十一月　文久元年辛酉正月十六日於田原藩父恕助家督取引明治四年辛未七月十四日廃藩」とあり、廿二番同居とある廿二番の住人は松岡輿比である。石川正路は「活刷　那波列翁傳　初編」（安政四年刊）の出版されて、約四年後の文久元年（万延二年）正月一六日に石川恕助が家督を相続しているので、この頃死亡したものと思われる。そして、石川家は明治四二年四月調（昭和四一年二月小沢耕一氏複製）の「舊田原藩士名簿」には「（維新当時戸主順位）亡父　槇三　（現住所　職業　現戸主）東京　石川恭」とあるので、元来江戸詰あった石川家は東京に移住したので田原には末裔はいない。

菊池樺郷

本書巻一の表紙見返しに「那波列翁傳初編三冊　田原松岡氏清風館活字板」の標題があり、続いて菊池樺郷筆の口絵「波利稔王像」を載せている。その巻頭文によると菊池樺郷の「波利稔王像」については原画は舶来洋画であり、ナポレオン壮年期の肖像である。参考にしたと思われる原画・原書の所在も不明である。菊池樺郷は武貞といい、渡辺崋山との交友もあった菊池容斎の子で若い時から父容斎の絵を継承した。松岡台川が本書を出版する時には樺郷は既に亡くなっていたので、容斎よりこの絵を得て巻頭絵として出版した。樺郷（武貞・河原四郎）は結城素明著「勤王畫家菊池容齋の研究」（「雙杉會誌　第一巻　第三號」昭和一〇年刊）によれば、菊池容斎（武保・河原量平）の四男で小容斎と言われた菊池柳窓（武昌・河原寛次郎）の弟である。嘉永五年に河原四郎の「親類書」があると書かれているが詳細は不明。嘉永七年（一八五四）閏七月奥書の河原寛次郎（樺郷の兄）三十二歳の「親類書」によれば、「（前略）　一　父　元永井靱負組御徒　河原量平　（中略）　一　弟　河原量平次河原四郎　私手前罷在候　（後略）」とあり、容斎は六十七歳であった。この時、まだ樺郷は生きており日本橋槇町に兄寛次郎と一緒に住んでいたが前述のように安政四年二月の本書出版時には死亡している。同書によると河原蝶子氏所蔵の菊池容斎筆の父母の肖像画は恐らくは寛次郎か、或いは弟の武貞の書いたものとしている。同書の「容齋の畫論・畫風・畫系」の章の末尾に兄武昌の説明のあとに「また、武昌の弟、四郎武貞も、父の畫風を學んで、後素の道に志したが、併し、未だ一家を成すに至らないで夭折している。多湖實敬氏所藏の『重盛諫言圖』は其の遺作中の稍纏つたものであろうかと思ふ」とある。

菊池樺郷（武貞）の名は菊井容斎筆の「前賢故実巻第九」に門人五人と共に「児　樺郷　菊池武貞」と

あり、大槻俊斎著「銃創瑣言」嘉永七年刊の巻末挿絵に「樺郷菊池武貞模寫」とある。

なお、樺郷の父菊池容斎の「ナポレオン図画稿」もあまり知られていないがその構図からして樺郷と同じ原画より模写したものと思われる。

また、渡辺崋山には「ナポレオン像」紙本墨画がある。これは「渡邊崋山先生錦心圖譜　上巻」によれば、款識の「西洋佛郎察國主漠奈波爾像。都膳子」とあり、この絵は甥の岩本喜太郎にせがまれて描いたものである。椿椿山の「奈翁像」もある。（歸空庵コレクション　日本洋風画史展　板橋区立美術館より複写）

「日本洋風画史展」板橋区立図書館より

この肖像画には大槻磐渓の「佛蘭西王詞十二首」上段に配し、下段に椿椿山の「奈翁像」を配してある。椿山は嘉永七年七月一三日没であるので、それ以前に描かれたものである。

菊池容斎・樺郷親子と椿山はその構図からしてそれぞれ別の原画から模写したものと思われる。

磯崎康彦氏の前掲書によると、ナポレオンの肖像画はこのほかにも川上冬崖「ナポレオン像」、島霞谷「ナポレオン像」・「モナパルテ・ナポレヲン肖像」・「一代ナポレヲン像　湿板ガラス写真複写」・「ナポレヲン像　写真」、安田雷洲「ナポレオン像」などがあるが、菊池樺郷の「波利稔王像」が今日において江戸時代に描かれた最も有名なナポレオンの肖像画となった。

解説

頼山陽「佛郎王歌」

本書巻頭の頼山陽の「佛郎王歌」は山陽が文政元年(一八一八)に長崎に遊歴した時に出島のオランダ商館医(クラッセ・ハーヘン)より聞いたナポレオンの事を詠んだものである。これは幕府が文化一〇年(一八一三)ゴローニンからナポレオンの情報を得てから五年後、高橋景保が文政九年(一八二六)に江戸長崎屋でオランダ商館長スチュルレルよりナポレオンの事を聞き取って「丙戌異聞」を書く八年前の事であった。この「佛郎王歌」は天保四年刊の「山陽詩鈔　巻三」により一般に知られるようになった。松岡台川は本書の「附言」の中で「抑余十六七の頃なりけむ頼山陽か作し佛郎王歌を讀て那波列翁か事を初て知りていミしとは思ひつれともさはかり意にもせて在けるか其後有志の人にも交り物の書をも見て外國のことをハ見聞して海防の筋にも心につけてハ夫の那波列翁か事實をも委敷知らまほしくおもひけるに十九年はかり前に江戸に物せし時三英か此傳を見ることを得て那波列翁の才學智勇ありて能く人を用ひ能く人を服し雄略の大なる抔を知り將彼國々の人情政治軍旅の趣をも見れハ是ハしも海の守せん爲に心得へき書也」とある。松岡台川の生年が文化一一年(一八一四)で、彼が頼山陽の「佛郎王歌」を知った一六・七歳の頃とは天保元年(一八三〇)頃になり、天保四年刊の「山陽詩鈔」での「佛郎王歌」の差異は以前に既に知っていたのか、彼のこれを知った時期の思い違いかは不詳である。また、松岡台川が本書の翻訳本を知ったのは、その出版(安政四年)より一九年前の天保九年であった。附言での説明によると、頼山陽の「佛郎王歌」で初めてナポレオンの事を知り、その後、有志の人と親交を持ち、書を見て外国の書で海防の事を研究したが、小関三英の翻訳本でさらにナポレオンの事を詳しく知る事ができた。ナポレオンの詳しい伝記は本書が最初であった。

頼山陽の「佛郎王歌」のほかに大槻磐渓の「佛蘭西王詞十二首」と佐久間象山「題那波利翁像」を参考として掲載する。

大槻磐渓の「佛蘭西王詞十二首」(「作夢詩歴」に収録)

天保十二年辛丑四十一歳

五月武州徳丸原。觀二演銃一歌。送三島舜臣歸二崎陽一。(中略)

高島茂敦稱四郎大夫。舜臣其字。號秋帆。長崎望族。世傳坊長。文政戊子。先考年二十八。游長崎。始與秋帆相識。時贈以江都名家書畫帖。題字尋雲。松平楽翁筆。中有太田南畝。其詞曰。一自西洋傳火技。孫呉甲越皆陳腐。秋帆深着眼此詞。遂就蘭人某氏。學銃隊操練法云。(中略)

佛蘭西王詞十二首

王名那波列翁。姓勃那把兒的。格爾西加島人。豪邁有二大志一。起レ自二佛蘭西將校一。積レ功陞二上政官一。遂踐二帝位一。殆幷二呑歐羅巴全洲一。後大擧入二俄羅斯一。會天寒。士卒凍死。敗衂而還。自レ此兵漸不レ振。同盟諸國。迫避二大位一。放二之噎兒抜島一。無レ幾。再擧レ兵復二舊都一。進渡二沙蒲列河一。孛英蘭三國兵。邀擊大破レ之。王僅以レ身遁。將三航レ海到二米利幹一。爲二英國哨船所一レ獲。遂流レ於二意勒納島一。以二我文政三年五月一。卒レ於二島中一。年五十二。後二十年。以二皇帝禮一。歸三葬於二佛蘭西一。我天保十一年也

解説

大槻磐渓(享和元年~明治一一年)の「佛蘭西王詞十二首」は高島秋帆(寛政一〇年~慶應二年)が江戸荒川の徳丸ヶ原で洋式砲術演習を終えて長崎に帰る時に其の演習を見学した大槻磐渓から高島秋帆への送別の詩である。高島秋帆の江戸滞在期間は天保一二年二月七日から七月一二日であるので、この「佛蘭西王詞十二首」は天保一二年七月頃の作詩となる。ここで文中に「爲英國哨船所獲。遂流於意勒納島。以我文政三年五月。卒於島中。年五十二。後二十年。以皇帝禮。歸葬於佛蘭西。我天保十一年也」とナポレオンがセントヘレナ島に流刑されて、文政三年五月(実際は文政四年)に死去し、その遺骸は二〇年後の天保一一年にフランスに帰葬されたとある。実際にナポレオンの遺骸がパリに到着したのは一九四〇年一二月一五日であったので、大槻磐渓はその半年後にはその事を知っていたことになるので、「佛蘭西王詞十二首」の書かれた年を疑問とする説もある。この徳丸ヶ原の演習には田原藩士村上定平も参加しており、翌年「高島流砲術」の免許皆伝も受けている

佐久間象山「題那波利翁像」　象山先生詩鈔巻之下　門人　信濃　北澤正誠子進編(増訂象山全集巻二　信濃毎日新聞　昭和九年)。

題㆓那波利翁像㆒

何國何代無㆓英雄㆒。平生欽慕波利翁。邇來杜㆑門讀㆓遺傳㆒。忽忽不㆑知年歳窮。撫㆑劍仰㆑天空慨憤。世人那得㆑察㆓吾衷㆒。如今邊警日復月。戰船來去海西東。外蕃學藝老且巧。我獨遊戲等㆓孩童㆒。守㆑株未㆑知師㆓他長㆒。矮舟誰能操㆓元戎㆒。嗟君原是一書生。苦學遂能長㆓明聰㆒。一朝照破當時弊。革㆑弊除

レ害民情從。旌旗所レ向如ニ靡草一。威信普加歐羅中。元主西征不レ足レ道。豐公北伐何得レ同。人生得レ意多失レ意。大雪翻レ手朔北風。帝王事業雖レ未レ終。収爲ニ我將一應レ有レ庸。世人心竅小レ於レ豆。齷齰寧知英雄胸。自奮能成ニ遠大計一。自屈難レ樹廓清功。安得レ起ニ君九原下一。同謀戮力斬ニ奸兇一。終巻ニ五洲一歸ニ皇朝一。皇朝長爲ニ五洲宗一。

まとめ

西洋の近代化を考える時にフランス革命を語らずしてその近代化は考えられない。その革命の理念である「自由・平等・博愛」は象徴としてフランス国旗の三色旗にて現代にも生き続けている。その「自由・平等・博愛」の三色旗を掲げ、栄光と没落の生涯を終えたナポレオン・ボナパルトは近代の先駆けであった事は周知の事実である。彼が二二歳の時に「リヨンのアカデミーに提出された論文（一七九一年）」で「人間はその素質に適った生活においてでなければ幸福を味わえないものである以上、その知的素質によって、理性が人間の行為の規範である以上、束縛は人間をそこない人間を滅ぼすものである以上、われわれはなんびとにもその人の同感しない思想を強制すべきではない。完全にして絶対的な思想の自由、社会秩序を傷つけない範囲での言論の自由が、それゆえに道徳と、自由と、個人の幸福との基礎である。自然法はそれゆえに一つの的確な法律によってしか制限されるべきでない。そしてこの法律は直接の反社会的行為でなければ禁止することはできない。もしそうでなかったら、社会秩

解説

序は一つの災禍となり、耐えがたい圧制と化するであろう」と述べている。(「ナポレオン言行録」ヴ・オブリ編　大塚幸男訳　岩波文庫　一九八三年)。若きナポレオはフランス革命の理念に深く影響を受けていた。

鶴見祐輔氏が一九三一(昭和六)年に講談社より出版、のちに潮出版社より復刻した小説「ナポレオン」でその生涯をフランスの啓蒙思想家ルソーに強く影響を受けながら「革命フランスが全欧州民衆に巻き起こした人類的情熱の風雲に駕して、『前進！前進！』と疾呼しつつ、貧しき砲兵少尉は幾万千の死屍を乗り越え、幾百十の玉を踏み越え、成功の階段をいかに足早に駆けのぼっていったか。イタリア奇襲、エジプト遠征、ジョゼフィンとの交歓、パリ満城の凱歌、マレンゴー、ワグラン、しかしてアウステリッツ、法典の完成、美術の振興、ハウスブルグ家王女との結婚、紫袍金冠、威容燦として全欧に君臨せしその日、顧みればなんという壮大な生涯であったか。しかし、半生の壮図モスクワ火炎のうちに燃えて、ワーテルローの敗戦。セントヘレナの幽閉、瘴癘蛮雨の孤島、一寸きざみで刻み殺される日にいたるまで、沖天の意気寸毫といえども衰うるところなく、空ゆく大鷲のごとく雄叫びつつ死んでいったその残年は、人類史中まれにみる壮絶な悲劇ではなかったか」と述べている。鶴見氏はこの小説で第一部前進、第二部王冠、第三部巖上の悲劇としたが、本書「活刷　那波列翁傳　初編」は第一部前進の事項までで終わっている。

一八二一年五月五日、ナポレオンがセントヘレナ島に没してから二〇〇年。二〇二一年五月五日に記す。

《参考文献》

*「聖ヘレナにおけるナポレオン回想録」ナポレオン口述　ド・ラ・カーズ編著　前田越嶺訳　博文館　明治四五年

*「ナポレオン自伝」アンドレ・マルロー編　小宮正弘訳　朝日新聞社 二〇〇四年

*「ナポレオン エジプト誌」TASCHEN 二〇〇七年

*「ナイルの海戦」ローラ・フォアマン、エレン・ブルー・フィリップス著　山本史郎訳　原書房　二〇〇〇年

*「ナポレオン ロシア大遠征軍潰走の記」コレンクール著　小宮正弘訳　時事通信社　一九八一年

*「ナポレオン戦線従軍記」フランソワ・ヴィゴ・ルション著　瀧川好庸訳　中央公論社　昭和五七年

*「ナポレオンの戦場」柘植久慶著　原書房　一九八八年

*「奈翁戦史略」梅崎延太郎著　偕行社昭和一七年

*「那波列翁一代記」　著者不詳　春陽堂　明治二〇年刊

*「拿破崙戦史 全」野々村金五郎著　博文館　明治二七年

*「日本人の西洋発見」ドナルド・キーン著　中央公論社　昭和四五年

*「ナポレオン言行録」オクターヴ・オブリ編　大塚幸男訳　岩波文庫　一九八三年

*「ナポレオン」井上幸治著　岩波新書　昭和三二年

*「ロベスピエールとフランス革命」J・M・トムソン著　樋口謹一訳　岩波新書　昭和三〇年

*「フランス革命期の女たち 上下」ガリーナ・セレブリャコワ著　西本昭治訳　岩波新書　一九七三年

*「ナポレオン伝」E・ルード・ウィッヒ著　金沢誠訳　角川文庫　昭和四一年

*「ナポレオン戦争全史」松村劭著　原書房　二〇〇六年

*「セント・ヘレナ抄 ナポレオン遠島始末」両角良彦著　講談社　昭和六〇年

*「ナポレオン★ナポレオン伝」スタンダール著　佐藤正彰訳　河出書房　昭和一九年

*「スタンダール全集11 評伝集『ナポレオンに関する覚え書』Memoires sur Napoleon）人文書院　一九七八年

*「ヴィクトル・ユゴー文学館 第八巻」（「小ナポレオン」佐藤夏生・庄司和子訳）潮出版社　二〇〇一年

*「江戸時代の蘭画と蘭書 下巻 ＝近世日蘭比較美術史＝」磯崎康彦著　ゆまに書房　二〇〇五年

*「小関三英伝」杉本つとむ編著　敬文堂出版部　昭和四五年

（佐藤古夢著「小関三英小伝」大正十三年一月酒田新聞連載・阿部正巳著「小関三英伝」出版者出版年不詳・原本草稿は鶴岡市郷土資料館所蔵共に杉本つとむ編「小関三英伝」に所収

*「小関三英とその書翰」山川章太郎 著「文化」五巻三，四，六，七，八号　東北大国大学文化会 昭和一三年）

*「崋山と洋学」岩崎克己著　（「書物展望十二巻一～六」）

*「小関三英の訳書『那波列翁伝』」新村出著（大正一四年九月 一五年一月「書物礼讃」、『新村出選集（一）』、「新村出全集第八巻」）　筑摩書房　昭和四七年

*「全楽堂記伝とその著者松岡台川」森銑三著(「書物と人物」昭和一八年 熊谷書店、「森銑三著作集第十巻」中央公論社 昭和四六年 所収)

*「頼山陽 梁川星巌 江戸詩人選集 第八巻」岩波書店 一九九〇年

*「ナポレオン1」佐藤賢一著 集英社 二〇一九年

*「鷹見爽鳩・星皐(參州田原藩儒)先生墓域—松岡臺川先生墓碑—」磯ヶ谷紫紅著 後苑社 昭和四年刊

*「洋学史事典」(ナポレオン伝 那波列翁伝 小沢栄一 分担執筆) 日蘭学会 雄松堂 昭和五九年

*『蛮社の獄』のすべて」田中弘之著 吉川弘文館 二〇一一年

*「小関三英」半谷二郎著 旺史社 一九八七年

*「一滴 第四、一三、一四、一五、一八、一九号」 津山洋学資料館 一九九六〜二〇一一年

*「池田玄斎弘采録」第九四 第一二四 (光丘文庫所蔵 酒田市立図書館ホームページ公開資料)

*「改訂増補版 幕末日本の情報活動」岩下哲典著 雄山閣 二〇〇〇年

*「江戸のナポレオン伝説」岩下哲典著 中公新書 一九九九年

*「洋学4 洋学史学会年報(「開国前後の日本における情報環境とナポレオン認識」岩下哲典著) 洋学史学会 一九九六年

*「渡辺崋山 秘められた海防思想」日比野秀男著 ペリカン社 一九九四年

*「幕末におけるナポレオン伝の刊行」(蘭学資料研究会研究報告 第一七九号) 有馬成甫著　蘭学資料研究会　一九六六年
*「箕作阮甫の研究」(「箕作阮甫の歴史学」小沢栄一分担執筆)　蘭学資料研究会　昭和五三年
*「ナポレオン」鶴見祐輔著　潮文庫　昭和四四年
*「ナポレオン伝」菊池寛著　改造社　昭和六年
*「ナポレオン伝説とパリ」杉本淑彦著　山川出版社　二〇〇二年
*「フレイヘイドの風が吹く」市原麻里子著　右文書院　二〇一〇年
*「鎖国時代 日本人の海外知識」開国百年記念文化事業会編　原書房　昭和五三年
*「勤王畫家菊池容齋の研究」(雙杉會誌第一巻 第三號)　結城素明著　昭和一〇年
*「日本の美術 325 河鍋暁斎と菊池容斎」佐藤道信著　至文堂　一九九一年
*「帰空庵コレクション 日本洋風画史展」板垣区立美術館　平成一六年

編者略歴

冨安 廣次

1948年　愛知県豊橋市に生れる。
1973年　愛知大学文学部史学科卒業。
　　　　卒業論文は「渡辺崋山の藩政改革 洋学知識の具体化」。
1973年　大同工業大学(現大同大学)図書館勤務。
　　　　蘭学資料研究会・洋学史学会・江馬文書研究会・歴史学研究会
　　　　地方史研究協議会等に入会。(2005年までに全て退会)
　　　　「活刷那波列翁傳初編」については卒業時より調査研究。
1990年　同大学退職。
1991年　古書店『冨廣書林』開業(廃業)、この頃より地方史研究に関り
　　　　地方の文献紹介をはじめる。「豊橋百科事典」などに執筆。
　　　　村井弦斎の調査をし、「東三文化」、「窓の会」に執筆。

関わった図書

「江馬家来簡集 思文閣」、「幕末三河国神主記録 誠文堂新光社」、
「平田門国学者 羽田野敬雄年譜稿 羽田野敬雄研究会」など。

活刷 那波列翁傳初編（口語訳）

2021年7月31日　発行・印刷

編　著　冨安 廣次
〒440-0832 愛知県豊橋市中岩田5丁目7-4
電話：0532-63-2005

発行者　水谷 眞理

発行所　これから出版
〒441-8052 愛知県豊橋市柱三番町79
電話：0532-47-0509
Mail: korekara09@tees.jp

装　幀　小久保 春菜

印刷・製本　（有）恒春社印刷所

ISBN 978-4-903988-11-5 C0023